国家文化公园画传系列

黄河画传

黄河画传

BIOGRAPHY
OF
THE YELLOW RIVER

全国政协文化文史和学习委员会　主编

黄河水利科学研究院　承编

江苏人民出版社　　江苏凤凰美术出版社

图书在版编目（CIP）数据

黄河画传 / 全国政协文化文史和学习委员会主编 .
-- 南京：江苏人民出版社，2023.2（2023.9 重印）
　　ISBN 978-7-214-27549-3
　　（国家文化公园画传系列）

　　Ⅰ . ①黄… Ⅱ . ①全… Ⅲ . ①黄河—画册
Ⅳ . ① K928.42-64

中国版本图书馆 CIP 数据核字（2022）第 184048 号

黄河画传

主　　　编	全国政协文化文史和学习委员会
承　　　编	黄河水利科学研究院

封 面 题 字	孙晓云
封 面 油 画	徐惠君
策 划 编 辑	谢山青
责 任 编 辑	杨　健　郑晓宾
责 任 校 对	于馥华
责 任 监 制	王　娟
特 邀 审 核	刘仁军
出 版 发 行	江苏人民出版社
	江苏凤凰美术出版社
出版社地址	南京市湖南路1号A楼，邮编：210009
照　　　排	江苏凤凰制版有限公司
印　　　刷	江苏凤凰新华印务集团有限公司
开　　　本	787mm×1092mm　1/16
印　　　张	34.5
插　　　页	4
字　　　数	595 000
版　　　次	2023年2月第1版
印　　　次	2023年9月第2次印刷
标 准 书 号	ISBN 978-7-214-27549-3
定　　　价	180.00元

图书如有印装质量问题，可随时向我社印务部调换。

《黄河画传》
编委会

主任
刘奇葆　刘新成

常务副主任
宋大涵　刘玉珠　刘佳义

副主任

丁　伟　　王世明　　刘福连　　孙庆聚　　陈际瓦　　阎晓宏
王儒林　　胡纪源　　刘晓冰　　吴尚之　　祖雷鸣　　宋新潮

编委 （按姓氏笔画排序）

丁元竹　　万金红　　马丰胜　　王　磊　　王亚民　　王重道
王保顶　　王震中　　田　进　　吕　霞　　吕章申　　刘　宁
刘万鸣　　刘中刚　　刘曙光　　闫润德　　牟科发　　苏茂林
李　贵　　李　蓓　　李延庆　　杨建仁　　连玉明　　吴为山
沈光明　　宋建钢　　张首映　　张震宇　　陈　力　　陈　来
陈　敏　　陈洪武　　陈惠丰　　范迪安　　尚勋武　　郑福田
胡　丰　　段青英　　侯全亮　　贺云翱　　骆芃芃　　徐　里
徐　海　　徐江善　　高　山　　高　阳　　郭卫民　　曹　军
　　　　　阎晶明　　蔡　菊　　谭　跃　　樊　明

执行主编
侯全亮

撰稿
侯全亮　　田世民　　都潇潇　　李　萌　　苗　阳　　张石中

美术总设计
刘万鸣

美术设计
苏国强　　刘葶葶

本 书 列 入

2022 年 国 家 社 科 基 金 特 别 委 托 项 目
2022 年 主 题 出 版 重 点 出 版 物

篆刻释文：黄河颂　　篆刻作者：骆芃芃

黄河壶口瀑布

前　言

2020年10月，党的十九届五中全会提出建设长城、大运河、长征、黄河等国家文化公园；2021年12月，党中央启动建设长江国家文化公园。建设国家文化公园，是以习近平同志为核心的党中央作出的重大决策部署，是推动新时代文化繁荣发展、建设社会主义文化强国的重大工程。

奔腾的黄河是中华民族的母亲河，哺育了中华文明五千年丰硕成果；浩荡的长江造就了从青藏高原到东海之滨的多样文化，见证着中华文明发展延续的悠久历史；壮美的长城凝聚了中华民族自强不息的奋斗精神和众志成城、坚韧不屈的爱国情怀；流动的大运河千百年来滋养着两岸城市和人民，凝结着我国劳动人民的伟大智慧和勇气；红军长征是一部壮丽的史诗，是中华民族伟大复兴历史进程中的巍峨丰碑。它们蕴含着中华民族生生不息的历史基因、承载着我们最深层文化记忆，是中华民族的代表性符号。黄河、长江、长城、大运河、长征国家文化公园，集中打造中华文化重要标志，深入挖掘文物和文化资源精神内涵，生动呈现中华文化的独特创造、价值理念和鲜明特色，充分彰显了中华优秀传统文化持久影响力、社会主义先进文化强大生命力。

国家文化公园当然首先是宏大的空间系统，但同样也在细微处蕴含着丰富多彩的质感。它们既是抽象的符号和标识，更是从神州大地上绵延生长的知识和情感，是描绘家国情怀的案卷与画面，是勾连磅礴历史与现实世界的万缕千丝。黄河、长江、长城、大运河、长征的故事，就是这些知识与情感、案卷与画面、历史和生活的交织与表达。当人们徜徉其中，感受的是伟大祖国、灿烂文化和辉煌历史。讲述它们的故事，就是讲述一组美好中国的故事，呈现一个更有故事的美好中国。

党的二十大报告指出，要建好用好国家文化公园。全国政协文化文史和学习委员会历来重视文史资料工作和文化遗产保护传承。组织编辑出版《黄河画传》《长江画传》《长城画传》《大运河画传》《长征画传》，是学习贯彻习近平总书记关于文物保护工作重要论述精神，立足人民政协人才荟萃优势、广泛凝聚实现民族复兴中国梦正能量的积极实践。我们希望呈现给广大读者的几部《画传》，让故事的主角从概念和符号中走出，在坚持历史真实性的前提下，避免呆板、干涩叙述，力求有血有肉有精神，以鲜活的生命姿态走进时代、走近读者，给阅读者思接千载、视通万里的驰骋空间，向社会大众特别是年轻一代传播黄河、长江、长城、大运河、长征等大型历史文化体系的价值，探索其在当下活化保护利用的路径，更广泛地普及历史、文化和自然知识，满足人民群众对美好生活的品读和追求。

《画传》力求以生动的笔法、优美的图画为基本，以文字为线，以图画为珠，以线串画、以画映线，图文并茂、相得益彰，用一个个生动细微的故事串起这些历史遗迹全部的生命历程，将其涉及的中华文脉和生态文明，还有事件、人物、技术、精神一一呈现。每一部《画传》，既单独成卷，讲述中国故事的某个面向；又互为依衬，共同串联起中华文明从古至今的主线情节，充分展现中华民族伟大创造精神、伟大奋斗精神、伟大团结精神、伟大梦想精神。

如果说人类文明是一座舞台，上演着一幕幕不同文化和族群的故事剧，那么中国故事无疑以场次繁复、角色丰富、赢得观众欢笑和泪水众多而著称。在这个舞台上，黄河、长江、长城、大运河和长征，穿越时空、生生不息，有着说不尽的精彩故事，它们向世界生动讲述了中国人民勤劳勇敢、自强不息的奋斗精神，展现了中华民族海纳百川、开放包容的博大胸襟，是全人类精神文化财富宝库中的明珠。在《画传》的故事里，黄河、长江、长城、大运河、长征从遥远的历史深处走来，带着文明的记忆汇聚到国家文化公园。讲好它们的故事，进一步坚定文化自信，让黄河、长江、长城、大运河、长征文化精神，在新时代放射出更加夺目的光彩，让中华儿女在新征程中不断凝聚奋进力量。

这，就是我们编撰这套《画传》的初衷和本心。

《画传》编委会

2023年1月

目 录

甘肃省白银青城古镇黄河农田景观

乳钉纹青铜爵 夏 二里头夏都遗址博物馆藏

绪 言

一条泱泱大河，一部中华春秋

万里黄河，亘古奔流，生生不息，泽惠中华。

黄河是中华民族的母亲河，她从遥远的地质造山运动中走来，为中华祖先提供了得天独厚的生存空间，成为中华先人最早的家园。先民在这里辛勤劳作，繁衍生息，点亮了古老中华文明的曙光。遍布大河上下的文化遗存和文物古迹，一幕幕威武雄壮的历史活剧，一项项震古烁今的科技发明，一个个壮怀激烈的英雄故事，像闪烁的璀璨繁星和绚丽的历史画卷，展示着中华民族发展壮大的辉煌历程。

黄河是举世闻名的万里巨川，她从青藏高原巴颜喀拉山走来，一路携川纳流，曲折跌宕，穿过青藏高原、黄土高原、华北平原三大阶梯，流经青海、四川、甘肃、宁夏、内蒙古、陕西、山西、河南、山东9个省区，在山东省东营市垦利区注入渤海，全长5464千米，流域面积79.5万平方千米。黄河雄风万里，气势澎湃，如一条苍莽逶迤的巨龙，奔腾在神州大地。

黄河文化是中华民族的根和魂，她造就了中华儿女自强不息、克难攻坚的民族底色，培植了中华河山一统、开拓进取的家国情怀，孕育了中华儿女发明创造的智慧灵性。在漫漫历史长河中，黄河文化作为中华文化的核心，一脉相承，兼收并蓄，经过多次大碰撞、大融合，不断向更高层次发展，以源远流长、博大精深的强势特征，对中华民族影响深远，显示出了强大的感召力、凝聚力和生命力。

一

　　黄河哺育了中华文明的童年。从西侯度早期猿人文化遗存，到蓝田早期直立人，从大荔人、许家窑人，到河套人、山顶洞人，一处处文化遗存的发现，勾勒出了中华祖先在黄河流域繁衍生息的图景。

　　在这块黄土地上，中华先人用勤劳与智慧迎来了人类文明的曙光，创造了华夏摇篮中的黄河文化。8000年前相继出现的裴李岗文化、磁山文化、大地湾文化，宣示了中华农业文明的昂扬启程。

　　在人类发展的漫漫时空中，黄河流域的华夏祖先高擎智慧的火炬，靠着辛勤劳动和思维进化，一步步迈向人类文明的新天地！

　　距今约7000—5000年黄河两岸的仰韶文化，绚丽光彩惊艳世界，彰显了当时黄河文化的强势特征，成为中华文明前夜光芒四射的文化彩带。

　　黄帝统一华夏、大禹治水等传说故事，反映了中华先民争取生存发展的强烈意识和思想智慧。巩义双槐树遗址、襄汾陶寺遗址、神木石峁文化遗址，透射出早期黄河文明进入国家之门的路径与脉络。

　　偃师二里头文化遗址，作为中国最早的王朝都城遗址，揭开了尘封3000多年的夏王朝历史面纱，让我们一窥黄河流域中原地区的早期国家形态，广域王权国家出现的标志。

　　中国进入文明社会，黄河流域尤显出强大的凝聚力和向心力。商汤伐夏，成为各方共主。青铜文明，光耀千秋。甲骨文的出现，成为中国信史的证据。生生不息的中国古文字体系，对于维系民族血脉、传承中华文明，产生了巨大的作用。

　　周室继兴，传承夏商文明，立足黄河中游，辐射华夏神州，礼义安邦，经济发展，盛况空前。春秋战国时期，诸侯争霸，政治变革，百家争鸣，思想荟萃，成为中华文明群星闪烁的时代。

　　崛起于黄河腹地的大秦王朝，是中国历史上第一个统一多民族中央集权封建国家，修筑万里长城，实行郡县制，车同轨，书同文，统一度量衡，对中国历史发展产生了深远的影响。

　　以黄河流域为中心建立的大汉王朝，开疆拓土，屯垦河套，镇守雄关重地，经过历次金戈铁马的征战，奠定了古代中国的辽阔疆土，进一步巩固扩大了中华统一多民族国家。

　　隋朝的建立，结束了魏晋南北朝300余年的长期分裂的局面，国家复归统一。开凿大运河为我国古代水利水运史写下了辉煌的一页。唐朝继而兴起，国土辽阔，政治开明，经济发达，文化繁荣，盛世气象引来八方朝觐，达到了中国封建社会发展史上的一个高峰。宋朝时期，经济发展，科技昌盛，文化灿烂，创造了繁荣的市民社会。

　　在中华五千年文明历史中，黄河流域长达三千多年位于政治、经济、文化的中心。尽管朝代更替，时而出现分裂状态，但中华民族统一进取的历史潮流，一如黄河巨浪，浩浩荡荡，奔腾向前。在历史的脚步声中，黄河文化一脉相承，在中华文化的发展中发挥着主导作用，成为中华民族的根和魂。

二

　　古代中国，黄河流域水利水运事业的发展状况，在一定程度上关系到国家盛

（左页）黄河龙门口　方济众　1960年
这幅画作表现了龙门口的壮阔险峻气势，塑造了豪放雄伟的黄河风貌

　　千百年来，历朝历代都把黄河治理作为治国安邦的一件大事。从大禹治水的千秋佳话，到汉武帝亲率众臣堵塞黄河决口，从北宋朝堂围绕黄河治理方略展开激烈论战，到明清时期治理黄河、确保漕运的重大国策。漫漫时空中，水患与国难，治河与朝政，始终紧密交织，无数仁人志士和广大劳动人民为此进行了不懈探索和艰辛努力。

衰和政权存亡。战国时期秦国修建的郑国渠，使关中地区粮食丰裕，国力强盛，为秦国统一天下奠定了经济基础。汉武帝时期修建白渠灌溉工程，进一步促进了国家经济繁荣，有力巩固了都城长安的政治中心地位，也为征战北方匈奴提供了物质保障。唐朝时期，黄河流域水利建设掀起新的高潮，修建、改建引汾灌区、成国渠，农田灌溉面积猛增。物产富饶，粮食丰收，唐王朝统治地位得以进一步巩固。北宋熙宁变法时期，黄河中下游地区大力发展引黄淤灌，大片盐碱不毛之地变成肥沃良田，成为一项卓有成效的富国裕民之举。

　　漕运兴，国运兴。很长历史时期内，黄河漕运一直是中国历代王朝的重要命脉。春秋战国时期开挖的邗沟与鸿沟水系，在中国历史上第一次沟通黄河、淮河、长江三大水系，大大加强了各诸侯国之间的政治、经济、文化交流，对于时局形势产生了重大影响。

　　西汉建都长安，开凿渭河漕渠，修建大型粮仓，发展黄河航运，黄河水系成为大汉王朝供应都城长安一带及北部戍边的主动脉。

　　隋唐时期，先后开凿疏浚广通渠、山阳渎、通济渠、永济渠等人工运河，沟通海河、黄河、淮河、长江四大水系，形成了以长安、洛阳为中心，南至江浙，北抵涿郡，长达2700多千米的隋唐大运河。唐玄宗年间开凿"开元新河"，开创了隋唐大运河全程通航的新局面。

　　北宋时期，漕运成为宋王朝立国之本。以汴河为中心，上接黄河，下通淮河、长江，长达数千里的水运交通网，支撑着一代东京繁华。

　　由于河道大量泥沙反复淤积，黄河在哺育中华民族成长的同时，频繁决口泛滥也给两岸人民带来了深重的灾难。三年两决口，百年一改道。洪水泛滥范围，北达天津，南抵江淮，波及冀、鲁、豫、苏、皖等在内的广大黄淮海平原，纵横数十万平方千米。每次决口改道，水沙俱下，一泻千里，致使生灵涂炭，大量村庄被淹，千里良田沙化，生态环境恶化，久久难以恢复。

历经千年风云的黄河大堤，遍布黄淮海大平原的故道遗迹，见证了中华民族与洪水抗争的奋斗历程。一部黄河治理史，承载了一部治国史。

三

中华人民共和国成立后，古老的黄河发生沧桑巨变。

党和国家高度重视黄河治理开发。1952年毛泽东主席视察黄河，发出"要把黄河的事情办好"的伟大号召。1955年7月，第一届全国人民代表大会第二次会议通过关于根治黄河水害和开发黄河水利的综合规划的决议，充分体现了"根治水害、开发水利"的指导思想。党领导人民对黄河进行了大规模治理与建设，形成了"上拦下排，两岸分滞"下游防洪工程体系，依靠工程建设和军民严密防守，彻底扭转了几千年来黄河频繁决口改道的险恶局面，使黄河岁岁安澜，有力保证了人民生命财产安全和国家经济社会顺利发展。

青白玉卧羊 十六国（前凉）
甘肃省博物馆藏

山东汉画像石民国拓本

黄河水资源开发利用谱写出了旷古未有的新篇章。自1952年人民胜利渠建成通水，下游两岸引黄灌溉方兴未艾，历史上饱受洪水泛滥之苦的两岸土地一跃成为国家重要的粮食生产基地。黄河上中游古老灌区通过整修扩建，焕发了青春活力。高岸干旱缺水地区，通过发展高扬程电力提水灌溉，使千百年干渴的土地得到滋润。

黄河干流峡谷中矗立起龙羊峡、刘家峡、盐锅峡、八盘峡、青铜峡等28座水电站，像镶嵌在大河上下的一颗颗璀璨明珠，点亮了万家灯火，为国家经济社会发展提供着强大动力。

在水土流失严重的黄土高原，我国政府坚持不懈开展包括治沟骨干工程、淤地坝、生态梯田、退耕还林等多种措施的水土保持建设。昔日千沟万壑的黄土地呈现出山绿地平、梯田层叠的新面貌，生态治理成效卓著，进入黄河的泥沙显著减少，黄河流域展现出山川秀美的生态文明前景。

盐锅峡水电站 新中国在黄河干流上建成的第一座大型水利枢纽

历史上因黄河改道形成的豫、皖、苏三省"黄泛区",经过综合治理,昔日满目荒沙的泛滥疮痍得到全面医治,彻底结束了人民在死亡线上挣扎的悲惨历史。

历史雄辩地证明,没有中国共产党,就没有新中国,就没有今日之黄河。

四

生生不息的黄河是大自然给予中华民族的宝贵馈赠,黄河奔腾向前、百折不挠的磅礴气势,塑造了中华民族自强不息的民族品格。中华民族在与黄河共生共荣的发展进程中,不断获得生存智慧,汲取创造灵感,熔铸民族精神。黄河所孕育滋养的黄河文化,成为中华民族培根铸魂的永恒教本。

黄河文明绵延不绝,纵贯古今,为一元多样、多样一体中华文化体系的形成发展,发挥了引领和核心作用。

黄河文化以"和"为核心、以"同"为精髓的思想特质,体现了极强的包容性和辐射力。商周时期的宗法礼仪制度,春秋战国时期思想流派的辩论交融,为黄河文化体系的形成奠定了基础。在几千年历史发展过程中,黄河文化作为中华文化的主流,在向四周强势辐射的同时,逐步吸纳北方游牧文化、江南文化精华,兼收并蓄,博采众长,不断丰富内涵的深度,提升外延的广度,在新的起点继续前进。

黄河文化的开放性,彰显了中华民族的开放胸怀。古代开通的丝绸之路,商旅货物往来不绝,成为促进东西方文化交流的纽带,对世界文明的发展作出了重大贡献。在中国特色社会主义新时代,我国倡导"一带一路",奉行互利共赢的开放战略,走推动构建人类命运共同体之路,充分体现了黄河文化纵贯古今的开放性特征。

鉴古而知今,临黄河而知中国。黄河之所以能冲开绝壁夺隘而出,是积聚了千里奔涌、万壑归流的洪荒伟力。黄河正在焕发新的活力,用磅礴的力量,奔腾在中国特色社会主义新时代。在以习近平同志为核心的党中央坚强领导下,中国人民在实现中华民族伟大复兴的豪迈进程中,如同气势磅礴的黄河奔腾向前!

第一章

中华母亲

红陶人面像 新石器时代仰韶文化 甘肃省博物馆藏

　　黄河从遥远的太古洪荒走来，在轰轰烈烈的地质巨变中诞生，开辟出华夏祖先的生活家园。从传说时代到文明古国的建立，远古的中国实现了由原始社会到奴隶社会的历史性飞跃。一处处远古文化遗存，昭示着这里曾经的人类文明篝火。在这一发展过程中，黄河流域的治水壮举、城郭营造、农耕肇始、天文历法、建国立制等一系列重大人文活动，呈现出黄河文明的初始状态，展露了中华文明的曙光。

古老的东方有一条河

> 黄河，以她英雄的气魄，出现在亚洲的原野，她表现我们民族的精神，伟大而又坚强。
>
> ——《黄河大合唱·黄河颂》

1. 黄河从远古走来

黄河，中华民族的母亲河，她哺育了中华民族，深刻影响着我们这个民族的发展和文明进程。那么，这条万里长河是什么时候迈出奔腾浩荡的第一步？黄河生命的起点又在哪里呢？

让我们穿越悠悠时空隧道，回到遥远的洪荒时代，作一次黄河生命探源之旅。

大约25亿年前，地球进入元古宙时期，当时地球表面大部分仍被海洋覆盖。大约17亿年前，在剧烈的地壳运动中，地球表面发生大规模的隆起和凹陷，华北陆块在浩瀚的海洋中率先隆出了水面，形成中国范围内时间最早、面积最大的一块远古陆地。接着，在距今4.85亿—4.44亿年前的古生代奥陶纪，塔里木陆块历经沧桑沉浮，拱出海面初见天日，而华北陆块也再次

燕山运动：侏罗纪到白垩纪时期中国广泛发生的地壳运动。我国许多地区地壳受到强烈挤压，褶皱隆起，成为绵亘的山脉。因北京附近的燕山是这一时期强烈地壳运动的典型产物，故称为燕山运动。

喜马拉雅运动：新生代以来亚洲大陆发育的造山运动。第一幕发生在始新世末期到渐新世初期，海水从青藏高原退出，并伴有强烈的褶皱、断裂及中性岩浆岩侵入；第二幕发生于中新世初期，形成大规模逆冲断裂和推覆构造，导致地壳大幅度隆起和岩浆侵入；第三幕从更新世至今，主要表现为高原急剧隆起，周围盆地大幅度沉降等。

抬升，在距今2.99亿—2.52亿年前的古生代末期二叠纪时重新露出水面。这两大陆块，就是黄河的祖籍。

在距今19500万—6700万年的中生代侏罗纪与白垩纪时期，发生了燕山造山运动，在这场剧烈的地质运动中，许多地区的地壳受到强烈挤压，褶皱隆起，形成绵亘的山脉，山西湖盆抬升隆起，成了绵延千里的高山峻岭，而原来与之连为一体的太行山东部地区，转而沉降形成盆地，后逐渐发展成为一片大平原，初步形成了中国西高东低的地势地形轮廓。

进入新生代，对黄河影响更深的喜马拉雅造山运动发生了。印度洋板块向北移动，向亚欧板块俯冲撞击，受此影响，古地中海消失，喜马拉雅山脉从海底崛起，青藏高原急剧抬升，成为世界屋脊。而在板块内部，受到造山运动影响，北方生成了一系列裂谷、盆地，山西高原产生了两条近乎平行的大断裂带，从北向南穿过高原的中部，形成了狭长的峡谷。峡谷的南端，与陕西关中平原沉降带相连接，形成汾渭盆地。在这里，一些抬升的山脉受到风化侵蚀，逐渐被磨平成为高原，下沉的盆地则汇集周围的水流成为湖泊。

由于海陆格局与气候的骤变，此后这个地区先后经历了两次大规模的冰川活动，一些大型湖盆逐渐萎缩，分割成许多小型湖泊和湿地，发育成各自独立的内陆湖水系。

在青海高原，阿尼玛卿山与巴颜喀拉山之间形成了若尔盖盆地，祁连山和阿尼玛卿山之间汇集形成了古共和盆地。湟水、洮河一北一南，在兰州附近交汇，而后从甘宁交界处的黑山峡奔涌而出，折向东北，在贺兰山下的宁夏地区汇聚成了古银川湖。在内蒙古鄂尔多斯高原，一条河流连通许多小湖泊，注入陕西、山西之间的汾渭盆地，形成古汾渭湖。该盆地的东面是高大的中条山，中条山东侧的水流受山东丘陵的阻挡，分别由不同的河道东流入海。就这样，逐步形成了各

寻探黄河源

古人对于黄河源有河出昆仑、导河积石和重源伏流三种认知。《山海经》云："昆仑之丘……河水出焉。"而《尚书·禹贡》最早有"导河积石，至于龙门"之说。东汉班固《汉书·西域传》发展了重源伏流说，认为黄河有两源，一是叶尔羌河（葱岭河），一是和田河（于阗河）。

魏晋时期对黄河源的探索愈加深入，关于河源出现了星宿海、扎陵湖、鄂陵湖、阿尼玛卿山、巴颜喀拉山等说法。

元世祖派都实佩金虎符探寻黄河源，潘昂霄根据他的收获撰写的《河源志》记载此行越过两巨泽"阿剌脑儿"（扎陵湖、鄂陵湖）及"粲若列星"的"火敦脑儿"（星宿海）。

明洪武十一年（1378年），僧人宗泐受明廷派遣到西藏请经归来途中，路过黄河源头作了考察。他在《望河源》诗序中云："河源出自抹必力赤巴山。"抹必力赤巴山即巴颜喀拉山，所指河源是卡日曲。

清代康熙时期齐召南编撰《水道提纲》，确认星宿海以西有三条支河（即今扎曲、玛曲、卡日曲），以西支玛曲、西南支卡日曲为主体构成黄河上源。乾隆四十七年（1782年），阿弥达受朝廷派遣前往河源"致祭河神"，其后绘制《河源图》上呈乾隆帝。后世认为此次告祭河源的地点即今日的卡日曲。

河源图（局部）清 美国国会图书馆藏

有源头、互不连接的古老水系。

这个古老水系，正是黄河的母体。

在150万年至120万年前这段时间里，随着冰河期结束，气候变得温暖湿润，冰川消融，降雨丰沛，河水暴涨，而此时中国中西部的高原仍然在不断上升，东西地势高差进一步增大。在双重力量作用下，河流的冲刷侵蚀持续增强，河床逐步由浅变深，不断下切，流水冲击着拦在面前的高山峻岭，大大小小的峡谷湖盆先后被串联贯通，各个封闭的独立河段陆续连接起来。

连通的古水系以百折不挠的奔涌动力，不断冲刷下切，经过漫长的岁月，最终切穿三门峡，与中条山以东的水流连接起来，进入华北平原，浩浩荡荡，奔流入海。

一条伟大的河流——黄河诞生了！

2. 奔腾的东方巨龙

初始贯通的黄河，与现在河道形态并非完全一致，在上游，大约一万年前青藏高原的新一轮抬升，再次激发了黄河的澎湃活力，黄河溯流而上揳入若尔盖盆地，从此青海玛多成为黄河源头。在下游，黄河发生多次改道，形成不同的入海口。

如今的黄河，发源于青藏高原巴颜喀拉山北麓的约古宗列盆地，自西向东流经青海、四川、甘肃、宁夏、内蒙古、陕西、山西、河南、山东9省（自治区），在山东省东营市垦利区流入渤海，全长5464千米，流域总面积79.5万平方千米，为中国第二长河。

黄河流经的最高一级阶梯是青藏高原东北部的青海高原，海拔大都在3500米以上。这里高山大川密布，北面的祁连山将青海高原与内蒙古高原隔开，南面的巴颜喀拉山则成为黄河源头与长江上游的分水岭，横亘在两山之间的阿尼玛卿山主峰玛卿岗日，海拔6282米，是黄河流域的最高点。

黄河流出河源区后，绕阿尼玛卿山南麓向东南

黄河一路携川纳流，弯弯曲曲，穿过青藏高原、黄土高原、华北平原三大阶梯，最终东流入海。黄河之水天上来，奔流到海不复回。恰似一条奔腾的巨龙，以威武磅礴的气势，波涛滚滚，蜿蜒曲折，行进在神州大地。

（左页）青海三江源国家公园中的黄河源头约古宗列曲

四川省红原县月亮湾 董保华摄

　　方向而去，穿过陇蜀交界处500千米的高寒山区，受岷山阻挡又折向西北，流过若尔盖草原北部，经与白河、黑河汇合，到达甘肃玛曲。然后沿阿尼玛卿山北麓，向西北再流入青海省，形成第一个巨大的河曲。在青海湖南面，黄河折向东北，穿过青藏高原的边缘而进入黄土高原，形成第二个巨大的河曲。九曲黄河，在这段流程中拐了两个大弯，呈现出巨大的"S"形。河谷忽宽忽窄，时疏时放，山势陡峭，峡谷险峻，水流湍急，表现为川峡相间的河道特征。

　　黄河流经的第二级阶梯黄土高原，西起青海的日月山，东抵太行山，北至长城，南界秦岭，横跨青海、甘肃、宁夏、内蒙古、陕西、山西、河南7个省区，面积58万平方千米。东缘太行山，是黄土高原与华北平原的分界线，也是黄河流域与海河流域的分水岭。南缘秦岭，是中国亚热带和暖温带的南北地理分界线。秦岭向东延伸的山脉，是黄河与长江、淮河流域的分水岭。

　　黄土高原覆盖的黄土沉积层，厚度一般在50—100米之间，有的地带黄土厚

度达100—200米，而在兰州竟达300多米，黄土高原的黄土覆盖面积与厚度，堪称世界之最。

黄河进入黄土高原，在甘肃刘家峡汇纳了大夏河与洮河，在洮河汇入前，黄河水碧绿清澈，从洮河开始，黄河挟裹大量泥沙向东流动。到兰州以下，沿途接纳祖厉河、清水河，出黑山峡后进入宁夏平原，沿贺兰山北上。

宁夏平原由黄河泥沙沉积而成，气候虽然比较干旱，但得益于黄河水的灌溉和贺兰山脉带来的降水，自秦汉起就是一个富饶的农业区，故有"天下黄河富宁夏"之说。

黄河进入内蒙古，流经著名的沙漠区，河道左岸为腾格里沙漠、乌兰布和沙漠，右岸为鄂尔多斯高原上的库布齐沙漠、毛乌素沙地。在内蒙古的磴口，黄河向北进入河套平原，至托克托的河口村，受到大山阻挡，掉头南下，形成一个马蹄形的大弯曲，进入黄土高原的东部。在这里形成的河套平原，乌拉山以西称为后套，以东称为前套。黄河水的灌溉之利，使河套平原成为盛产粮食的富饶之地。

在托克托的河口村，黄河结束了上游的流程，沿吕梁山西侧南下，进入中游多沙粗沙区。大量泥沙通过皇甫川、窟野河、无定河、延河、渭河、三川河、汾河等支流泻入黄河，使黄河含沙量剧增。

黄河穿过晋陕峡谷，受西岳华山阻挡，折而东流。在中条山脉和崤山山地南北夹持下，进入晋豫峡谷，越过"河曲回千里、关门限二京"的潼关险隘，继而经过三门峡、八里胡同峡谷，在河南孟津小浪底冲出最后一段峡谷，至郑州桃花峪结束中游流程。

黄河流经的第三级阶梯为华北平原。这块广阔的土地主要由黄河泥沙年复一年沉积而成，其范围北至天津，南达江淮，涉及河北、河南、天津、安徽、江苏5个省市，面积约30万平方千米。历史上黄河在此区间不断大幅摆动。现今的下游河道在河南兰考东坝头完成最后一次大转弯，浩荡东行，在山东东营奔流入海。

黄河在华北平原进入下游，由于河道纵比降变缓，流速减慢，大量泥沙淤积在河道中，河床不断抬高，成为举世闻名的地上悬河。700多千米下游河道，除在部分鲁中丘陵山地之外，河水基本靠两岸大堤约束。从而，黄河也成了海河流域、淮河流域的分水岭。与上中游峡谷河道相比，下游河面变得十分宽阔，同时呈现出上宽下窄的形态，如河南长垣与山东东明之间的堤距多达24千米，而山东艾山河段仅有275米。

在黄河入海口，大量泥沙填海造陆，使河口不断向海中推进，形成了中国最年轻的土地。据水文测验，在很长历史时间内黄河平均每年输入渤海的泥沙约达12亿吨，仅1855年黄河大改道至1984年的130年间，就填海造陆2530.4平方千米。如今，这块新陆地仍在持续向大海推进。

黄河自西向东，穿越中国地形三大阶梯，形成了各具特色的地貌景观。

黄河上游流经一系列高山峡谷，著名的峡谷有野狐峡、龙羊峡、李家峡、松巴峡、积石峡、刘家峡、盐锅峡、八盘峡、桑园峡、红山峡、黑山峡、青铜峡等。野狐峡位于青海省同德、贵南县境，是黄河干流上最窄的峡谷，两岸相隔只有10余米，站在峡底向上仰视，仅见一线青天，据说野狐一跃即能跳过，故而得

《黄河》长卷之乾坤湾 王克举 中国美术馆藏

名。青海省共和县境内的龙羊峡，两岸峭壁陡立，蒙蒙的水汽升腾而上，哗哗的水声隐约可闻。这些峡谷，落差大，水流湍急，蕴藏着极为丰富的水力资源，成为我国西北地区重要的水电能源基地。

黄河中游的晋陕峡谷从河口到禹门口，全长725千米，落差300多米。两岸崖陡壁立，峡谷森森，水流湍急，浪花飞溅。著名的壶口瀑布，犹如一个巨大的壶口向外倾倒着奔腾的河水，形成一道数十米高的飞瀑，浪花四溅，响声震天，气势雄浑，被誉为中华民族精神的象征。晋陕峡谷最南端的龙门，两山夹峙，形成一个只有百余米宽的口门，故称龙门。黄河通过峡谷口门，河谷突然变宽，水位骤然下降，呈现一幅"龙门三跌水"的奇特景观，民间传说的"鲤鱼跃龙门"即指此处。

晋豫峡谷西起三门峡，东至孟津，全长约150千米。古时的三门峡谷中屹立

着两个石岛，把湍急的河水分成"鬼门""神门"和"人门"，三门峡即由此得名。峡口下方河心中，有一座高出水面的柱石，人称"中流砥柱"。在这里，湍急咆哮的河水猛烈冲击着巨石，发出震天撼地的巨响，然而无论狂涛如何猛烈，中流砥柱始终岿然不动，成为黄河精神的一种象征。

黄河曲折跌宕，奔腾万里，气象万千。奇丽神秘的河源，潆洄曲折的河湾，飞流直下的瀑布，陡峭险峻的高山，深不可测的峡谷，千沟万壑的黄土丘陵，一马平川的华北平原，填海造陆的入海口，形态各异，色彩纷呈。特质独具的黄河水系，性情不同的支流，四季分明的气候，多种多样的土壤植被，暴涨暴落的洪水特性，上游富集优越的水力资源，中游严重的水土流失，下游高于两岸的地上悬河，构成了黄河独特的自然特性与河道形态。

华夏祖先的足迹

人猿相揖别，只几个石头磨过，小儿时节。铜铁炉中翻火焰，为问何时猜得？不过几千寒热。

——毛泽东《贺新郎·读史》

1. 从西侯度到周口店

水是生命之源，河流是水的重要载体，人类的进化与文明的起源都与河流密切相关。

远古时期的黄河流域，气候湿润，植被茂密，四季分明，自然条件十分优越。黄河流域的降水主要集中在夏秋两季，这正是全年当中气温最高、光照最充分、作物生长最旺盛的时期，加上遍布的黄土层和下游冲积平原的肥沃土壤，得天独厚的自然条件为中华先民提供了优越的生存环境。

迄今为止，黄河流域发现的最早的文化遗存，当数山西芮城县的西侯度文化，距今已有180万年。这里经过三次发掘，出土了一批人类文化遗存和脊椎动物化石。动物化石主

（左页）伏羲女娲像页（局部）唐 故宫博物院藏 1963年出土于新疆阿斯塔那墓

要是22种哺乳动物，包括巨河狸、剑齿象、平额象、步氏羚羊、古中国野牛、山西披毛犀、古板齿犀、中国长鼻三趾马、三门马以及一批鹿类动物，绝大部分是适于草原和森林生活的动物。文化遗存共发现石制品32件，这些石器使用直接打击法制作，从石材上获取的石片被加工制作成刮削木棒和割剥兽皮的刮削器、砍伐树木的砍斫器、挖掘植物块根的尖状器。

令人惊奇的是，在西侯度文化遗址，还发现了一批烧骨、烧角和火烧马牙，把人类用火的历史推到距今100多万年前，是中国最早的人类用火证据，也是世界最早的人类用火记录之一。这些遗骨，仿佛向我们展现出远古人类用火烧肉的生动场景。

西侯度虽然出土了一批打击器物和古动物化石，但当时古人类的模样如何，还是很模糊的。考古工作者经过持续发掘研究，逐渐撩开了远古人类遮掩的面纱。

1964年，在陕西省蓝田县发现了黄河流域最早的人类祖先头骨化石——蓝田人。生活于距今约115万年到100万年的蓝田猿人，为我们提供了旧石器早期直立人的相貌特征。他们生活在丰饶的渭河平原上，与牛羊为伍，和禽兽同域，在严酷的自然环境中繁衍生息。他们继承了先辈打制石器的方法，用大型尖状器挖食果腹，同时又创造性地发明了新式的狩猎工具石球。新生产工具的出现，生产技术的不断提高，为蓝田人开辟了生活的新天地。

比蓝田人稍晚的是周口店北京人。1929年，中国考古学者裴文中在北京周口店的龙骨山上的山洞里发掘出第一个完整的北京人头盖骨化石，他们生活在距今约70万—20万年时期，手脚分工明显，能打制和使用工具，会使用天然火。当时北京周口店一带，森林茂密，野草丛生，猛兽出没。为了更好地生存，他们将石块敲打成粗糙的石器，把树枝砍

中国北方古人类出现序列

直立人
西侯度猿人，约180万年前，山西西侯度
蓝田人，75万年前，陕西蓝田
北京人，50万年前，北京周口店
早期智人
大荔人，28万年前，陕西大荔
丁村人，10万—5万年前，山西襄汾
许家窑人，6万年前，山西阳高
晚期智人
河套人，4万年前，内蒙古乌审旗
山顶洞人，3.4万年前，北京龙骨山
水洞沟人，3万年前，宁夏灵武

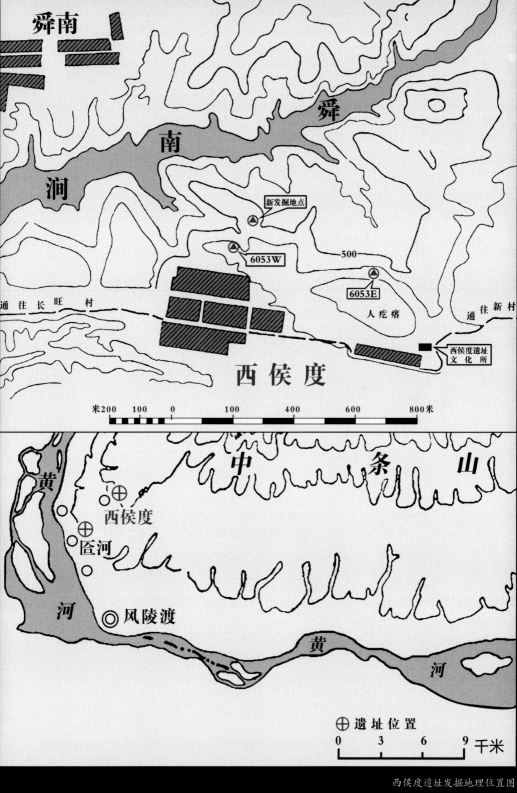

舜南

舜
南
涧

舜

新发掘地点

6053W

500

6053E

人疙瘩

通往长旺村

通往新村

西侯度遗址
文化所

西侯度

米200 100 0 100 400 600 800米

黄

中　条　山

西侯度

匼河

凤陵渡

河

黄　河

黄　河

⊕ 遗址位置

0   3   6   9 千米

西侯度遗址发掘地理位置图
根据贾兰坡、王建西侯度发掘报告与王益人论文重绘

山西阳高许家窑遗址

成木棒，凭着极原始的工具同大自然进行艰难的斗争。在这样险恶的环境里，往往几十个人在一起，共同劳动，分享劳动果实，过着群居生活，形成了早期的原始社会。虽然从现代河流流域划分而言，北京周口店不属于黄河流域，但对于中国北方古人类数十万年漫长进化过程以及古黄河塑造华北平原的沧桑变迁来说，这种联系是存在的。

2. 中国北方旧石器时代智人

经历了几十万年的漫长岁月，在旧石器时代中期，华夏先人逐渐发展到了早期智人阶段。黄河流域的许多地方发现了这个时期的文化遗存，其中以陕西大荔县甜水沟遗址、山西襄汾县丁村遗址、山西阳高县许家窑遗址最为著名。

1978年在陕西省大荔县甜水沟发现的大荔人化石，是中国迄今发现最完整的早期智人化石。其体质特征介于直立人和早期智人之间，其面部的特征与现代的黄种人比较相似。与大荔人化石同时出土的还有石制品和哺乳动物化石，如古菱齿象、肿骨大角鹿、鸵鸟等10余种。大荔人遗址的发现，为研究黄河流域早期人类活动提供了重要线索。

1954年开始发掘的黄河支流汾河岸边的丁村遗迹，距今10万年左右，所处的汾河流域，当时气候温暖湿润，水源丰沛，各种动物成群出没于森林、草地和沼泽。在水草丰美的汾河两岸，丁村人采集野生植物，制作石器工具进行原始渔猎活动。他们在继承前辈文化的基础上，不仅掌握了传统尖状器、砍砸器、刮削器和石球的打制技术，还创造了独具特色的石器类型——丁村尖状器。丁村人在发展旧石器文化的同时，也在劳动中创造了自身，体质特征基本摆脱了原始的猿人特征，从而成为人类进化史上一个重要阶段的杰出代表。

科学家们探寻中华祖先的脚步始终不曾停下。2022年1月，中国科学院的科学家首次复原出约20万年前的古人类——许家窑人较为完整的头盖骨。1974年在山西阳高县许家窑村发现的古人类文化遗址，出土人类化石17件以及大量石片、石器、骨器、哺乳动物化石。在发掘的石器中有1000多件石球，最大的有1284克，据此推知许家窑人已经具有捕获大型野兽的能力。

　　大约从四五万年前开始，黄河流域的早期智人进化为晚期智人，也就是进入现代人阶段。这时人类体质形态的原始性完全消失，现代人体质逐渐形成。随着旧石器时代晚期生产力的不断提高和生产经验的积累，远古人类的活动范围大大扩展，黄河流域遍布他们的足迹，他们留下了许多文化遗存。

　　1922年，在黄河支流萨拉乌苏河（红柳河）发现的河套人，生活在距今5万—3.7万年前，属晚期智人，体质特征已接近现代人。该文化遗址共发现人类化石、石器500多件，还有大量的哺乳动物化石及鸟类化石。河套人的发现，对研究晚期智人的体质特征及旧石器晚期文化类型等有着十分重要的价值。

　　经过中国考古学家不断发掘，在宁夏灵武水洞沟遗址出土了大量石器和动物化石。此处遗址位于西北苍茫的毛乌素沙地和黄河之间，遗址蕴藏着距今40000—5000年前不同时期、不同人群生存活动的遗物与遗迹，勾画出一幅幅旧石器时代晚期至新石器时代先民生息劳作、薪火相传的历史画卷。2021年水洞沟遗址入选中国百年百大考古发现。

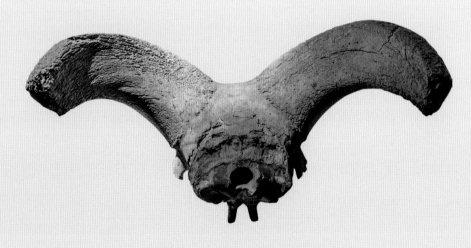

牛头化石 旧石器时代 宁夏博物馆藏

石锤　旧石器时代
中国科学院古脊柱动物与古人类研究所藏
北京房山周口店北京猿人遗址出土

　　在水洞沟遗址，研究发现距今约3万年前的多个文化层位和丰富多彩的文化遗存，发掘出的一些石器加工规整精细，还出土有精致的磨制骨器和逾百枚用鸵鸟蛋皮制作的穿孔染色串珠。在山顶洞人文化遗存中，也发现了骨角器、石珠、穿孔的兽牙和贝壳、钻孔砾石等丰富的装饰品，这不仅反映出当时的先民已比较熟练地掌握了原始磨制和钻孔技术，也体现了远古人类原始审美意识的最初萌生。

　　一处处文化遗存的发现，勾画出一条黄河流域华夏祖先逐渐走出蒙昧时代的轨迹。

　　黄河流域为什么成为中华祖先早期繁衍生息之地？据研究分析，这主要有以下几个方面的原因。

　　一是从许多遗址发现的化石可以证实，在远古时代，黄河中游地区气候温和，雨量丰沛，森林茂密，适宜原始人生活。二是黄河流域土壤肥沃，适宜种植。黄河流域广泛分布着黄土，质地疏松，易于垦殖，天然肥效高，有利于农作物的种植和生长，为发展原始农耕业提供了极好的条件。三是黄土易于凿洞挖穴，对于先民建立定居聚落十分有利。四是黄河流域矿产资源丰富，分布普遍，容易被发现和采掘利用。

从远古时代人类的起源和发展可以想象，我们的祖先经过多么漫长而艰难的选择，最终才确定安居在黄河流域这块黄土地上。在漫长的远古时期，中华民族的祖先背靠连绵的群山，居住在古老的山洞，捕鱼狩猎，采集食物。他们亲身经历了冰川后期黄河在华北大地上的动荡变化，在极其艰苦的自然环境中，与大自然顽强斗争着。他们无所畏惧，手握石器勇敢地在广袤大地上留下足迹，保持着对生命的敬畏和不屈的尊严，用集体的智慧和辛勤的汗水，渡过一个又一个难关，创造和丰富着华夏摇篮中的黄河文化。

一处处远古文化遗存，像夜空中闪烁的繁星，昭示着黄河流域曾经的人类篝火。它们像一部部史书，记载了远古人类活动的悠久历程；又像一幅幅画卷，展示着中华先民在漫长岁月里不断进化的足迹。最终，他们迎来了新石器时代的文明曙光。

花瓣纹彩陶钵 新石器时代大汶口文化 南京博物院藏

从裴李岗遗址到仰韶文化

> 仰韶文化在中国考古学中有着至关重要、无
> 可替代的地位，是中国新石器时代的核心文化。
>
> ——陈星灿
> 《中国史前考古学史研究（1895—1949）》

1. 裴李岗原始农业的肇始

进入新石器时代，人们开始磨制较为先进的石器，学会了纺织、制衣，使用陶制炊具、餐具，开始种植粟、饲养猪羊，黄河流域出现原始农业，书写着黄河文明的最初篇章。

1977年，河南新郑裴李岗村的农民在平整土地时发现一个石磨盘，揭开了裴李岗遗址发掘的序幕，华夏文明晨曦初现的画面赫然呈现在人们面前。

裴李岗遗址地处嵩山东麓、古黄河冲积扇范围内，属于森林边缘地区，地势平缓，土壤肥沃，气候适宜，四季分明，是文明发育的绝好温床。而其他的裴李岗文化氏族部落也大多生活在靠近河流的冈丘上，这一带黄土与黄河冲积泥沙广泛覆

盖，得天独厚的地理条件造就了裴李岗文化发达的农业。虽然当时仍以狩猎采集为主，但是已经能够确定存在粟作农业和家畜驯养，而且农业比重在不断提升。

裴李岗文化遗址出土的石铲、石斧、石镰、石磨盘、石磨棒等农业生产工具，以磨制为主，数量多而且加工技术先进。其中磨光石镰，形制与现代镰刀相似，有的刀刃还带有锋利的细齿，有助于高效快速收割农作物。精心琢制的石磨盘凝聚着原始人类的高度智慧，在遥远的原始时代，人类居然能够用整块的石板琢磨出用于谷物脱壳的工具，令人惊叹不已。

这是黄河岸边发现最早的新石器文化，它标志着中国农业革命在这里肇始。

裴李岗文化遗址另一个重要意义是陶器的出土。裴李岗文化的陶器以细泥红陶和夹砂粗红陶为主，这些都出自当地建起的诸多陶窑。烧制品种除了生活用具，如典型的三足钵、半月形泥质红陶双耳壶，还烧制有陶猪头、陶羊头和陶人头等艺术品，形象生动逼真。裴李岗文化的陶器烧制温度能达到900℃，烧制技术遥遥领先。

人类从利用自然火并保存火种，到初步掌握人工取火的技术，不知经过了多么漫长的岁月。灿烂的火光，照亮了人类走向光明的漫漫征途，也迎来了带着文明光晕、色彩斑斓的陶器时代。

更令人叹服的是，当时已经有人在兽骨和龟甲上刻一些字符对事情作简单记录，也有人熟练地用手捏造出各种实用的陶器及动物陶塑，这些创造性的杰作无不闪耀着裴李岗人的智慧之光。

可以想象，在那个遥远的年代，勤劳勇敢的裴李岗人在丘冈临河处，住着就地取材盖起的茅屋。男人们耕田、打猎、捕鱼，用石斧披荆斩棘拓荒开地，用石铲耕种，用石镰收割；女人们加工粮食、饲养畜禽，用石磨盘和磨棒研磨粮食。夜晚降临，他们吹着七孔骨笛，围着篝火，享用着烤好的美食，跳着欢快的丰收舞蹈，爱美的女人们则用兽骨及绿松石制作的配饰装扮自己，饰品在熊熊火光的照耀下不时折射出璀璨的光芒。一幅灵动的史前人类生活画面跃然眼前。

距今8000年前的黄河流域新石器文化，人们定居聚落有规，农牧业和渔猎经济并存，制陶、骨刻、石器制作等技术先进，已经出现较为复杂的社会形态，堪称黄河文明的发端。

红陶三足圜底壶
新石器时代裴李岗文化
郑州市博物馆藏

2. 农业文明昂扬启程

与裴李岗文化年代大体相当的磁山文化，主要分布于黄河以北、燕山以南的太行山东麓地区。

磁山遗址最令人振奋的是中国粟的发现。在磁山遗址发现的88个窖穴内有堆积的粟灰，提供了7000多年前中国粟食用的证据；在内蒙古兴隆洼遗址发现了8000多年前的粟，催生了中国可能是世界小米之发源地的设想。黄河流域最早种植粟的这些发现，刷新了世界农业史对植粟年代的认识。

一粒粟，承载着中华文明的厚重，传递着远古先民的低语和跋涉的艰辛。

磁山文化的农业生产工具有石器、骨器、角器、蚌器等，石器分为打制、打磨和磨制三种不同制法，磨制石器发现数量众多，表明磁山文化先民的生产技术已有一定程度的提高。

磁山遗址内农业生产工具和粮食加工工具的使用，与粮食堆积的大量发现，证明磁山人已经摆脱了蒙昧状态，有了比较发达的农业，并种植粟类作物。农业的发展，为饲养狗、猪、羊、鸡等家畜、家禽提供了物质条件，使得磁山人的畜牧业也较为繁荣。

磁山文化时期先民的生活用具以陶器为主，其陶器的制作技术较同期其他文化区先进，器物种类有盂、支架、钵、罐、碗、小口长颈壶、盘、杯、豆、器盖等，其中陶盂和陶支架组成的陶器群，独具特色，最有代表性。

在磁山遗址中还发现有部分房址和类似祭祀的遗迹，这说明磁山遗址已具有明显的定居聚落形态，根据遗存推测，当时人们已经将居住地划分了不同功能区，其南部为生活区，北部为祭祀区。

更加让人难以想象的是，当时，磁山文化先民已具有一定的审美意识，并产生了原始的文化艺术。这在人体装饰与器物装饰方面表现得最为突出。根据发掘报告，当时人们也已经学会了缝制衣服和编制草席，摆脱了原始社会早期那种赤身裸体的状态。同时人们还佩戴骨笄、牙饰、蚌饰等装饰品，体现了先民对美的关注与向往。

裴李岗文化和磁山文化的发现证明了黄河流域是中华文明的发祥地，印证了黄河文明的绵延不绝，光芒绽放。

同时期的大地湾文化，旧称老官台文化，在以渭河流域、汉水上游和黄土高原为中心的区域出现，最为典型的是甘肃省秦安县境内的大地湾遗址，涵盖了中

红陶盂及支座
新石器时代磁山文化
故宫博物院藏

国新石器时代各个时期的考古文化，其历史年代前后绵延3000年，为考古研究提供了延续时间长久且序列完整的珍贵资料。

大地湾遗址文化遗存十分丰富，既有房址，又有墓葬及陶器、石器、骨器等文物。大地湾文化在原始建筑、艺术、农业起源、文字雏形和宗教等方面，是中华文化悠久、博大和先进的典型代表。

这里出土的陶器，口沿上多绘有红色宽彩带，这是目前发现的黄河流域最原始的彩绘图案，处于彩陶的萌生阶段。值得注意的是，大地湾遗址出土的陶器上发现的10多种刻画符号，年代上早于半坡遗址发现的刻画符号千年以上，为中国的文字起源提供了极为重要的资料和线索。

人头形器口彩陶瓶 新石器时代仰韶文化
甘肃省博物馆藏 大地湾遗址出土

经测定，大地湾文化遗址中黍的年代距今7000多年，是中国出土的同类作物中年代最早的标本，说明陇原大地最早的垦荒者至少在7000多年以前就成功地将野生黍培养成栽培黍，纠正了国际农史界通行多年的中国黍源于国外的谬误。出土的磨石、磨盘、陶刀、石刀等农业生产工具，已经以磨制为主，精细程度进一步提升。这些证实了当时农业的发展已超越了刀耕火种的最初阶段。

3. 仰韶文化惊艳世界

1921年，仰韶遗址的初步发现，震惊了全球文化界。

在仰韶出土的石器工具和用于狩猎的石镞、弹丸、石饼，骨针、骨锥等纺织工具，以及陶质生活用具，反映出仰韶人当时的生产生活情况。特别引人注目的

仰韶文化是新石器时代发祥于黄河流域的一支根源性文化，在中国史前社会发展史上占有举足轻重的地位。仰韶文化孕育了诸多华夏文明的核心基因，它在中原地区的发生、发展和繁荣壮大的过程，正是华夏民族从农业起源到城市发展的早期文明化进程。

是，陶器上的宽带纹、网纹、花瓣纹、鱼纹、弦纹等精美的装饰图案，独具特色，充分反映了当时人民的聪明智慧和对美好生活的追求。

自此，光辉绚丽的仰韶彩陶文化，闻名天下。

一个世纪以来发掘的仰韶文化遗址，内涵丰富，分布广泛，涵盖黄河流域大部分省区。全国统计有仰韶文化遗址5000余处。西安半坡遗址、三门峡庙底沟遗址、武威马家窑遗址、郑州大河村遗址等，构成了不同时期的仰韶文化形态，如一条史前文化彩带，展示在世人面前。

1953年在西安东部发掘的半坡遗址，是仰韶文化聚落遗址的典型代表，其年代为中国原始社会母系氏族繁荣时期，距今有6700—5600年。

半坡遗址功能区划规整，分为居住区、墓葬区和制陶作坊区，俨然一个规范有序的生产生活聚落。居住区周围挖有人工壕沟，区内以小沟划为两部分，每部分都是小居室围绕着中心大房子，可见已出现等级差异。石斧、石锛、石铲、石刀、鱼叉、纺轮等生产工具和陶罐、陶盆等生活用具，是半坡人的智慧创造，透射出以农业为主、渔猎为辅的生产生活情况。

半坡人在彩陶上绘制的人面、鱼、鹿、植物等花纹和几何图案，用石、骨、陶、蚌精心制成的耳饰、发饰等装饰品，透露出半坡人较强的审美意识。

尤其值得关注的是，在半坡遗址出土的一些陶钵的口沿上还刻有各种符号，种类达二三十种，被认为或是中国文字的起源。

在不同时期和地区形成的不同彩陶文化类型，构图元素同源，风格却各异，或挺秀饱满，或轻盈飘逸，或朴实厚重，造型优美，绚丽多彩，无不为惊世艺术珍品。仰韶文化中期庙底沟期出土的彩陶，线条柔和流畅，排列组合成各种精美的几何图案，甚至出现了写实性图像，彰显了当时黄河文化艺术审美的发展。

在仰韶文化遗址内，聚落建筑布局整齐有序，保存较完整，证明当时维系氏族团结的血缘纽带根深蒂固，从一个方面展示了中国由母系氏族社会向父系氏族社会转变的结构形态。仰韶文化中期，聚落规模出现明显差异，有面积近百万平方米的特大型聚落，也有10万以下乃至仅数千平方米的小型聚落，有墓口达17平方米的大型高等级墓葬，也有仅可容身的小型墓葬甚至灰坑乱葬，呈现为金字塔式多层级的区域聚落。此时的仰韶文化已分化出明显的社会差别。

作为我国史前影响最深远的主干性文化，长期以来，仰韶文化成为定位周边其他史前文化的比照标尺。考古学家通过对中国史前文化的系统分析，认为"整个中国的新石器文化就像一个巨大的重瓣花朵"，中原居于花心位置，而中原文化区的主体就是仰韶文化，特别强调了黄河流域中心文明区的重要地位。

公元前3000多年前开始，人类文明进入飞速发展时期。在以"空中花园"驰名的两河流域，苏美尔人创造了世界上最古老的楔形文字。在尼罗河畔，古埃及人建造了雄伟神奇的金字塔。而在遥远的东方，苍茫的黄河两岸，原始艺术的灵光始终照耀着人类漫长的生命历程。在人们手中，陶土、线条、色彩与火的梦幻组合，催生了以彩陶为典型代表的仰韶文化这个中华文明前夜的鼎盛家族。

此后，仰韶文化开启的黄河流域早期文明化进程一直得到传承，其文明特质被夏商周三代乃至整个古代中国继承和发展，为早期国家的诞生奠定了深厚基础并产生深远影响，确立了中国古代文明的基本特征和格调的趋势性方向。

在人类发展的漫漫长夜中，黄河流域的华夏祖先正是这样高擎智慧的火炬，靠着自己辛勤的劳动，一步一步坚强迈向人类文明的新天地！

红陶兽形壶 新石器时代大汶口文化 山东博物馆藏

2019 年 8 月 27 日用无人机拍摄的双槐树遗址 新华社记者李安摄

河洛古国遗址的考古发现

大河滔滔，川流不息。穿越历史云烟，人们依稀看到在黄河与伊洛河交汇的那片土地上，散发出"最早中国"的历史光芒。历史遗迹如同一把遗失已久的钥匙，一经寻回，便打开了丰富的宝藏。

1. 绽露王者之气的古国遗址

中华文明古国的历史，往往在不经意间被徐徐撩开神秘的面纱，给予古老神话传说以实物性佐证。

在伊洛河汇流入黄河处的郑州市巩义河洛镇，小村庄双槐树就坐落在这里黄河南岸的高台地上，2020年5月，这个小小的村落里，震惊世人的古国遗址——双槐树遗址被公之于众。

经发掘与论证，专家认为该遗址为距今约5300年古国时代的一处都邑遗址，因其位于河洛中心区域，建议命名为"河洛古国"，并誉为"早期中华文明的胚胎"。

双槐树遗址勘探面积达200多万平方米，确认遗址东西长1500米，南北宽780米，面积117万平方米。这里有仰韶文化中晚期的三重大型环壕，具有最早瓮城结构的围墙，封闭式排状布局的大型中心居址，采用版筑法夯筑而成的大型连片块状夯土遗迹，共有1700余座墓葬的大型公共墓地，多处夯土祭祀台遗迹及环绕祭台的大型墓葬，与丝绸起源有重要关联的最早牙雕家蚕艺术品，以及制陶作坊区、储水区、道路系统，等等。

如此众多体现中华文明特质的重大发现，如此先进科学的建筑法式、井然有序的规划布局，以及如此进步的天文观念和农桑文明，无不彰显着这个绚烂古国的高度文明。

从河洛古国遗址的地理位置、测定的所处时代，到呈现出的景象与内涵，这座遗址的王者之气已然显现。这既契合了《周易》"河出图，洛出书，圣人则之"的记载，也符合国家早期孕育阶段的都邑特征。

对于远古社会而言，建造具有防御与公共管理功能的城郭，制定集体性的宗教礼仪，是走向国家文明的先决条件。双槐树遗址的发掘证实，这里是迄今为止发现的仰韶文化中晚期规模最大的核心聚落群和大型城址群，具有都邑性质，意味着河洛古国率先具备了这样的条件。这一发现，为诠释我国上古神话提供了新的佐证，这里被认为很可能就是塑造中华文明国家时代的早期胚胎。

双槐树河洛古国遗址中，规模宏大的高等级建筑、严谨有序的聚落布局，以及蕴含的思维观念等，明显呈现出古国时代的王都气象。尤其是诸多凸显礼制和文明的特征，被后世夏商周等王朝文明承袭发扬，5000多年的中华文明主根脉由此逐渐清晰。

2. 令人称奇的天文密码与蚕雕艺术

在双槐树遗址，还潜藏着一个天文与人文交织的文化基因密码。河洛古国遗址的中心区，出土了9个陶罐模拟的北斗九星天文遗迹。在中国古代，将北斗星鱼帝王的关联，是"天人感应"政治观的核心。《甘石星经》称："北斗星谓之七政，天之诸侯，亦为帝车。"另据《河图》记载："黄帝治，景星见于北斗也。"双槐树遗址中的北斗九星、圜丘形天坛遗迹及有关建筑，堪称天文科学与人文遗存的双料珍贵文物。

仰望星空，双槐树先民在黄河岸边留下了天文思考和与之对应的神奇的星象符号。在北斗九星遗迹上端，即"北极"附近发现有一副首向南并朝着门道的完整麋鹿骨架。古人认为"北极"是天的中心，统治者把麋鹿脱角视为吉祥的象征，并把麋鹿与一年中最重要的节气冬至关联起来。在道教"三蹻"的说法中，龙虎鹿三神兽则是帮助神巫上天的桥。因此，麋鹿骨架的发现更增添了北斗九星的神秘感。

考古发现，遗址内一处墓葬区早期主体被遗址外壕、中壕及一条围沟圈成一个独立的区域，被认为是中国早期帝王陵寝兆域制度的雏形。在居址区的南部，

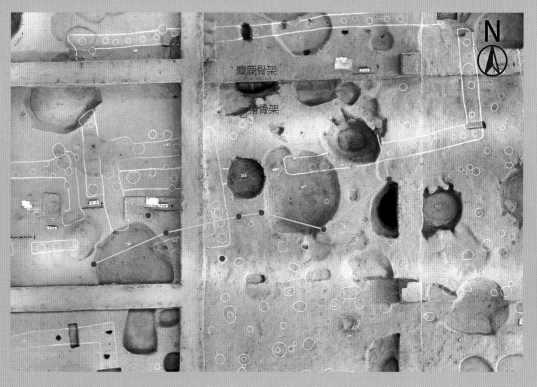

双槐树遗址上用陶罐摆放出的北斗九星图案　郑州市文物考古研究院供图

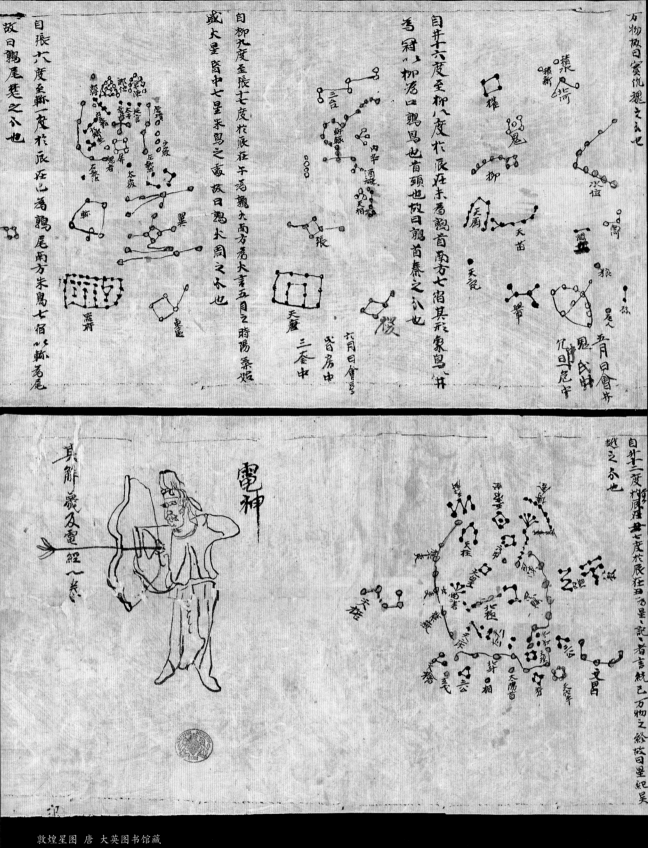

敦煌星图 唐 大英图书馆藏

敦煌星图是目前为止存留的最古老的星图，大约绘制于唐中宗时期。此卷绘十二时角星图各一幅，北极区星图一幅，另有云气图25幅，并附占文，星图后还绘有一电神

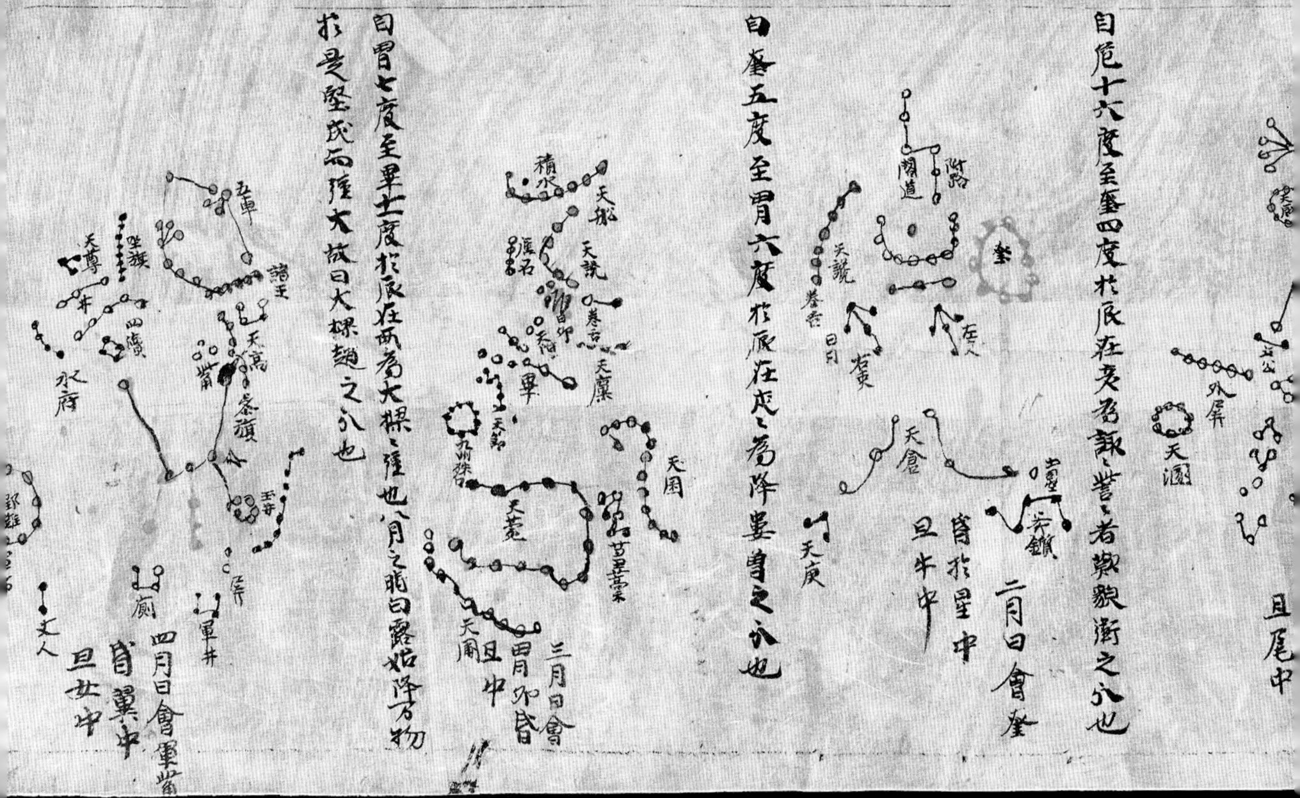

自危十六度至奎四度於辰在亥為諏訾諏訾者歎貌衛之分也

旦尾中

自奎五度至胃六度於辰在戌為降婁魯之分也

二月日會奎
昏井星中
旦牛中

自胃七度至畢十一度於辰在酉為大梁大梁彊也八月之時白露始降万物於是堅成而強大故曰大梁趙之分也

三月日會胃
昴中昏
旦中

四月日會畢觜
昏翼中
旦女中

自軫十二度於辰壽星三月之時万物始達於地春氣布養各盡其性物不羅夭故曰壽星鄭之分也

自氐五度至尾九度於辰在卯為大火東方為大心星在卯火出木心故言大火宋之分也

自尾十度至斗十一度於辰在寅為析木尾東方木之宿斗北方水宿之初次在其間隔別水木故曰析木燕之分也

十月日會尾箕
昏危中
旦星中

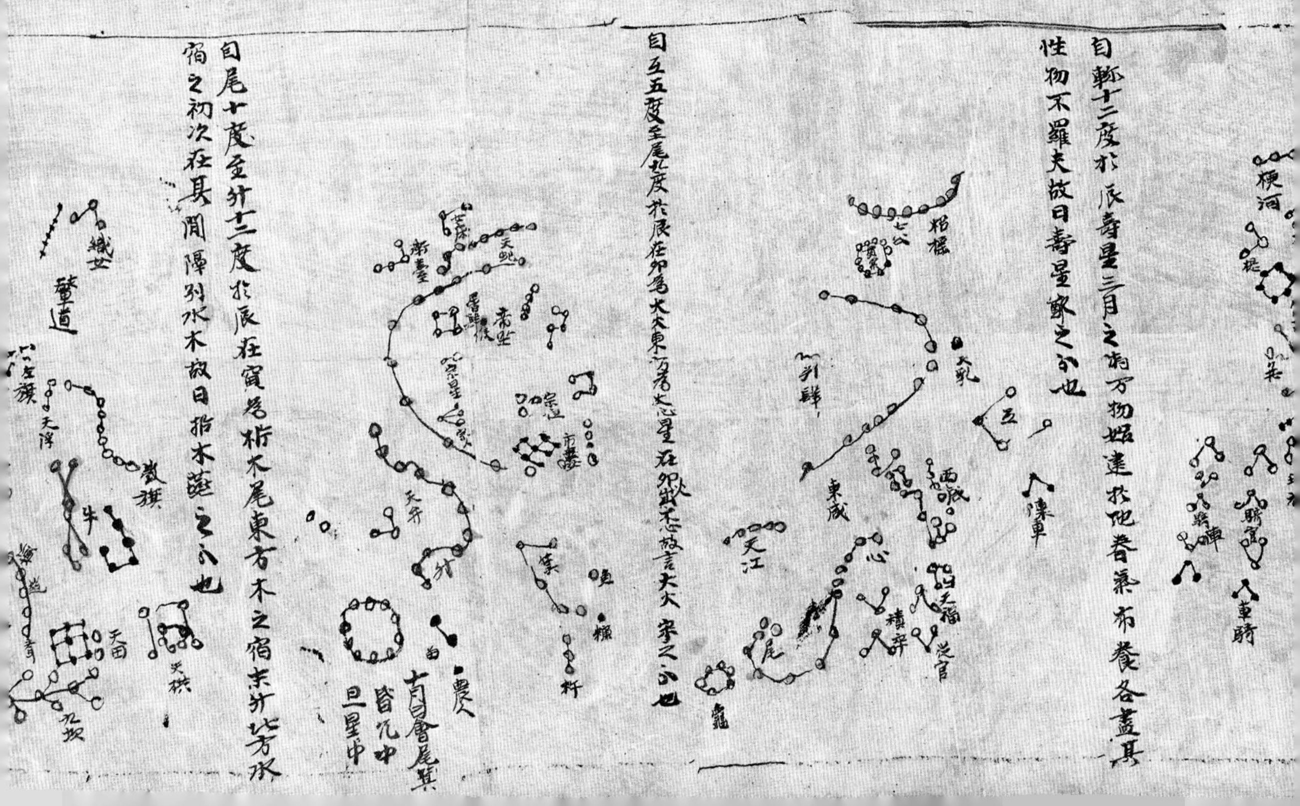

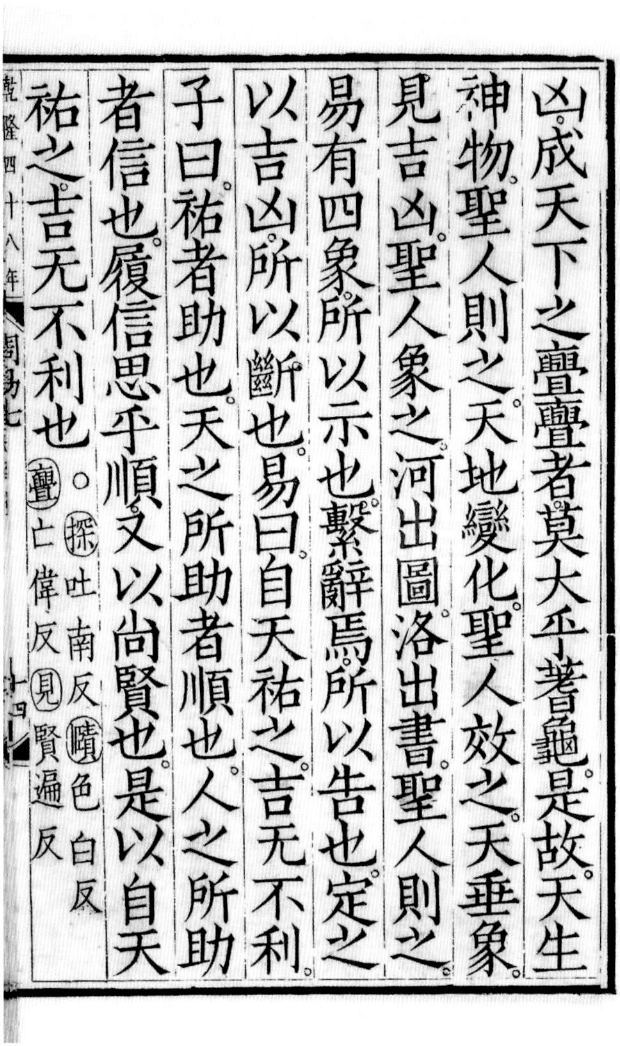

凶成天下之亹亹者莫大乎蓍龜是故天生
神物聖人則之天地變化聖人效之天垂象
見吉凶聖人象之河出圖洛出書聖人則之
易有四象所以示也繫辭焉所以告也定之
以吉凶所以斷也易曰自天祐之吉无不利
子曰祐者助也天之所助者順也人之所助
者信也履信思乎順又以尚賢也是以自天
祐之吉无不利也

探吐南反　嶢色白反　見賢遍反

乾隆四十八年　周易七　十四

《周易王注》仿宋相台五经本
台北"故宫博物院"藏
"河出图，洛出书，圣人则之"即
出自《周易·系辞下》

　　两道围墙与北部内壕合围形成了18000多平方米的半月形结构，其南段两端围墙
组成的造型，被认为是中国最早瓮城的雏形。而摆成北斗星形状的九个陶罐恰好
位于此瓮城之前，所代表的政治礼仪观念显而易见。

　　"北斗遗迹"特殊的人文内涵与政治礼仪功能，表明当时中原先民已经具有
相对成熟的"天象授时观"，先民用以观察节气，指导农业。这是中国古代文明
高度重视承天之命特征的早期代表，更是中华民族高度重视中心思维的重要考古

学证据。

双槐树遗址蚕雕文物的出土，同样令人称奇。这件国宝级文物，是中国目前发现的时代最早的蚕雕艺术品。通体长6.4厘米，宽不足1厘米，厚0.1厘米，用野猪獠牙雕刻而成，仿佛一条正在吐丝的家蚕。它雕刻精美，惟妙惟肖，腹足、胸足、头部组合明晰，和现代的家蚕极为相似，同时背部凸起，头昂尾翘，与蚕吐丝时的情状高度契合。

这件牙雕蚕，证实了5000多年前黄河中游地区的先民们已经会养蚕缫丝。由此证明，仰韶文化时期中原地区已具有全国领先的中华农桑文明形态。

河洛古国宏大的建筑规模，严谨有序的布局，所表现的社会发展模式和承载的思想观念，呈现出古国时代的王都气象。

在河洛古国遗址的出土器物中，还包含很多外来文化因子，如具有明显大汶口文化特征的折腹鼎、背壶，屈家岭文化因素的双腹器等。这证明河洛地区5000年前就是连通四方的交通孔道，体现出黄河文化携川纳流、兼收并蓄的内涵特征。这是黄河文化的底色，是中华文明得以不断纵横演绎发展壮大的重要因素。

居天地之中的宇宙观，合天命而治的礼仪性思维，具有引领性的文明发展模式，双槐树遗址蕴含的丰厚文化内涵，彰显着黄河文明的高度。

牙雕蚕 新石器时代仰韶文化
郑州市文物考古研究院供图
河南郑州双槐树遗址出土

昭明合和萬國乃命羲和　孔安國曰重黎之後羲氏
和氏世掌天地之官〇正

義曰呂刑傳云重即羲稱黎即和雖別為氏族而出自重黎也
按聖人不獨治必須賢輔乃命相天地之官若周禮天官卿
地官卿也　正義曰敬猶恭勤也元氣昊然廣大故云昊

敬順昊天　昊天釋天云春為蒼天夏為昊天秋為旻
堯能敬天大故以昊大言之

法日之甲乙月之大小昏明遞中之星日尚
月所會之辰定其天數以為一歲之曆

數法日月星辰　敬授民時　正義曰尚
書作曆象日月則此言數法是訓曆象二字謂命羲和以曆
數之法觀察日月星辰之早晚以敬授人時也〇正義曰尚

書考靈耀云王春者張昏中可以
種稷王夏者火昏中可以種黍菽
種麥叔王秋者虛昏中可以收斂

緩急故云敬授民時也
也天子視四星之中知民

分命羲仲居郁夷曰暘谷
尚書作嵎夷孔安國曰東表之地稱嵎夷
治東方之官〇索隱曰史記舊本作湯谷今並依尚書字案
淮南子曰日出湯谷浴於咸池則湯谷亦有池證明矣又下
日昧谷徐廣云一作柳柳亦日
云暘谷亦日暘地名大史公博采經記

暘

《史记》南宋黄善夫家塾刊本　日本国立民俗博物馆藏
《史记·五帝本纪》有对唐尧时期设暘谷等观象台的记载

圣贤尧舜，德行天下

克明俊德，以亲九族。九族既睦，平章百姓。百姓昭明，协和万邦。

——《尚书·尧典》

1. 陶寺城址显现帝都风范

在黄河中游两岸，陶寺遗址、石峁遗址等城址面世，映射出"以德配天"的尧舜圣贤德行，展现出了黄河文明的引领与核心作用。

距今4300年前，黄河中游晋陕大峡谷两岸，河汾之东，陶寺人夯土建都；陕北高原，石峁人砌石筑城。土城恢宏，石城巍峨，人口密集，规划井然，社会分工明确，王权和礼制初现，呈现出中国早期国家基本面貌。两城隔河遥望，南北呼应，在交流与碰撞中，共同推进了中华文明一体化格局的形成，成为黄河文明的显著标识。

城，作为文明时代的产物，凝聚着人类创造的精华，标志着社会发展水平，在黄河文化体系中占据着十分重要的位置。

在龙山文化中晚期，黄河流域的建筑就已达到了相当高的水平。龙山文化的氏族代表是东夷族，构筑坚固营垒，建造大型城郭，是东夷族的一个独特文化现象，随着北上和西进的脚步，东夷族营造大型城郭的文化现象，也广泛渗透到了黄河中游地区。龙山文化存续期间，原始农业空前发展，剩余产品增加，社会分工规模进一步扩大，商品交流活动日益活跃，贫富分化日趋显著，阶级对立初现，社会生产力有了较快的发展，由此带来了深刻的社会变化。

据《史记·五帝本纪》记载，唐尧时期，不仅在都城设有主观象台，而且在东、南、西、北之旸谷、南交、昧谷、幽都设有"观象分台"，而陶寺城址祭祀区大型建筑观象台基址的发现，进一步增加了陶寺城址为尧都之墟的可信度。

位于山西省襄汾县陶寺村的陶寺遗址，是黄河中游地区的龙山文化类型，约存续于公元前2450年—前1900年。遗址上发现规模空前的大型城址，不仅有气势恢宏的宫殿和王墓，还有世界上最早的观象台、独立的仓储区、官方管理下的手工业区、下层贵族居住区、普通居民居住区等。规模空前的城址，秩序井然的分区，气势恢宏的高规格宫殿，宗教和天文历法有关的建筑设施，等级分明的墓葬，内涵丰富的文物，尤其是祭祀区古观象台基址大型建筑，尽显王都特有的气派。

陶寺文化存在的500多年间，确立了在当时诸方国中的中心地位。陶寺遗址的历史年代、地理位置、文化内涵、规模等级、文明程度等，与史籍所载的"尧都平阳"契合，被认为是帝尧都城所在。

据初步统计，以陶寺为中心，在晋南地区方圆百里之内，已发现的陶寺类型龙山文化遗址有70余处。众多陶寺文化大型聚落遗址的存在，一方面反映出唐尧末期社会分化加剧和阶级矛盾的日益尖锐，一批高层次的农耕部落聚落与较低层次农耕部落聚落并存，并且形成对立格局和主从关系；另一方面反映出陶寺城在诸多聚落群中拥有广泛的社会基础和雄厚的经济基础，居于政治统治核心地位。陶寺遗址现场发掘表明，当时的陶寺社会贫富分化悬殊，少数贵族大量聚敛财富，形成特权阶层，出现阶级分化，已经处于国家产生的前夜。由此也可以看出，在稍晚的龙山文化时期黄河流域文明之发达程度。

"龙"崇拜是中华民族传统文化的显著特征之一。河南濮阳西水坡遗址的一处墓室中，中部摆放着墓主人的骨架，其两边是用蚌壳精心摆放的一龙一虎图案，极为生动，对墓主呈拱卫之势。在陶寺遗址中也发现有精美的彩绘蟠龙陶盘、彩绘壶和成套通身施彩的木漆器等，反映出当时具有明显的龙崇拜意识。

陶寺遗址出土的龙盘非常精美。其中一龙盘，敞口，斜折沿，龙纹在盘的内壁和盘心作盘曲状，头在外圈，身向内卷，尾在盘底中心。有专家指出，陶寺遗址中出土的彩陶盘所绘的蟠龙，更像是以蛇为主要原型的原龙，又借鉴了鳄鱼等动物的某些特征。从某种意义上来看，陶寺"蛇型原龙"体现了黄河龙文化的特征，代表了以中原文化为根祖的华夏龙的形象，是中华文明的重要文化象征。

这些彩绘陶龙盘的发现，说明陶唐氏以龙为图腾，体现墓主人的龙崇拜意识。这说明在陶寺龙山文化时期，今天的山西襄汾一带，出现了一支活跃于"尧都平阳"，以龙为族徽、以陶唐为名号的部落，从而证明此时龙崇拜已经在黄河流域地区传播发展，由此也形成了延续中国数千年的帝王为"真龙天子"的观念崇拜。

更具意义的是，在陶寺居住址的灰坑中，发现了一只残破的泥质灰陶扁壶。壶的正面和背面，分别有一个朱红符号，其中正面的符号很像甲骨文中的"文"字，背面的符号，有考古学家按象形来解释，认为是建立在黄土塬上用夯土版块筑成的大城，也就是"尧"字。"文尧"是对尧的赞颂。

彩绘蟠龙纹陶盘 新石器时代晚期龙山文化
中国社会科学院考古研究所藏 河南陶寺出土

通过陶寺遗址，或许可以推想，在尧文化的推动下，黄河文明进一步走向成熟。尧舜开明圣德，"合和万邦"，促进四面八方各民族的接触、融合和文化交流，使华夏联盟表现出鲜明的开放性和凝聚力，推动先进文化发生发展，如制陶、打井、缫丝、建筑等技术和文字、信仰、习俗、意识形态等，汇多源为一体，使之融合升华。

正是由于尧文化的这种地位，后人认为华夏族的传统美德，如纯朴善良、孝慈仁爱、克己奉公、吃苦耐劳等，是由尧、舜、禹的表率作用形成的。尧在华夏族的心目中地位十分崇高，其功德被形容为"光披四表"，非语言所能表达。

2. 石峁遗址透射王者圣城

与陶寺遗址相呼应的，是坐落在黄河西岸陕北神木市高家堡镇石峁村的石峁遗址，它饱含着鲜明的东夷文化基因，透射出王者圣城之气，也映照着当时黄河流域文化的交融发展。

石峁遗址是一座石头城，主要遗存为沧桑厚重的石砌城址，总面积400万平方

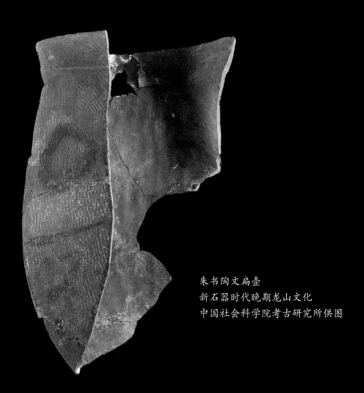

朱书陶文扁壶
新石器时代晚期龙山文化
中国社会科学院考古研究所供图

米以上，是中国已知规模最大的龙山文化晚期城址。城内密布宫殿建筑、房屋、墓葬、手工业作坊等遗迹，出土了陶器、玉器、骨器、铜器、石雕、壁画等大量珍贵遗物。

石峁遗址由皇城台、内城和外城三重结构构成，城门、墩台、马面、角台等附属城防设施形制齐整，已经有了较成熟的军事防御体系。石峁外城东门址所见的内、外瓮城，马面及城外小型哨所性质的遗迹，是国内确认最早的同类城防设施。石峁瓮城的发现，将中国最早的瓮城实例追溯到了距今4000年前后。

皇城台门址最大的一个特点是面积有2000平方米以上的长方形广场，被认为是中国史前时期最大的广场，开创了中国宫城正门结构的先河，证明在4000年前中国都城正门就已经带有广场。同时推测该建筑还具备一定的礼制功能，体现中国制度文明之滥觞，对后世都城正门建筑有着深远的影响，比如北朝邺南城朱明门、隋唐洛阳城应天门、明清北京城的午门等。

石峁遗址的外城门址自东向西依次由广场、外瓮城、南北墩台、铺石坡道、内瓮城、主门道等组成。在外城东门址附近还出土了300余块壁画残片，是迄今中国境内出土量最多的史前壁画，构图精美，色彩斑斓，与巍巍石城相互映衬，堪称美轮美奂。

作为石峁遗址的核心区域，约8万平方米的方形皇城台位于内城偏西的中心部位，为一座四面包砌护坡石墙的台城，底大顶小，呈金字塔状。四面护坡石墙环裹，不仅具有防御功能，还具有神权或王权的象征意义。

4000年前，石峁城中的高等级贵族就居住在这座高台上，并在这里从事祭祀等活动。皇城台结构复杂的门址、规模巨大的台基、气势磅礴的石砌护墙、设计精巧的城防设施和数以万计的玉器、骨器、陶器、口簧、石雕等珍贵文物，以及周边地层及遗迹中出土的玉铲、玉钺、玉璜、牙璋、陶器、壁画和石雕头像等重要遗物，处处彰显着城主的特殊地位。

皇城台是目前东亚地区保存最好、规模最大的早期宫城建筑，展现了早期王国都邑的极度辉煌和高度文明。

特别耐人寻味的是石峁遗址中藏玉于墙的现象。遗址中大量玉器被砌进城墙，在所有中国史前文化遗址中，这一现象为其所独有，表现了石峁统治者希望城址安稳永固的强烈愿望。

石峁先民的精神世界也十分丰富。在皇城台台顶东半部，考古人员发现一处平整开阔、规模宏大的建筑台基，在大台基上发现70余件神面、人面、神兽、动物和符号等精美石雕。这些石雕应是当时修建大台基南护墙时有意嵌入的，墙面上镶砌石雕的现象应与遗址中发现的藏玉于墙具有相同的精神内涵，体现着石峁先民对皇城台大台基的精神寄托。

另外，石峁遗址头骨祭坑内发现130个人头骨、动物骨头和植物样品，头骨多有明显的砍斫和烧灼痕迹，这一迹象或与人牲伐祭、燎祭等人祭仪式活动有关。这表明石峁城址在中国北方地区社会复杂化过程中，具有区域政治中心和宗教中心的双重身份。

种种迹象表明，石峁遗址是当时中国北方区域政体的中心，已经跨入了邦国都邑的行列。

如此规模宏大的建制城邦需要充足的物质保障。据研究，石峁先民农牧业并重，农业结构以粟黍种植为主，辅以少量水稻、大豆等；畜牧业中，主要喂养黄牛、羊等家畜。石峁先民通过发展畜牧业增加食物来源，以农牧混合形式保障庞大人口所需要的食物资源。

石峁遗址与大河相伴，雄踞高山之上，其超大型城址、宏大建筑、复杂宗教现象、精美玉器，以及与周邻聚落形成的多层级关系，都表明在4000年以前，以石峁遗址为中心的地区农业发达，等级分化明显，神权在社会中发挥着重要作用，形成了高度复杂的社会文明，已经步入早期国家的发展阶段。

这种国家权力因素的不断增长，促成了王权的世袭、国家的形成。黄河岸边的古老城池，穿越千年，给我们讲述和传扬着中华民族的古老史话。

距今4000多年前，古代中国出现重要历史节点。华夏炎黄部族经过鏖战，战胜了以蚩尤为代表的东夷族群，旷日持久的两大氏族冲突宣告结束，实现了中华民族历史上的第一次大融合。继之出现了尧舜圣贤，中华文明社会的脚步声已经侧耳可闻了。

（右页）2022年8月6日拍摄的陕西神木石峁遗址皇城台　新华社记者张博文摄

夏文化的早期国家密码

左准绳，右规矩，载四时，以开九州，通九道，陂九泽，度九山。令益予众庶稻，可种卑湿。命后稷予众庶难得之食。食少，调有余相给，以均诸侯。

——（西汉）司马迁《史记·夏本纪》

1. 洪水时代大禹建功

上古时期，黄河流域一次巨大的洪水灾难，成就了一位伟大的治水英雄，大禹治水成为中华民族世代流传的故事。由此，黄河流域开始向建立国家社会的历史进程前行，缓缓揭开中华文明崭新的一页。

奔腾不息的黄河水哺育了中华民族，但滔天洪水的严酷，也在远古人类心中留下了无穷无尽的惊悸和悲怆。

阅读那些丰富生动的神话传说，可以明显看到，关于洪水的神话传说在黄河流域乃至中华大地更大范围内，无论是内容丰富程度还是流传广度和影响深度，都占据着极为突出的地

（左页）禹王治水图卷（局部）　南宋（传）赵伯驹 台北"故宫博物院"藏

位。神话传说生动形象，易于流传，在远古时代，先人以这种特有的形式反映历史现象，留下了对于洪水时代的深刻追忆和形象描述。

研究认为，史前时期世界上许多地区都出现过一个大洪水时代。包括中国、希腊、印度、玛雅等在内，有近200个国家和民族用神话形式记载过历史上洪水泛滥的情景。面对洪水来袭，西方神话中人们主要是寻找或建造避水工具逃生，以诺亚方舟最有代表性。中国神话则认为滔天洪水是一种巨大的自然灾害，在应对方式上，体现的是积极主动的治水对策与措施，靠人的主观努力和敢于斗争的精神，组织力量战胜洪水灾害。

在中国，流传最广、影响最大的治水神话是大禹治水。相传尧帝在位的后期，黄河流域连年发生特大洪水，黎民流离失所，生灵涂炭，蒙受着无边的灾难。面对洪水的巨大威胁，尧召开了一次部落联盟会议。在众首领推举下，尧将治理洪水的艰巨任务交给了禹的父亲——鲧，但鲧因墨守成规，违背自然规律，治水失败，被舜杀死在羽山。鲧死后，禹承继父业，他吸取父亲治水失败的教训，努力探索新的治水方法。

大禹改堵为疏，疏通水道，使洪水顺利地东流入海。他拿着准绳和规矩，精心勘察测量，根据山川地理形势，将中国划分为九州，把河流山川当作一个整体来治理。

大禹治水"三过家门而不入"的故事家喻户晓，被传为千古佳话。大禹治水过程中，手执耒锸，居外十三年，辛苦劳作，三次路过家门，都没顾得上回家看看。十三年间，为了治理洪水，禹常年和民工在一起，披星戴月，挖山掘石，率先垂范，不辞劳苦，经过艰苦卓绝的劳作，终于完成治水大业，各条河流的汹涌洪水被制伏，中华先民们过上了安定的生活。

大禹作为我国古代一位完美的治水英雄，利泽

传说中大禹治水的范围很广，凿龙门，辟伊阙，导河积石，经龙门至华阴，东下三门，过孟津会洛水，而后经大伾山东北流，会漳水而入海；导渭水自鸟鼠山东流，合沣水、泾水、漆水、沮水等河流而入黄河；导洛水出熊耳山，东北合涧水、伊水等入黄河。接着，他又治导长江、淮河和汉水，导淮水出桐柏山而东流，会泗水、沂水而入海；导漾水东流为汉水，汇为云梦泽而后南流入长江。导江水出岷山向东，合澧水而后过九江，汇彭蠡泽为中江，再东流入海。他的足迹，遍布了黄河流域乃至古代中国的山山水水。

万世，功德无量，几千年来，一直是中华儿女所崇敬的英雄形象。在当今中国大地上，仍有大量被认为是大禹足迹所至的地方，禹王宫、禹王庙、禹王台、禹王亭、大禹陵等，各地百姓用不同的形式纪念着这位中华治水英雄，每一位中华儿女都为有大禹这样一位先祖而感到骄傲。

在中国五千年的历史长河中，大禹精神，无疑是中华民族精神文明宝库中永放光辉的一颗宝石。大禹公而忘私的家国情怀，不畏艰难的努力奋斗精神，早已深深融入人们的血液当中，成为凝聚中华民族精神、战胜一切艰难险阻的宝贵文化财富。

2. 王城岗遗址揭开夏王朝神秘面纱

1951年，考古工作者在距离郑州西南60千米、紧邻黄河的嵩山南麓颍河谷地，发现了著名的登封王城岗遗址。这座大型遗址被许多学者认为是"夏之王城"，即文献记载的"禹都阳城"。

文献上有不少关于"禹居阳城"的记载。如《古本竹书纪年》的"夏后氏，禹居阳城"，《孟子·万章上》说"禹避舜之子于阳城"，"益避禹之子于箕山之阴"，《世本》记述"禹都阳城"等。

2002年，中华文明探源工程启动后，王城岗遗址再次被发掘，出土了一处面积达30多万平方米的庞大都城，年代与夏代始年相合。据此，考古专家认为此城应是禹都阳城的所在地。

王城岗遗址中发现有中原地区龙山文化面积最大的带护城壕的城，城内中北部集中分布有仓储区和大型夯土基址群块，是中原地区龙山晚期到二里头文化时期所发现的最大的夯土台基之一。这证明了城的中北部是生活居住区，且极有可能是贵族生活区，提示着王城岗城内功能区应有严格的阶级划分。

王城岗遗址中各时期的遗存较为丰富，清楚呈现出黄河流域从仰韶文化小聚落逐渐发展到龙山文化中心聚落的主要过程。

遗址周围有城墙的基槽，并发现与祭祀有关的奠基坑，有文字符号和金属器具出现，见证了这座夏代早期重要城址的王都风采。

遗址出土了玉琮等玉器、绿松石器和白陶器等特殊的手工业制品，这些高等级器物只在大中型聚落中才能够见到，可见王城岗遗址在当时的显赫地位和极大

（下页）禹王治水图卷（局部）　南宋（传）赵伯驹　台北"故宫博物院"藏

影响。

在王城岗遗址所处的颍河上游的登封盆地，迄今已发现12处与其同时期的遗址，它们构成一个小聚落群，大中小型聚落呈金字塔式分布，其中1万平方米以下的聚落占绝大多数。因此可推断，规模较大、规格较高的王城岗遗址属于一定区域内的中心聚落。

"殷因于夏礼，周因于殷礼。"根据登封王城岗遗址发掘与研究情况得知，在夏王朝的早期，先民便有了对等级与秩序的追求，显示出礼制文明的萌芽。透过这些婆娑面纱，隐约发现隐藏着的中华礼乐起源的密码，也向世人讲述着黄河文明礼制进步的发展历程。

3. 二里头遗址蕴含古老王朝政体精髓

20世纪50年代以来，河南省偃师市（今洛阳市偃师区）郊外的二里头遗址吸引了大批考古学者。考古学家经过实地考察后断言，这处遗址当时为一大都会，文献记载夏族活动中心区域在洛阳，考古学界基本上认定二里头遗址应该是夏代后期的都城。数千年前，就是在这片土地上，满天星斗般璀璨的邦国时代落下帷幕，一座精心规划、庞大有序、史无前例的王朝大都蓬勃兴起。

二里头遗址发掘拉开了探索夏朝文化的序幕，一个沉睡数千年的夏王朝，慢慢地浮现在世人的眼前。该遗址的发掘为我们展现了夏王朝的社会生活图景，让曾被认为是虚构的传说变成真实可信的历史。

遗址中部发现了内有多座宫殿的长方形宫城，面积10.8万平方米，位于遗址东南部宫殿区中心，被确认是目前在我国古都史上发现的年代最早的宫城，将中国宫城最早年代提前了100多年。

从宫殿建筑基址群来看，宫殿建筑的结构布局科学有序，有一定的"营造法式"。宫殿建筑方向基本一致，具有中轴线和对称的格局体现。而遗址中发现的500多座墓葬也分布有序，东西成排，间距相近，方向基本一致（南北向）。墓葬大小规模、陪葬品差异以及礼器等差有序的对比，为解开夏王朝社会结构及礼制提供了重要线索。与这些墓葬组合成一体的夯土建筑，其性质与功能应为宗庙建筑。遗址还发现有高台殿堂、广阔庭院的建筑建制，专家称是夏王朝行使统治权力和进行统治活动的场所，也就是"社稷"的所在地。

以上考古发掘证实，二里头都邑遗址的宫殿建筑已经形成"左祖右社"的布局，这是有关我国都城建制的最早资料。这种布局为后世都邑的宫殿建筑所承袭，并形成定制。

遗址中还发现有道路网络以及供排水设施等配套系统工程。随着发掘深入，一处经缜密规划、布局严整的大型古代都邑逐渐出现在世人面前，其极具代表性的布局开创了中国古代都城规划的先河。作为我国历史上第一座都城，它在黄河文明发展史上具有里程碑意义。

> 在二里头遗址的众多文物当中，部分陶器上发现了刻符。它们形态各异，玄奥难懂，不禁让考古学家开启了对中国古文字新的探索欲望。有学者认为，这些刻符很可能是比甲骨文更早的中国古文字。

遗址中发现有制作铜器和绿松石饰物等高等级物品的作坊，生产的铜器非常精致，说明此时中国的青铜文明已经进入一个新的阶段。同时这些高等级器物仅在较高等级的墓葬中随葬，说明这些高等级物品的生产已经为王权所控制，成为显示持有者等级身份的象征物——礼器。

考古研究表明，二里头文化时期已经产生了阶级对立，当时社会由若干相互竞争的政治实体并存转入广域王权国家阶段，并萌生了国家机制，为进入夏王朝国家阶段作好了充分的准备。由多元化的邦国文明走向一体化的王国文明，这个态势犹如从"满天星斗"到"月朗星稀"。

二里头遗址出土器物中，有些具有鲜明的邻近地区其他文化的特征。作为当时的重要礼器的陶酒器盉、爵，向北见于燕山南北，向南至长江流域的浙江到四川，西达黄河上游的甘肃、青海一带。这表明在内部高度发展的同时，二里头文化强力向外大范围扩散，通过兼收并蓄汇集了中华大地早期文明的精粹，体现了黄河文明强大的包容性。

令人意想不到的是，在1000多千米以外的贵州省三都县一个神秘的少数民族水族，竟然世世代代使用着与夏朝陶文十分相似的文字。水族文字共有2500多个单字，称为水书，一直用来记载本族的天文、地理、历史、宗教、民俗等各种事项，也在日常生活中使用。在现存的水书中，已发现多个与夏陶符号完全相同的文字，从中甚至可以大致解读二里头遗址陶文的含义。

就在人们寻求文字实证夏文化的时候，最新发表在学术期刊《科学》（Science）上的一篇论文，以距今4000多年前发生的黄河大洪水为考察点，为求证大禹治水和夏朝存在提供了新的研究路径。

这项研究成果表明，远古时期黄河上游积石峡因地震发生山体崩塌，在黄河上形成一个巨大堰塞湖，溃坝后导致了黄河大洪水。根据现在残存的坝体特质沉积物，计算出当时的滑坡坝体纵深1.3千米，高于古黄河河道185—210米，形成蓄水12—17立方千米的巨型堰塞湖。通过对溃坝模拟重建，研究认为溃坝在24小时之内释放出的洪水量高达11.3—16立方千米。另外，在溃坝下游青海官亭盆地的喇家地震遗址废墟，发现覆盖积石峡溃坝带来的洪水沉积物，证明当地曾在地震之后受到溃坝洪水直接冲击。

对于这场溃坝洪水，研究者通过模型计算，得出造成的洪峰流速高达40万立方米每秒。这一巨量洪峰，可以突破途经的各种天然屏障，横扫黄河中下游2000千米，由此给黄河下游的原始部落带来空前的灾难，成为黄河中下游地区农耕文明难以磨灭的共同记忆，并经世代口口相传，由后人书写于正史，即大禹治水，"导河于积石"。

古籍记载的夏朝始于公元前2200年，20世纪末的夏商周断代工程提出夏朝建立于公元前2070—前1600年。积石峡史前大洪水的研究新成果，时间上早于夏文明二里头文化，在时间上亦较契合。

洪水茫茫，禹敷下土方。
——《诗经·商颂·长发》
禹平水土，主名山川。
——《尚书·吕刑》
美哉禹功，明德远矣。
——《左传》
大禹平治水土，功齐天地。
——《史记》

研究认为，面对如此巨大的毁灭性洪水灾害，靠原始部落和氏族的力量已经难以奏效，必须唤起更大范围的民众，以更高级的社会组织投入治理水患斗争，于是催生了具备早期国家形态的夏朝。

随着研究不断深入，尘封数千年的夏王朝历史面纱正在徐徐地揭开，它将向我们倾情讲述那里蕴含的原始国家基因和政体精髓。

绿松石龙形器头部特写 夏
中国社会科学院考古研究所供图

您是我们伟大民族创造历史的见证者

一九八一年秋上溯黄河湲冬追昔思怀墨千运作生图王臣全黄河年记

黄河魂 周韶华 1982年 中国美术馆藏

第二章

河山一统

黄河魂

五曲连环
波涛汹涌
您是中华
民族的摇
篮和屏
障数千年
来经孕

　　公元前16世纪，商朝建立，成汤以仁德为本，令行天下，被拥为各方共主。历经盘庚迁殷、武丁中兴，国势强盛，跃居青铜时代世界强国之林。周朝继商兴起，立足黄河腹地，辐射华夏神州，建立宗法制度，实施礼仪治国，将灿烂的青铜文明推向了辉煌巅峰。汉唐盛世，国家强盛，文化昌明，对外开放，声威远播。在历史的脚步声中，不论朝代如何更替，政治如何变革，国家统一趋势始终如浩荡的黄河奔涌向前，不可阻挡。一脉相承的黄河文化，挺立潮头，在一体多样的文化碰撞中，兼收并蓄，融合汇流，引领中华文化不断向更高层次发展。

跃居世界强林的商周时代

> 昔有成汤，自彼氐羌，莫敢不来享，莫敢
> 不来王。曰商是常。
>
> ——《诗经·商颂·殷武》

1. 成汤建商，盘庚迁殷

夏朝末年，国势日衰。夏王桀继位后，与诸方国部落关系
恶化，王朝内部矛盾重重，江山摇摇欲坠。

这时，黄河下游地区一个强大部族商发展起来。商国的君
主汤勤政薄敛，体恤民情，深受百姓爱戴，同时对各方国立威
立德，各国纷纷顺势归附，商汤势力与日俱增。

公元前1600年，汤举兵伐夏，在山西鸣条之野和夏桀决
战。战前，汤在誓师之辞中强烈谴责夏桀的罪恶，《尚书·汤
誓》中说"有夏多罪，天命殛之"，神权是汤的有力舆论武
器。此役夏军溃败，夏朝灭亡，汤取得天下共主地位。商王朝
以崭新姿态登上历史舞台，由此开启了辉煌灿烂的青铜时代。

商汤灭夏后，在夏朝都城斟鄩（河南偃师）附近另建新

都，称西亳。经过对偃师商城遗址考古发掘，发现该城址南北长1700余米，东西宽740—1215米，包括大城、小城、宫城三重城垣。城址内既有大型宫殿建筑，又有军事防御设施及城门、道路、宫殿、居址等遗迹，并出土大量石器、陶器、铜器、玉器等遗物，显示出商代早期都城的宏大规模和鲜明特点。

商代中期阶段的河南郑州小双桥遗址，地处黄河南岸古隩地范围内，占地约4平方千米，文化内涵丰富、规格高。在出土的文物中，呈现于小型陶缸表面的朱书文字尤为引人注目，朱书文字形状、结构与甲骨文一脉相承，是迄今发现的商代最早的书写文字。

郑州商城是商代早中期的都城遗址，也是我国著名的大型古代城市遗址。城址包括宫殿区、手工业作坊区、居民区、墓葬区、宗教活动遗迹，城市布局有明显规划。按照夏商周断代工程研究成果，郑州商城是商王朝的"亳都"。作为中华民族早期文明的统治中心，在中国古代文明史中占有重要地位。该遗址的遗迹遗物，基本反映出早商文明的完整形态和发展高度，所展现的商文化成就显示出华夏文明已经走向成熟达到相对稳定的阶段。

汤立国后，吸取夏朝灭亡的经验教训，坚持以宽治民，减轻征敛，鼓励生产，使得商朝经济迅速发展，国力大增，声威远播，控制了黄河中下游及黄淮之间的广大区域。

公元前14世纪，盘庚率领满朝文武官员和旧都人民，驾着牛车，赶着羊群，渡过滔滔黄河，来到殷地，开启了新的国家格局。

研究表明，商代也是一个频繁迁都的朝代，曾有"殷人屡迁，前八后五"之说。一个国家的都城，是王朝疆域的政权中枢，迁都关乎国之根本。那么，商朝为何频繁迁都呢？对此，史学界认为主要有两个原因。

一是躲避洪灾。据文献记载，商朝时期黄河下游河道自朝歌（今河南淇县）东北流，经今河南浚县，至今河北曲周县汇合漳水向北，先后流经今河北省宁晋、安平、文安、霸州，在天津东入海。由于当时黄河下游堤防尚未形成，黄河基本上是顺势漫流，难免洪水为患。商王祖乙的都城耿（在河南温县东）曾被黄河水冲毁，商代贵族占卜的甲骨卜辞中有"贞今岁亡大水"，并曾用"沉五牛"来祭

土方征涂朱卜骨刻辞 商王武丁时期
中国国家博物馆藏 传河南安阳殷墟出土

祀，祈求上天保佑，说明当时洪水灾害确实比较严重。

二是解决尖锐的国家矛盾，重振朝纲。"盘庚迁殷"就是在这种背景下发生的。

当时，商王朝王族内部矛盾日益加剧，许多王室贵族抢占大片土地，过着骄奢淫逸的生活。奴隶主贵族残酷压迫奴隶，人民生活得不到保障，致使国势衰弱，每况愈下。

为了挽救日益加剧的朝政危机，商王盘庚决定再次迁都。经过反复考察，选定迁到黄河以北的殷地（今河南安阳）。从治理朝政考虑，都城迁到殷，远离旧都，可以削弱王族在旧都的势力，缓和王族内部矛盾，给国家带来清新的政治格局；从战略位置上看，殷地位居黄河以北、洹水之滨，既有利于水陆交通与农业发展，也便于控制四方，对于防御北方和西北各方国，具有明显的地缘优势，可谓一举多得。

盘庚迁殷使商代都城正式稳定下来。商在殷建都273年，历经8代12王，后世称为"殷商"。在此期间，商代农耕文明进一步发展成熟。商代卜辞中的"冊"

珙从盉　商　山东博物馆藏

字，形似棋盘状的耕地，正是我国古代井田制的特征。甲骨文记载商代农作物最多的是黍、稷、麦、稻、桑、麻等，说明当时主要谷物种类已基本具备。作为当时的农业大国，商代还结合农业生产确定了历法，大大促进了农业发展。

在殷都，商朝的另一个发展高峰是武丁时期。武丁在位59年，重用贤臣，整顿吏治，改进税收，发展农业，国力不断增强，出现欣欣向荣的景象，同时不断向周围方国征伐用兵，南征江淮，北伐河套，西讨黄河中游地区。随着战争的不断胜利，商王朝形成"邦畿千里，维民所止，肇域彼四海"的广大疆域，国力达到商代鼎盛期，史称"武丁盛世"。

2. 甲骨文的发现

文字的出现，是人类文明的一个重要标志。商代甲骨文的发现，撩开了商文明和中国文字源头的神秘面纱，把中华文明信史向前推进了1000年。

甲骨文的发现，是在一个机缘巧合中产生的。

晚清金石学家王懿荣某次患病就医，医生为他开的药方中有一味名为"龙骨"的药，王懿荣发现上面刻着一种比青铜器上的金文更古老的文字。这一发现引起了他的极大兴趣，便将药店中刻有文字的"龙骨"全部购买回来，并不惜倾尽家财在京城广泛收购。王懿荣一边收集，一边仔细研究。一个个象形的、抽象的、单调的文字符号被破译，字与字连成语言的链条，构成了一片清晰的文化意象。他对照《史记》《周礼》等文献的记载，再审视眼前甲骨文里的文化表述，发现甲骨上镌刻的竟是商代的文字，记述的是商代中后期的大事。

这一消息立刻轰动了整个北京城，如一道曙光照亮了史学界，整个中国为之震撼，也引起了世界学术界的极大关注。

经过考证研究，甲骨文的出现与商族人尊神有很大关联。商朝时期无论王公贵族祭祀征伐还是百姓婚丧嫁娶，都离不开求神问卜，通过灼烧甲骨产生裂纹来判断凶吉，得出的结果则会被刻在裂纹的近处，就是卜辞。卜辞经过逐渐演化，最终形成了象形性与抽象性并存的甲骨文。

甲骨文的发现，还证实了安阳小屯村就是《史记》中记述的"殷墟"。经对殷墟进行发掘，发现了宫殿遗址、窖穴、王陵墓葬、祭祀坑、车马坑，以及铸铜、制骨作坊等重要遗址，出土了大量甲骨文、青铜器、玉器、宝石器、陶器、骨角牙器等珍贵文物，为研究殷商历史积累了丰富的资料。

3. 光耀千秋的青铜时代

商周时期，青铜器是政治权力的象征。青铜文明的高度发展，不仅体现了冶炼铸造技术的进步，更是创造了光辉灿烂的文化。

商朝时期，"国之大事，在祀与戎"，宗教祭祀是国家政治生活中最重要的大事，青铜器作为祭祀活动中必备的礼器，成为等级的象征。在青铜器上刻制铭文，或颂扬祖德，或刻记功烈，或陈述王命，或训诰记事，洋洋洒洒，比比皆是。为了彰显身份、权力和等级，青铜器的制作，对造型、纹饰、形态极为讲究。特别是在商朝后期青铜文明成熟期，各式各样的青铜器造型庄严、典重、古朴，

古往今来，黄河据要位而睥睨神州。控扼八方的战略要位，得天独厚的地理形胜，雄峙山河的险关隘口，锁钥天险的通衢古渡，使黄河成为群雄逐鹿、军事征伐的大舞台。从某种意义上说，中国历史就是在黄河岸边的战鼓声中演进的。

亚丑钺　商　山东博物馆藏

器物上，有饕餮纹、云雷纹、凤鸟纹、象纹和虎纹等浮雕纹饰，层次分明，强烈夺目，具有震颤人心的精神力度。

在各式各样的青铜器物中，大型青铜鼎作为青铜文化的代表，被视为立国重器，代表统治天下的共主之权，蕴含着家国同构的国家政体礼法，"定鼎"一词即由此而来。最为著名的是出土于安阳殷墟的后母戊大方鼎，宏大精美，庄重威严，展示了商代青铜器制作的最高工艺水平，不仅是迄今为止我国最大的青铜器，也是世界古代青铜文化史上的一座高峰。

作为商王朝控制中心的黄河中下游地区，特别是甘肃、山西、陕西、宁夏等地铜矿分布广泛，储量丰富，品质较高。此外，北至辽宁东部，南到长江流域，东达江浙沿海，纵横数千里的辽阔范围内，丰富的矿藏资源为开启青铜时代提供了先决条件。

　　铸造青铜器物，需要高超的制作工艺。古史所记"夏铸九鼎"，说明早在夏代起，人们就开始探索青铜合金技术。到了商朝，青铜器的铸造工艺已经相当高超。经当代测定发现，后母戊鼎主要是用铜、锡和铅三种元素所熔成的青铜合金铸成，其比例与战国时期《周礼·考工记》所载基本吻合。由于铜液热快冷速，器物灌注必须在短时间内快速完成，工艺要求非常之高。

"父丁"有盖铜角纹路细部 商 甘肃省博物馆藏

利簋铭文拓片 西周 中国国家博物馆藏
利簋内底部铸有铭文，保存了武王伐商
的珍贵历史资料。"珷征商，唯甲子朝，
岁鼎，克昏夙又商。辛未，王才管师，
易又吏利金，用乍檀公宝尊彝。"是说
武王在甲子这一天的早上到了商郊牧
野，观天象木星处于合适的位置，于是
发动了伐商的战争，经过了一夜的战斗
最终占领了商地。克商后的第八天武王
在管师这个地方赏赐给当时担任右史的
利一块铜，之后利使用这块赏赐的铜铸
造了簋，用作祭祀祖先檀公的礼器。

在商代，青铜广泛应用于礼器、兵器、食器、饮酒器等国事的方方面面，种类繁多，数量巨大。在北方游牧民族地区，青铜大量用于兵器，而在中原地区，则用于祭祀礼器和盛酒器具居多。

作为商朝全国青铜铸造业的中心，殷墟遗址集中了众多规模可观的青铜器作坊，其中一处作坊遗址，面积在1万平方米以上，可容纳上千个奴隶在作坊里同时劳动。从出土的青铜文物看，当时青铜铸造业已成为商王室和奴隶主贵族垄断的重要手工业。据推算，后母戊大方鼎至少需要250人同时工作，才能保证浇铸流程的有序进行。青铜器正是我国古代奴隶阶级经过长期劳动实践，发挥集体智慧所创造的灿烂艺术遗产。

到了西周时期，青铜铸造业分布区域进一步扩大，宗周镐京、成周雒邑的王室作坊规模巨大。此外，在各地诸侯国及一些边远少数民族地区也发现了当时的青铜作坊，它们形成了各自的青铜文化风格。西周青铜冶炼铸造技术的突飞猛进，推动青铜文明进入了一个崭新的阶段，也为世界文明史书写了光辉灿烂的篇章。

4. 武王伐纣，周朝继兴

商朝末年，纣王帝辛连年征战，极大地消耗了国力，国内阶级矛盾日益激化，处于水深火热之中的人民反抗情绪日增，商王朝隐藏着深刻的社会危机。

这时，地处黄河中游腹地的姬姓周族悄然发展起来。周族原是商朝西部边陲一个古老部落，早期居于陕西武功一带，后辗转至渭河流域岐山之南的周原。周原物产丰富，土地肥沃，灌溉便利，农耕条件优越。周人在这里安居，造田营舍，建邑筑城，开渠灌溉，经济迅速发展，部族逐渐壮大，成为一股蓬勃兴起的新生力量。

周武王姬发即位后，在姜子牙、周公旦等贤相重臣的辅佐下，周族军事力量进一步壮大。而此时商王朝危机已现，武王决心完成先辈文王未竟的事业，筹谋起兵灭商。

此间周武王率大军东征，首先攻克了今偃师境内的商朝西亳。接着在孟津黄河渡口举行了一次军事演习，史称"孟津观兵"。据《史记》记载，参与会盟的

《今古舆地图》之周职方图（局部）明 沈定之、吴国辅等撰 明崇祯十六年山阴吴氏刊本

诸侯多至800个，但武王审时度势，认为时机仍未完全成熟，所以命令退兵。直到纣王杀比干、囚箕子，众叛亲离陷于彻底孤立的时候，武王认为灭商时机已到，于是吹响灭商进军号。

公元前1046年，周武王姬发率领数万将士，出动300辆战车，会合各路支援部队，再度会师孟津。在孟津渡口，武王的军队顺利渡过黄河，浩荡北上，直奔商朝都城（陪都）朝歌。

行至今河南省卫辉北的牧野，周武王竖起讨纣大旗，面对阵容威武的军队，发表了气壮山河的《牧誓》。他历数商纣王腐败荒淫、凶恶残暴的种种罪行，宣称此次奉天命伐商，替天行道，克商必胜。伐纣大军深受鼓舞，士气高昂。

此时商朝主力部队正在东南地区征伐东夷族，不能马上调回抵抗周军的进攻。情急之下，商纣王只好下令将关押的大批奴隶和战俘放出，编入部队，开往牧野前线。

商周两军在牧野展开了一场生死大战，此即中国历史上著名的牧野之战。周武王伐纣大军同仇敌忾，斗志旺盛。而商朝军队中有一大批奴隶和战俘，他们早就恨透了纣王，此时哪肯为他卖命！于是纷纷阵前倒戈，商军顿时土崩瓦解。商纣王见大势已去，在鹿台自焚身亡。至此，商朝宣告灭亡。

5. 周以礼法治天下

周武王灭商之后，成为新的天下共主，开启了中国历史上兴盛的周王朝。西周定都丰镐（在今西安市西北）后，迅速向外扩张，向北到达肃慎（今辽宁省境内），南到汉水中游，东到大海，西至渭河上游，东南抵长江下游和太湖流域，西南势力范围直至巴蜀一带。

如此广阔的疆域，周朝统治了近800年，这与周朝建国制定的分封制、井田制、宗法制、礼乐制是密不可分的。

周礼制度是在何种背景下建立的，包含着周朝统治者怎样的治国思路呢？一尊名为"何尊"的西周早期青铜器揭开了答案。

1963年8月的一天，在黄河最大支流渭河流经的陕西宝鸡，一位农民在坍塌土崖里意外发现的这件铜尊，底部镌刻有122字铭文，记载了周朝建国之初至周成王营建雒邑王城的重要国事。令人惊奇的是，铜尊铭文中竟有一句"宅兹中国，自兹乂民"，大意为，我要在国家的中心成周管理天下。经专家研究，这句铭文原来是周成王引用武王克商后在嵩山举行祭祀时发表的祷辞，意为定都天

> 溥天之下，莫非王土，率土之滨，莫非王臣。
>
> ——《诗经·小雅·北山》

下之中以统治万民。周王朝开国之君革故鼎新、接受天命的这部宣言，勾勒了周天子定鼎雒邑、治理天下的宏伟蓝图。这件周朝的镇国之宝，成为"中国"名号最早的实证。

周朝建国之初，为巩固周室的政权统治，周武王采纳周公的治国方略，首先从建立政治制度入手，实行分封制。以公、侯、伯、子、男五等爵位分封王室裔亲功臣和先代贵族，让他们建立诸侯国。在这种政治体制格局中，周天子分封诸侯，诸侯分封卿大夫，卿大夫可再分封土地及人民给士。诸侯成为西周王室的地方代理人，每个地盘又都是王室的一个军事据点，有力促进了国家政治局势稳定和社会发展。

实行分封制的同时，周朝在土地赋税管理上继续采用井田制，将农田划分为九块，四周的八块土地被定位为私田，耕种带来的收益归土地持有者所有；中间一块是公田，由周边八块土地的持有者进行耕作活动，收益归封地的诸侯所有。所有土地归根结底均属周王所有，周王作为全国最高的统治者，也是最高的土地所有者。

周武王去世后，年幼的姬诵即位，即周成王，周公辅政，掌管国家大事。周公采取宗法制，通过加强血缘等级关系，进一步巩固周王朝内部的凝聚力。所谓宗法制，就是在同一宗族内部，长子为大宗，其余诸子为小宗，大宗和小宗之间是从属关系，如此层层下推，逐级分宗，如同树干和树枝、枝杈一样，形成一套严谨有序的宗法体系，将周王室的人心紧紧凝聚在一起。宗法制还规定，周王室成员必须与异姓诸侯国通婚，将血缘关系引入政治领域，使整个国家结构宛如一个庞大的家族系统。

分封制和宗法制，二者相辅相成，成为一种行之有效的国家治理体系。这种强调伦常秩序、注重血缘身份的基本原则与精神维系对此后历代影响深远，并渗透于民族意识和习惯之中。

与此同时，周公又确立了与礼制相匹配的礼乐制。"礼"是周代制度文化、行为文化和观念文化的集中体现，"乐"则是配合各贵族进行礼仪活动而制作的舞乐。周制礼乐的内容，主旨就是保证"天无二日，土无二王，国无二君，家无二尊，以一治之也"，强力规范着国人的生活行为、心理情操和是非善恶观念，并为后世儒家所继承，对古代中国"经国家，定社稷，序民人，利后嗣"的社会发展起到了重要作用。

周朝武王、成王、康王三代，政治清明，国力强大，呈现出空前的繁荣。然而，分封制也是一柄双刃剑，在形成众星捧月般拱卫周王室的政治格局的同时，随着各诸侯国实力增强，又不可避免地形成武装割据之势。当信义之本被漠视与背离时，整个王朝的根基也开始受到腐蚀。西周后期国家权力基本被架空，井田制逐步瓦解，土地成为诸侯贵族的私有财产，等级分明的礼乐制度失去了执行的根基。

周幽王即位后，关中发生大地震，继而出现严重旱情，灾民到处流浪。同时，周王室内部发生了王位继承的斗争。公元前771年，幽王被杀死于骊山，西周灭亡。

颂簋 西周 山东博物馆藏

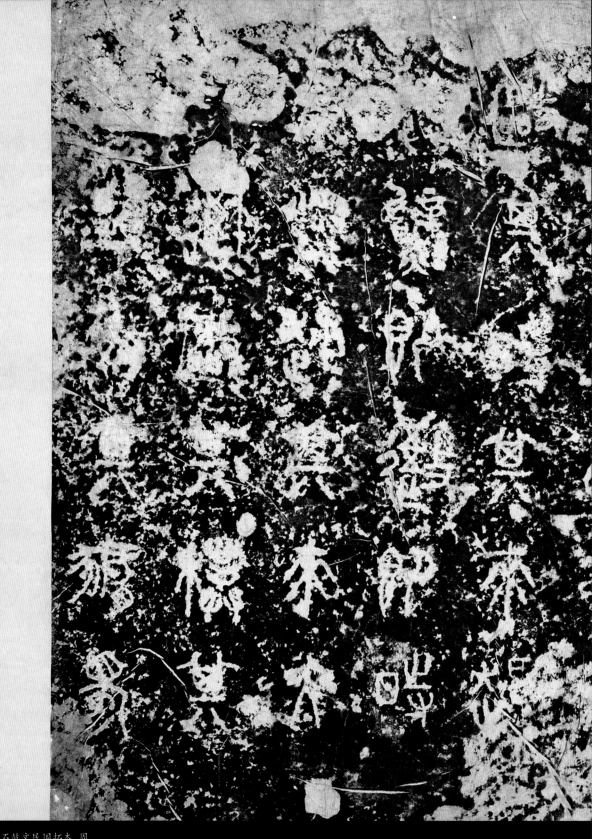

篆书石鼓文民国拓本　周

石鼓文是春秋战国时期秦国刻在 10 个鼓形石头上的文字，原石现藏于故宫博物院

开创一统的大秦王朝

> 秦王扫六合，虎视何雄哉！挥剑决浮云，诸
> 侯尽西来。明断自天启，大略驾群才。收兵铸金
> 人，函谷正东开。铭功会稽岭，骋望琅琊台。
>
> ——（唐）李白《古风》

1. 秦始皇统一中国

公元前770年，周平王从镐京迁都于东都雒邑（今河南洛阳），史称东周。东周大致可分为春秋和战国两个时期。这是中国历史上第一个大分化、大动荡的群雄称霸时代，也是一个百家争鸣、贤哲荟萃的思想辉煌时代。进入战国时代，秦、齐、楚、燕、韩、赵、魏七国在战争硝烟中脱颖而出，史称战国七雄。为了求存图强，兼并天下，各国先后进行变法改制，采用富国强兵之策，逐鹿中原、攻城略地的战争史剧反复上演。据统计，公元前475—前221年，整个战国时期共发生战争230余次。加之谋士客卿合纵连横穿行其间，呈现出一幅波谲云诡的历史画卷。

公元前230—前221年，嬴政先后扫平六国，完成统一中国大业，创立了中国历史上第一个"大一统"封建王朝。

秦国本是西北边陲的一个部落。经秦穆公等几代君主多年征战开拓，将整个关中地区纳入怀中。秦孝公时，经过商鞅变法革新，国力逐渐强盛。

秦地受黄河、渭河等河流滋养，沃野千里，很适合农业耕作。地理位置上，东有黄河天险，西有祁连山脉，南有秦岭，北有黄土高原。进出关中，有函谷关、潼关、武关、大散关、萧关、蒲津关等六大关口，地势险要，进可出关攻城略地，退可据关防守。特别是秦国与东方六国对峙的函谷关，处在黄河"几"字弯右角处，北依黄河，南靠崤山，是六国西进关中必经之路，素有"一夫当关、万夫莫开"之称，其势险要如贾谊在《过秦论》中所言："尝以十倍之地，百万之众，叩关而攻秦。秦人开关延敌，六国之师，逡巡而不敢进。"

秦孝公时，商鞅被任命为左庶长，先后两次实行变法，秦国的经济得到发展，军队战斗力不

峄山碑拓片（局部）秦 李斯
秦始皇在统一中国后的10余年间，为了加强对全国的控制，先后五次远途巡视各地。公元前219年，他出巡齐鲁故地登陶县的峄山时命李斯撰文，派人刻碑石为记

断加强，发展成为战国后期最富强的集权国家。

嬴政即位时，秦国疆域已跨黄河、长江两大流域，坐拥关中、巴蜀两大粮仓，军事经济实力大增，六国已无抗衡之力。此时的中国大地，分久必合，人心思治，统一天下已成大势所趋。

公元前238年，嬴政开始亲政。公元前230年至前221年，秦国先后灭掉六国，"灭诸侯，成帝业，为天下一统"，最终完成统一大业，建立了中国历史上第一个封建王朝。

秦王嬴政统一中国后，认为自己建立的功业亘古未有，决定不再沿用诸侯王称号，从"三皇五帝"中各取一字称"皇帝"，自称始皇帝，并规定其子孙沿称二世、三世，希冀传至万世。

为宣示大秦王朝的正统性，秦始皇将黄河改名"德水"。按照五行相生相克的古老学说，周朝是火德，秦朝取代周朝，水克火，秦即水德，因此把黄河易名"德水"。水对应黑色，所以秦朝崇尚黑色，规定服饰、旌旗和符节的颜色均为黑色。水德属阴，而《易》卦中阴爻为"元"，就把数目以十为准改成以六为准，所有的符节、法冠都规定为六寸，车子的宽度为六尺，以六尺为一步，驾车的马为六匹；水德主刑杀，秦朝执政刚毅严厉，事统尚法，亦以此严而少恩，"刻削毋仁恩和义"。

秦始皇非常重视山川祭祀，将其作为国家政权统治天下的宣示，统一规制了江、河、淮、济"四渎"祭祀仪礼。对于黄河祭祀，更是从国家意识层面将其列入重大国事活动，明确规定，在春天黄河解冻、秋冬封冻时节举办仪式祭祀河神，以象征大秦王朝至高无上的法度。

据《史记·封禅书》记载，公元前221年，秦在临晋（今陕西大荔）设立祠庙祭祀黄河，临晋河水祠成为中国历史上官方祭祀黄河最早的神庙，临晋也因此成为历代王朝公祭黄河的主要地点。

2. 修筑万里长城

在秦始皇心目中，继续开疆拓土，更大范围地一统天下，是他不变的志愿。

秦长城由关隘、城墙、城台、烽隧四部分组成，每隔一段设有烽火台和障城。秦始皇派大军在长城沿线驻守，大量移民前往开垦农田，以保证边防的供应，形成了当时世界上独一无二的战略要塞。

公元前218年，秦始皇发兵50万发动征服岭南越族的战争。接着，命大将蒙恬率30万秦军北击匈奴，一举收复河套地区，将匈奴赶出阴山，从而建立起了西起今甘肃东部，东至东海，北起阴山及辽东，南至南越的多民族统一大国。

为了加强对广阔领土的有效管理，进一步巩固秦王朝统治，秦始皇采取了一系列治国措施。

一是建成举世闻名的长城。春秋战国时期，为了抵御匈奴入侵，北方秦、赵、燕三国曾在边界上修筑局部长城。秦统一全国后，征发各地百万民工，依山就险，就地取材，把昔日断续的长城连接起来，修筑了西起临洮、东至辽东的万里长城。

自秦始皇以后，凡是统治中原地区的王朝，几乎都要修筑长城。两汉、魏晋南北朝、隋、金和明都参照了秦长城的建筑模式，不同规模地修筑过长城。特别是明朝时期，为了防御瓦剌、鞑靼、女真等少数民族扰边，在200多年统治中修建成了"外边""内边""内三关"三道长城防线，总长度达8851千米，留下了八达岭、居庸关、山海关、嘉峪关等许多享誉中外的名胜遗迹。

"长城首筑，万里安边。"长城成为防范北方游牧民族侵扰的一道重要屏障，保护了黄河流域悠久的农耕文化。它不仅是中华民族辉煌历史、灿烂文化和民族精神的象征，也成为世界建筑史上的伟大奇迹。

二是大规模修建交通道路。为攻防北方匈奴，秦始皇令大将蒙恬率数十万士兵和百姓，修筑了一条泥石夯就的重要军事道路——秦直道。直道从都城咸阳开始，沿陕西省富县西部的莽莽子午岭一路北上，直达内蒙古九原，长700多千米，路面平均宽20米，最宽处达60米。这条曾经车辚辚、马萧萧的大秦要道，纵穿陕北黄土高原，所经之处地势险恶，人迹罕至。如此翻山越岭的直穿道路，最大坡度不超过10%，全程宽阔平坦。历经2000多年风雨沧桑，大部分路面保存完好，有些道路至今仍可使用。

为了保证广阔疆域的政令畅通，秦始皇还下令修建从都城咸阳通往各地的道路，称为驰道，著名的驰道包括上郡道、临晋道、东方道、武关道、西方道等。

据统计，秦修建道路的长度约为6800千米。相比之下，大约4个世纪后，西方罗马道路的总长度才达到5984千米。

秦朝四通八达的交通，有力促进了各地物资的交流和商业的发展，也为军队快速运输提供了便利，大大提高了中央政府对全国的管辖和统治能力。其中，在黄河下游山东河段修筑的驰道，与当时的黄河堤防线路完全一致。这样既对堤防进行了有规模的加固整治，又使黄河下游分散的堤防走向统一，在一定程度上发挥了防止黄河水害的作用。

3. 巩固中央集权统治

为了加强国家政权建设，在国家管理体制上，秦始皇建立了中央集权的郡县制。在中央，建立以三公九卿为首的百官体制，通称三公九卿制，在皇帝之下设丞相、太尉、御史大夫，分别掌管行政、军事和监察，下设掌管具体政务的各级官员，分掌司法、财政、京师戍卫等政务，国家军政大事由公卿大臣进行朝议，

小篆体十二字砖 秦 中国国家博物馆藏
此砖正面以凸线划分为 12 个方格，每格内
有一阳文秦篆，故推测为秦代遗物。砖文为
"海内皆臣，岁登成熟，道毋饥人"，是对
秦朝歌功颂德之词

最后由皇帝作出裁决。在地方，设置郡、县两级行政机构，分设主管行政、军事和监察的长官。郡行政长官称郡守，军事长官称郡尉，监察官称郡监。郡下设县，并设县丞、县尉等佐官。在县以下还有乡、亭、里等基层机构，负责教化、治安和征收赋税、组织生产等。

2002年，考古工作者在湖南龙山县里耶古城的一口古井发现了37000余片秦代竹简，出土的简牍文字总计约20万字。经对简牍上的文字进行梳理发现，这批埋藏了2200多年的秦代简牍，记载了秦王政二十五年至秦二世元年十几年间秦朝洞庭郡迁陵县的详细档案，包括户口登记、土地开垦、田租赋税、劳役徭役、仓储钱粮、兵甲物资、道路津渡、邮驿管理、奴隶买卖、司法文书、刑徒管理、祭祀先农和相关政令文书等各个方面。这些秦简反映了秦朝地方行政的运作、郡县制的具体实施、中央与郡县之间的统治联系。很多记载填补了现存秦朝史料的空白，蕴含着宝贵的学术价值。

与推行郡县制中央集权制度相适应，在统一经济和文化方

跪射俑 秦 陕西历史博物馆藏

面，秦始皇颁布诏书，将秦朝的度量衡标准器推广到全国，结束了战国时期度量衡混乱的局面，给商业和经济发展带来了便利，保证了国家赋税的标准化。同时，改革币制，废止六国货币，全国推行秦的半两钱，实行以黄金为上币、铜钱为下币的复本位货币制，货币由国家统一铸造，严禁私铸，促进了全国各地的经济联系和商品交换的发展。

秦始皇在全国推行小篆和秦隶，对汉字形态的发展起到了重要作用，"书同文"，不仅对当时国家政教实施和各地文化交流发挥了重要作用，也对中华民族的文化认同和凝聚力产生了深远影响，为中华文化共同体的最终形成奠定了重要基础。

　　秦始皇在几十年时间里，完成国家统一大业，建立完善的中央集权制度，身后遗留下来的秦长城、始皇陵及兵马俑等宏伟遗产，体现了中国古代劳动人民的聪明智慧与杰出创造。

1974年3月秦兵马俑坑的发现，吸引了全世界的目光。以秦军官兵为原型，经过精心陶制而成的庞大兵马俑坑里，几十辆极具威仪的战车，几百匹雄壮健硕的战马，几千名魁梧阳刚的战士整齐地排成军阵，军人仪表之生动，军阵规模之浩大，队列军容之整齐，生动再现了当年秦军的威风，被誉为"世界第八大奇迹"。

然而，秦始皇在建功立业的同时，对外征战不休，对内大兴土木，也极大地耗费了国力民力，激发了阶级矛盾，为秦王朝轰然倾覆埋下了隐患。

对于秦始皇的功过是非，后世有多种说法。西汉学者贾谊在《过秦论》中说"及至始皇，奋六世之余烈，振长策而御宇内，吞二周而亡诸侯，履至尊而制六合"，又恨其"于是废先王之道，焚百家之言，以愚黔首"。唐代章碣《焚书坑》诗曰："竹帛烟销帝业虚，关河空锁祖龙居。坑灰未冷山东乱，刘项原来不读书。"

虽然历代褒贬不一，但秦始皇以黄河流域为中心，横扫六国，统一华夏，建立了第一个统一的多民族国家。国土一统、政令统一、文化向心、民族凝聚的"大一统"思想观念，由此成为中国历史发展的总体趋势，也为一脉相承的黄河文化正统观铸牢了根基。

古相見之禮執各用雉夏用腒左

不已之辱命請終賜見主人對曰

賓對曰某不以執不敢見主人對

指人門右賓奉執入門左主人拜

得見吳敢辭對曰某非敢求見請

汉唐盛世，流风余韵

九天阊阖开宫殿，万国衣冠拜冕旒。

——（唐）王维

《和贾舍人早朝大明宫之作》

1. 实施休养生息的文景之治

秦朝末年，连年大兴土木、征伐用兵，加之实施严刑酷法，极大地加重了人民的徭役和税负，迅速激化着统治者与被统治阶级的矛盾，由此引发了中国历史上第一次大规模农民起义——陈胜吴广大泽乡起义。在此过程中，项羽和刘邦等反秦势力纷纷响应，经过多次重大战役，消灭了秦军的主力。公元前207年，秦都咸阳被攻破，秦王朝灭亡。之后，经过四年的楚汉战争，公元前202年刘邦称帝，建都长安，中国历史进入大汉王朝。山河一统之初，中原大地久经战乱，特别是楚汉相争的黄河中下游地区，社会动荡，百姓流离，经济凋敝。选择合适的政治制度稳固统治，成为当务之急。

在中央制度上，汉基本承袭秦制，设"三公""九卿"

掌管国家军政和宫廷事务。在地方制度上，当时有两种选择，实行全面的郡县制或是郡国并行制。分封制自西周实行，已有800年之久，而郡县制只在秦朝实行了十几年时间，秦王朝就灭亡了，这使得汉朝君臣认为郡县制存在明显弊端。另外，考虑到七位异姓诸侯王均拥有强大的军事实力，实行分封，让其得到灭秦后的红利，才能得到他们的拥护，维持汉初政治局面的稳定。

刘邦以黄河、泰山为誓，承诺诸侯后嗣将永享汉王朝的福荫，并以黄河与函谷关为界，将以东的广大地区全部分给异姓诸侯王，给了诸侯国很大的行政、司法和军事权。中央直辖区只保留了以长安为中心的十五郡，实行全面的郡县制。后来，为了稳固统治，刘邦相机铲除了几位异姓诸侯王，又将关东的大部分地区分封给了皇室子弟，期望刘氏宗亲能团结一心，让他所建立的汉王朝如黄河之水，绵延长存。

从秦末汉初的社会条件来看，郡国并行制对社会稳定、经济发展起了一定的推动作用，成为向中央集权制过渡的有益补充。

汉初的经济社会问题也很突出。秦王朝的暴政、诸侯间的战争使老百姓长期无法安于耕作，西汉初期出现大饥荒，致使物价飞涨，小米的价格从平日的每石百十来钱涨至五千甚至上万钱。许多地方出现了人吃人现象，人口损失过半。在这种情况下，汉廷积极推崇黄老"无为而治"的思想，汉高祖、惠帝、吕后都着力于恢复农业生产，稳定封建统治秩序，收到了显著的成效。等到汉文帝刘恒即位之时，社会平和、经济稳定，盛世的征兆开始出现。

> 汉文帝是历史上有名的仁厚之君，即位之初就下令废除了诽谤令与连坐制度，后又下令废除了肉刑，这在中国古代法制建设上是一大进步，使黄河文明的刑罚制度走在了其他文明之前。

汉文帝非常爱惜民力，轻徭薄赋，鼓励生产。即位之初，颁布了养老令，给80岁以上的老人发放米、肉、布帛等物品，让地方官按时慰问。文帝二年（公元前178年）、十二年（公元前168年）又两次下诏免除百姓一半田租，将十五税一的税率降至三十税一。文帝十三年（公元前167年）更下令免除全部田租，算赋由每人每年120钱减至每人每年40钱，成年男子的徭役则减为每三年服役一次。

《帝王道统万年图册》之汉文帝 明 仇英 台北"故宫博物院"藏

随着农业的快速发展，粮价大大降低，每石"粟至十余钱"。为了保证农民的收入，汉文帝采纳晁错提出的"贵粟"政策，鼓励有钱人家购买农民的粮食，捐献给国家，极大地补充了边防要塞和各郡县的粮食储备。

文帝还下诏"弛山泽之禁"，即开放原本归国家所有的山林川泽，准许私人

四神云气图壁画 西汉 河南博物院藏

开采矿产，利用和开发渔盐资源，从而促进了与国计民生有重大关系的农副业和盐铁生产事业的发展，使得"富商大贾周流天下，交易之物莫不通"。

汉文帝的节俭在历代封建君主中是非常少见的，他在位20多年，没有新建宫室苑囿，衣服车马久不更换。其间，他曾想建一个露台，当得知需要花费百金时，就立即停止了计划。

公元前157年，汉景帝刘启继位，在治国策略上，沿用了文帝时期轻徭薄赋、与民休息的政策，即位当年，就免除一半田租，实行三十税一，并作为定制为后世继承。第二年，下令将男子服正役的年龄从17岁提高到20岁。在刑法上，进一步完善了废除肉刑的政策，同时，强调判案时疑罪从轻，增强了司法过程中的公平性。

汉景帝还采纳了晁错的《削藩策》，大力推行削藩国策，平定"七国之乱"后，诸侯王国领郡由汉高祖时的42郡减为26郡，而中央直辖郡由15郡增加至44郡，且中央收回了王国的官吏任免权，收夺了盐铁铜等资源租税，中央集权得到了极大巩固。

汉文帝和汉景帝执政的41年间，顺应历史规律，采取了一系列符合社会实际的政策，中国历史上出现了特有的盛世——文景之治，有力促进了国家政治进步和社会发展。

2. 金戈铁马，国威远播

文景之治时期，黄河流域特别是关中地区迅速从战乱中走了出来，流民还归田园，人口迅速繁衍，完成了财富和物资的积累，使得"京师之钱累巨万，贯朽而不可校；太仓之粟陈陈相因，充溢露积于外，至腐败不可食"。这为后来汉武帝施展雄才伟略、文治武功，奠定了坚实基础。

"功莫大于秦皇汉武"，史学界常以雄才大略、文治武功来评价汉武帝刘彻。刘彻自16岁登基，便展现了超常的政治眼光和才略胆气。他深受儒学思想影响，登基后对崇尚儒学的窦婴、田蚡、赵绾和王臧委以重任，计划推行儒家主张的建明堂、行巡狩、改正朔、易服色等制度，但受到以窦太后为首的黄老学派的阻碍。窦太后辞世后，汉武帝果断采纳董仲舒的建议，"罢黜百家，独

漠北之战 王刚 尚古艺术提供

元狩四年（公元前119年），汉武帝命卫青与霍去病各带五万精兵进击匈奴单于本部，史称"漠北之战"。霍去病的军队携带少量的辎重粮草横穿大漠，直击匈奴王庭，大获全胜

尊儒术"，结束先秦以来"师异道，人异论，百家殊方"的局面。自此，作为黄河文明重要组成部分的儒学，正式成为中国的主流文化。

汉武帝是一位求贤若渴的君主，他登基后的第一道诏书就是广纳天下贤良方正直言极谏之士，并开创察举制选拔人才，而选拔人才的标准就是唯才是举，无论出身贵贱。董仲舒、朱买臣、司马相如、东方朔等一大批人才都因此得以重用。他还兴办太学，建立了中国封建社会历史上第一个政府创办的、正规的高等学府，从此官办高等教育历2000余年而不绝，成为中国教育史上一颗璀璨的明珠。

在汉初60多年间，强大的匈奴占领了黄河河套地区、河西走廊，征服了西域，从正北和西北两个方向对中原形成包围之势。其间，频繁派出匈奴骑兵对从陇西到辽东的长城以南、黄河以北的地区进行掳掠袭扰，成为汉王朝的心头大患。

汉武帝即位后，汉王朝实力与此前相比已经有了很大提升，他决定彻底解决匈奴问题，转守为攻、主动出击。自此，汉匈双方在黄河河套、河西走廊等地开始了漫长而激烈的战争。

公元前129年春，汉军北伐，卫青率部攻入匈奴人的圣地龙城，斩首生俘700余人，取得了反击匈奴的第一场胜利——龙城大捷。

公元前128年秋，匈奴铁骑再度南下，武帝命将军卫青、李息出击迎敌，斩杀数千匈奴兵。次年收复黄河河套，取得前所未有的胜利。

此役极大地削弱了匈奴的士气，换来了短时间的边境安宁。汉武帝得以腾出精力，对内实行"推恩令"，削弱了诸侯王势力，解决了内患。之后，汉武帝把河套地区建成反击匈奴的军事前沿基地，可以向东、西、北三面进行出击，汉朝的北部边防线推至黄河沿岸，掌握了战役的主动权。

公元前123年，漠南之战中，未满18岁的霍去病主动请缨，首战告捷，并俘获匈奴相国等重要官员。

公元前121年春，河西之役打响，骠骑将军霍去病亲率万余骑兵从陇西郡出发，渡过黄河，翻越陡峭山岭，直捣焉支山匈奴驻地，斩敌8000多人。同年夏，霍去病率精骑数万，北渡黄河，经沙漠南缘，迂回至今内蒙古额济纳旗北的居延泽，转向东南，攻至祁连山，降俘匈奴兵士2500人，斩敌3万余，河西走廊纳入汉朝版图。为进一步巩固对这一带的统治，汉武帝设置武威、酒泉、张掖、敦煌四郡，至此，汉通西域的道路被彻底打通。

公元前119年，漠北之役共消灭匈奴7万余人，霍去病封狼居胥山。"匈奴远遁，而幕南无王庭"，漠北匈奴主力丧失殆尽，从此无力再大举南下侵扰大汉边境，反击匈奴之战取得了决定性的胜利。

长期的对外战争，也持续消耗了西汉王朝的国力。为解决财政危机，

铜奔马　东汉　甘肃省博物馆藏

汉武帝废除了诸侯国的铸币权，向富商大贾征收"算缗"，即财产税。同时推行桑弘羊等大臣所制定的盐铁官营及均输、平准等政策，中央政府财政收入大增，与中央集权政治制度相配套的经济制度得以进一步完善。

汉武帝开创了西汉最强盛的时期，将中国封建王朝历史推上了第一个高峰。自汉朝起，华夏民族"名汉族，言汉语，书汉字，着汉服"。汉朝的强盛大大增强了黄河文明雄踞世界东方的底气和根本，赋予了中华民族挺立千秋的自信和尊严。

3. 盛唐：古代中国社会的又一个高峰

从汉到唐，黄河流域作为全国政治、军事、经济、文化中心，见证了"天下大势，分久必合，合久必分"的更迭轮回。

581年，隋朝建立，589年灭陈朝，结束了魏晋南北朝长期分裂的局面，国家复归统一。隋文帝时期，政治清明，人口显著增加，社会呈现繁荣景象，史称"开皇之治"。604年，隋炀帝杨广即位，在位期间，疏浚修凿隋朝大运河，西征吐谷浑、三征高句丽，扩大隋朝基业的同时，人民不堪重负，最终引发了大规模的农民起义。唐国公李渊趁势在晋阳起兵，立足关陇地区迅速崛起，最后推翻隋朝，建立唐朝，定都长安。之后唐高祖李渊禅位，李世民登基，即唐太宗。

唐太宗在位期间，励精图治、选贤任能、纳谏如流，国力日渐强盛。内政方面，推行均田制与租庸调制，促进农业发展。职官制度设置方面，形成三省六部和科举选士制，让"白屋出公卿，寒门生贵子"成为可能。用人政策，不拘一格，选贤任能，从谏如流，重用一大批精明强干的大臣。文臣有房玄龄、杜如晦、长孙无忌、魏徵等，武将有尉迟敬德、李靖等智勇良将，可谓"人才济济，文武兼备"。依靠这些栋梁之才，形成了"贞观之治"的清明局面。

清明社会的出现，必须以法治为前提。在"朕即天下"的皇权时代，唐太宗率先垂范、执法如山，并依宽简原则，制定出了《贞观律》，确立了古代刑法的规范，堪称中国法律史上的一个重要里程碑。

在唐太宗的苦心经营下，贞观年间社会空前和谐安定。据史书记载，贞观

柳暗花明
雪景雲吃
姒苗佰上
萬萬王
綵厎凌春
遊倦齀谷
宣和六字
題敫範
平提試驅
驕瑔雡胃
柳~絲長
游光山色
玉壁句不
田雲章負
舒囊叢
乾隆御題

游春圖（局部） 隋 展子虔 故宫博物院藏

三年（629年），全国判死刑的仅29人，几近集权社会法制的最高标准"刑措不用"，这在封建社会王朝里是极其少见的。

唐朝是中国历史上一个颇具特色的开放时代，万邦来朝，是贞观之治繁荣强盛的重要体现。对待少数民族，唐太宗既有"以我徒兵一千，可击胡骑数万"的气魄，又有"自古皆贵中华，贱夷狄，朕独爱之如一"的胸怀。

唐太宗在位期间大力推行府兵制，屡次对外用兵，经略四方，先后攻灭突厥汗国、吐谷浑汗国，以及高昌、焉耆、龟兹等西域诸国和薛延陀汗国，设置了安西都护府、北庭都护府，将漠南、漠北、西域、青海纳入唐朝的统治之下。与此同时，对周边的少数民族采取开明宽仁、刚柔并济的民族政策，如对吐蕃、回纥等少数民族政权，以和亲方式协调关系。在和亲政策的推动下，唐朝与少数民族政权又增开互市场所，并将汉人的农耕、纺织、建筑、农具制造等技术传给少数民族，进一步促进了民族融合，加强了黄河文明对少数民族文明的辐射与影响。

唐朝国力强盛，声威远播，贞观之世，四方服悦，周边诸族尊唐太宗为"天可汗"，并修筑"朝天可汗道"向唐朝进贡，漠北诸部每年向唐朝缴纳貂皮作为赋税。少数民族的君主则需要唐玺才能立国，大唐一度成为东方世界的盟主。

以上种种，折射出的是唐朝开放包容的国策，四海一家的民族胸怀，反映了大唐王朝的强大吸引力、归附力和影响力。

《陇西行》四首是唐代诗人陈陶的组诗作品。其中第二首诗广为传诵。该诗借咏叹汉代李陵伐匈奴而全军覆没的史实，深刻地反映了唐代长期的边塞战争给人民带来的痛苦和灾难，寄托了作者对和平安定生活的渴望。其中第四首的诗句"自从贵主和亲后，一半胡风似汉家"，即对当时文成公主入吐蕃加强汉藏文化交流的赞颂。

之后，唐高宗秉承贞观遗风，开创了"永徽之治"。690年，中国历史上唯一一位女皇帝武则天登基，改唐为周，定都洛阳。她整顿吏治，广开言路，奖励农桑，开创殿试、武举及试官制度，任用提拔了姚崇、宋璟、狄仁杰等一大批贤臣。"政启开元，治宏贞观"，武则天执政期间，国家政治经济有了进一步发展，后世给予了很高的评价。

712年，唐玄宗李隆基即位，自此唐朝进入全盛时期，成为当时世界上最强盛的国家之一，史称"开元盛世"。

唐玄宗在位期间，大力改革弊政，使得朝政清

《历代帝王真像》之唐太宗　清　姚文瀚　美国大都会艺术博物馆藏

明，充满朝气。为了鼓励农业生产，废除了许多杂税，在全国清丈田亩、清查户口，广分土地。为了增加劳动力，他还诏令2万名僧尼还俗。这些措施，大幅增加了唐朝的税收，全国粮仓充实，物价低廉。

农业的繁荣发展，促进了社会分工，开元时期的手工业、商业也实现了全面发展，交通发达、物产丰富的长安、洛阳、汴州、扬州、成都等成了著名的大都市。据《通典》记载，开元时东至洛阳、汴州，西至关中岐州，夹路列店待客，酒肆丰溢，每个驿站都出赁驴马供客人骑乘。南至荆襄，北至太原、范阳，西至蜀川、凉州，皆有驿站和店铺。

当时，不仅陆路驿站发达，以黄河为纽带的运河上更是商旅往返，舟楫不绝，成为维护唐王朝统治和社会经济发展的生命线。为保持水运通畅，唐玄宗开元十五年（727年），征发3万多人对郑州附近的通济渠板渚口旧河道进行了大规模疏浚和开凿。开元二十九年（741年），陕郡太守李齐物在黄河三门峡谷开凿了一条长约300米、深宽各6米多的人工运河，即开元新河。水陆运使韦坚又主持重开关中漕渠，自今咸阳西南引渭水，沿着隋代漕渠故道向东，在永丰仓与渭水汇合。从此，江淮漕船可直抵长安，开创了隋唐大运河全程通运的新局面。高度便利的交通条件，也将唐朝的繁盛推上了新的高度。

规模空前的统一强盛，社会生活的安定繁荣，多元文化的碰撞交融，形成唐朝自信、宽容、开放的时代精神，使得盛唐在文学艺术方面也结出了累累硕果。

唐诗在开元时期达到了顶峰，题材、风格、体裁等方面都有了新的特点。各具特色的大诗人们将整个盛唐诗坛装点得空前壮美，不论是热情洋溢、豪迈奔放的浪漫诗篇，还是忧国忧民、愤世嫉俗的抒情之作，都成了令后人感怀的"盛唐之音"。

唐诗的繁荣与朝廷实行"诗赋取士"、推崇诗歌创作有着极大的关系，唐玄宗本人也是写诗的个中好手，所作《早度蒲津关》大气磅礴，充分展示了盛唐的治世之景和自信情怀。

千姿百态的文化艺术，共同演绎了青春勃发、气势磅礴的盛唐气象，亘古奔涌的黄河，见证了春秋战国诸子百家思想荟萃之后中国历史上又一座文化高峰。

书法家张旭、颜真卿、柳公权，画家阎立本、吴道子，音乐家李龟年的艺术成果以及舞蹈、雕刻、壁画等艺术，无不是多姿多彩，辉煌卓著。

国力的强盛、文化的繁荣给唐朝统治者在对外关系上带来了无比的自信。"九天阊阖开宫殿，万国衣冠拜冕旒"，盛唐诗人王维的诗句，描绘了各国使节到大明宫朝拜唐玄宗的盛况。开元年间，唐朝以博大的胸怀，包容着不同国家、不同民族和不同文化在黄河流域汇聚、交融。

唐朝文明既是吸纳和进取的标本，也是给予和贡献的典范。其兼收并蓄的伟大气魄，无拘无束的自由精神，前所未有的活力和创造力，形成了对外辐射的永恒魅力，在世界文明史上写下了光辉的一页。

送子天王图（局部）　唐　吴道子　日本大阪市立美术馆藏

此幅是唐代吴道子根据佛典创作的纸本墨笔画，写异域故事，而画中的人、鬼神、兽等却融合了中国本土特点

历史深处的文明古都

若问古今兴废事，请君只看洛阳城。
——（北宋）司马光《过故洛阳城》

1. 郑州商都：华夏文明走向成熟的标志

在中华文明的发展进程中，黄河流域很长时期内是中国政治、经济、军事、文化的中心。在中国八大古都中，黄河流域有五座。一座座古代都城，如同人类文化的纪念碑，无论在城市规模与建筑模式，还是在政治建构、经济发展与文化成就上，均体现了所处时代的世界领先水平。

地处黄河中下游交界的郑州商都，标志着华夏文明已经走向成熟达到相对稳定的阶段。

古郑州西北有荥泽大湖与黄河、济水相通，西接伊河、洛河，倚靠嵩山，南达淮河、泗水，土地肥沃，气候宜人，自古以来就是中原一大通衢之地。在中华文明之火冉冉升起之际，商都郑州成为最早的政治中心。

传说大禹治水取得成效后，威望大增，被帝舜封为“夏

（左页）清明上河图（局部）　北宋　张择端　故宫博物院藏

颖水经其县（阳城）故城南，昔舜禅禹、禹避商均、伯益避启，并于此也。

——郦道元《水经注》

伯"，浩大的治水活动有力促进了民族融合与社会进步，也使国家政权形态得以稳固和强化。大禹受帝舜禅让成为部落联盟新首领后，选择物产丰饶的阳城（今郑州告成镇）为都。

在商代早期近200年间，郑州地区一直是商王朝的统治中心。1955年发现的郑州商城遗址，被学术界认为是商代创建者成汤的亳都，始建于约公元前1600年。考古挖掘出的郑州商城城市规模宏大，城垣雄伟壮观，占地面积25平方千米以上，由宫城、内城、郭城和护城河组成，规划布局规整。城中发现有宏伟的宫殿、供排水管道、祭祀遗址等。城周围有冶铜、制骨、制陶等手工业作坊，出土的青铜礼器、日用器皿，种类繁多，制作精细，纹饰优美。尤其是原始青釉瓷尊的发现，将我国烧制瓷器的历史提前了1000多年。

后来，考古人员又在遗址上发现了3个埋藏青铜器的窖藏，出土了数十件炊器、食器、酒器、水器和兵器，其中最大、最为珍贵的，要数两件并列放置的杜岭方鼎。两座方鼎质朴庄重、纹饰精美，是目前所发现的年代最早、铸造最为完美、保存最为完整的青铜重器。就当时青铜鼎代表的等级来看，它们主人的身份只能是商王。两座方鼎和遗址中大量出土的带"亳"字的陶文，以及刻有"乇"（亳）字的牛肋骨，成为郑州即商代"亳都"的有力实证。

20世纪80年代发现的郑州商都小双桥遗址，被国内学术界确认为商代第十一任君主仲丁所建隞都所在地，证明了郑州从商城早商文化到殷都晚商文化的持续繁荣。

东周时期，郑国和韩国先后在郑州新郑一带建都，前后经营500余年，建成了当时中原地区屈指可数的大型城址。郑韩故城也是现今考古发现的世界上同一时期保存最完整、城墙最高、面积最大的古城遗址，其都市规划对后世产生了深远的影响，在我国古代城市发展史上占有极其重要的地位。

探寻中国古都发展历史，郑州的地位极为重要。在中华文明探源工程预研究的9个子课题有关考古项目中，郑州就有5个，包含巩义市花地嘴夏代城址、荥阳市大师姑古城址、新密市新砦城址、登封市王城岗城址、登封市南洼环壕遗址。一个伟大的王朝正是从郑州这片黄土地上昂首起步，承载千古文明的浩浩气度，铸就了青铜文明的灿烂华章。

2. 安阳殷墟：华夏信史第一页

安阳殷墟，古代位于黄河下游。这里西倚太行，北濒幽燕，南望中原，钟灵毓秀、人文荟萃。盘庚迁殷、武丁中兴等重大历史事件都发生于此，留下了商朝都城最深的印记。

1928年，考古专家组开始了对殷墟的发掘工作，遗址占地面积达24平方千米，分为宫殿区、王陵区、一般墓葬区、手工业作坊区、平民居住区和奴隶居住区。宫殿和宗庙等建筑气势恢宏、布局严整，按照"前朝后寝、左祖右社"的格局，依次排列，堪称中国早期宫殿建筑和皇家墓葬的典范。而发现的4000余座墓葬、1500余座祭祀坑，对于研究商代社会的组织状况、阶级状况等具有重要的意义。

殷都作为商代后期的政治、经济、文化、军事中心，留存了大量都城建筑遗址和丰富的文化遗存，系统地展现了商晚期辉煌灿烂的青铜文明，巩固了商朝社会作为信史的地位。

殷墟的遗址中，出土了大量精美的青铜器，使3600多年后的人们看到了商代青铜文明的高峰。发掘出的安

杜岭方鼎二号　商　河南博物院藏
1974 年出土于河南郑州杜岭郑州商城，共有两件，又名乳丁纹青铜方鼎、杜岭方鼎。大方鼎通高 100 厘米，重达 86.4 千克，被命名为杜岭一号，入藏中国国家博物馆；小方鼎通高 87 厘米，重 64.25 千克，被命名为杜岭方鼎二号

妇好鸮尊　商　河南博物院藏

阳殷墟苗圃北地的铸铜作坊遗址，面积达10000多平方米，遗址内的房基和工棚的遗迹，大型坩埚和炼炉以及大批铸造青铜礼器的陶范等出土物，全面地展示了商代铸铜方式在组织、分工、流程等方面的专业化发展。安阳武官村出土的后母戊大方鼎，是已发现的中国古代最重的单体青铜礼器。该鼎集书法、雕塑、绘画艺术于一体，蕴含着深厚粗犷的原始张力，也显示了商朝先民特有的宗教情结和审美情趣。同时，殷墟内的陶器、石器和玉器等亦可以说是琳琅满目，向后人展示了商民高超的工艺技术和艺术想象力。

从春秋时期直到两晋、南北朝时期，以邺城为中心的安阳先后成为曹魏、后赵、前燕、东魏、北齐等王朝的都城或陪都，成就了古都安阳的又一次历史辉煌。

"洹水安阳名不虚，三千年前是帝都。"安阳殷墟作为中国历史上第一个有文献可考，并为考古学和甲骨文证实的都城遗址，为汉字语言、古代信仰、社会制度以及重大历史事件的研究留下了物质证据，对于中国历史学、考古学等诸多学科发展起到了极大的推动作用，被称为中国"文字之根，文化之根"。

> 安阳殷墟甲骨文的发现重构了中国古代早期历史的框架，也使商代文明从传说变成了信史。目前殷墟出土有20多万片甲骨，包含4500多个单字，从已识别的约1700个单字来看，甲骨文已具备现代汉字结构的基本形式，其书体虽经后世不断发展演变，但是以形、音、义为特征的文字和基本语法保留了下来。商朝甲骨文的发展，是汉字趋于成熟的表现，对中国人的文化传承、思维方式、审美观念产生了至关重要的影响。

3. 雄汉盛唐长安城

古都西安，诸水环绕，水源丰富，享有"八水帝王都"之称。得天独厚的自然条件，关中平原的地理优势，使其很长时期内成为国家政治、经济、文化中心。先后有西周、秦、西汉、前赵、前秦、后秦、西魏、北周、隋、唐等朝代以此为都城，是我国建都王朝最多、时间最长的都城之一。

西周时期，周文王"既伐于崇，作邑于丰"，伐崇侯虎后，将都城定在了丰京，周武王后来迁都于镐京，但仍保留丰京，丰京为全国的宗教、文化中心，镐京则是全国的政治中心，合称"丰镐"，即西安的前身。从城市规划的角度来看，

阙楼图 唐 陕西历史博物馆藏

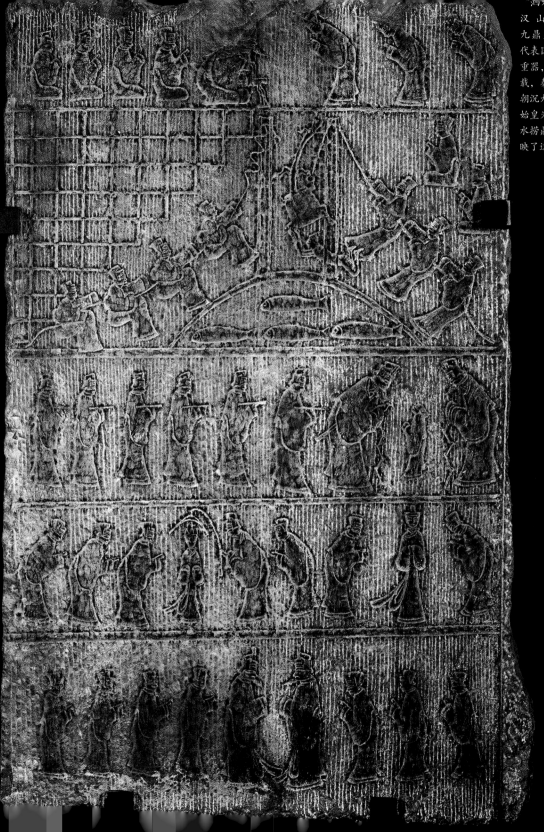

"泗水捞鼎" 画像石

汉 山东博物馆藏

九鼎是夏商周王朝代表国家正朔的传国重器，据《史记》记载，秦灭六国时周王朝沉九鼎于泗水，秦始皇为求正朔曾于泗水捞鼎未得，画面反映了这一故事

丰、镐分处沣河两岸，中有舟桥相通，相当于一个城市的两个不同功能分区。

秦朝都城咸阳在西周镐京的北部。咸阳城起初修筑在泾水与渭水交汇的三角地带，即渭水之北。后来，又扩修到渭河以南的地区，形成了一片庞大的宫殿群。秦代建都于此，即因这里是渭河平原的腹地，攻可扼天下之要害，守可得全域之安康，作为政治中心、经济中心，具备必要的社会条件和经济条件。后来《史记》对以咸阳中心的秦国的优越地理位置条件有着高度评价："秦，形胜之国，带河山之险，悬隔千里，持戟百万，秦得百二焉。地执便利，其以下兵于诸侯，譬犹居高屋之上建瓴水也。"随着渭河河道不断北移，如今秦咸阳大部分已经没入水底，但秦王朝在咸阳创立的政治体制被后世历代王朝所传承，留下的秦始皇陵兵马俑，则展现着中国古代劳动人民的卓绝智慧。

汉朝继兴，定都关中，都城在今西安城西北郊，立名"长安"，意即"长治久安"。当时刘邦将修建都城的任务交给了丞相萧何，萧何察看地形和秦旧宫存毁情况后，决定修缮秦的兴乐宫而改为长乐宫，在秦章台基础上建未央宫，所以汉长安城是在秦都咸阳基础上建立的。后来汉武帝时期又在长安城外的西部营筑了建章宫。长乐宫、未央宫、建章宫是汉长安城最著名的三大宫殿群，汉长安城为中国封建社会京畿规划奠定了基础。

隋文帝时期，在汉长安城东南的沣水和灞水之间建造了新都大兴城，后来唐朝将大兴城复归原名长安城并增修扩建。唐长安城的外郭城为长方形，面积广达84平方千米。其布局"百千家似围棋局，十二街如种菜畦"，一条南北中轴线纵贯全城，东西左右均衡对称，全城划分为109个坊和东西两市，人口超百万，是中国古代历史上，也是当时世界上规模最大、建筑最宏伟、规划布局最为规范化的都城之一。其营建制度规划布局的特点是规模空前、创设皇城、三城层环、

绿釉陶楼院　汉　甘肃省博物馆藏

六坡利用、布局对称、街衢宽阔、坊里齐整、形制划一、渠水纵横、绿荫蔽城、郊环祀坛。唐长安城象天设都，依据天象星辰位置布局都城中宫城、皇城与郭城众坊里，体现着天人合一与君权神授的神秘色彩。

唐长安城作为古代城市建设的典范之作，其规划布局对后世及周边国家产生了重要影响，宋代开封城和元、明、清北京城即沿袭了长安城的建设特点。日本的平城京和平安京，也是仿照唐长安城布局兴建的。这一时期，随着丝绸之路的繁荣，中外商贾往来不绝，长安成为东方文明中心，史称"西有罗马，东有长安"。

随着长安城市规模扩大，人口倍增，物力支撑问题凸显，特别是遇到水旱灾荒，水路运输受阻时，外地的粮食、物资运送不及，长安就会物价飞涨，乃至斗米千钱，百姓难以存活。为解决水运问题，西汉时期开挖关中漕渠，隋朝初年开掘广通渠，引渭水经大兴城东至潼关，并开挖龙首渠、永安渠、清明渠引潏水、滈水入城。唐天宝年间重修广通渠，大量物资由黄河、渭水漕运入长安，每年运粮多达400万石，于是"关中蓄积羡溢"，长安城经济进一步繁荣。

雄汉盛唐是中国历史上的辉煌鼎盛时期，而作为汉唐政治、经济、文化中心的长安，更是展现出自信开放的王畿气象，其辐射八方的帝都风韵，见证了中华文明的历史巅峰。

4. 十三朝古都洛阳

洛阳自古就有"河山拱戴，形胜甲于天下"之美誉。群山环抱，河网纵横，洛河、伊河携手，东出平原，北入黄河，在这片黄土地上，滋养了"十三朝古都"洛阳。夏、商、西周、东周、东汉、曹魏、西晋、北魏、隋、唐，以及五代时期的后梁、后唐、后晋，均建都于此。

洛阳，周朝时名为雒邑。"八方之广，周洛为中"，洛阳为周武王定鼎中原之地。据记载，周武王推翻殷商后就开始营建洛阳城，并将九鼎迁到了洛阳。武王病逝后，周成王即位，辅佐成王的周公继承武王遗志，继续在洛阳营建都城成周。成周建成后，周成王迁都于此，并在何尊上留下了铭文用以纪念迁都事宜。后来，西周王室又辗转迁都南郑、槐里、镐京等地。直到公元前770年，周平王迁都雒邑，史称东周，自此，先后有25个国君居于雒邑，前后历经500余年之久。

汉宫春晓图 南宋 赵伯驹 台北"故宫博物院"藏

（下页）张好好诗 唐 杜牧 故宫博物院藏

云又三歲客於洛陽東
城重頻好感舊傷懷十
故題詩贈之
君為豫章姝十三歲在
條翠葉鳳凰尾丹胎
蓮舍䠂高閣倚天半

張好好詩 并序

牧大和三年佐故吏部沈

公江西幕好好年十三始

以善歌舞来乐籍中

復一歲公镇宣城復

好好於宣城籍中後二年

在今洛阳市东约15千米的伊洛平原上，有一座保存较为完整的古城遗址，即国家首批重点文物保护单位中26处古遗址之一的汉魏洛阳故城。汉魏洛阳故城是1—6世纪东汉、曹魏、西晋、北魏四个重要王朝的都城，是这段时期丝绸之路的东方起点，也是全国政治、经济、文化中心。文学家班固、张衡等留下了《东都赋》《东京赋》等千古名篇，盛赞洛阳城的繁荣与昌盛。这处古城代表了东汉至北魏历代中原王朝的文明特征，见证了北魏时期游牧民族与农耕民族大融合所促生的独特城市文化，也实现了城市形制的跨区域、跨时间交流。

> 且夫辟界西戎，险阻四塞，修其防御，孰与处乎土中，平夷洞达，万方辐凑？秦岭九嵯，泾渭之川，曷若四渎五岳，带河溯洛，图书之渊？建章、甘泉，馆御列仙，孰与灵台、明堂，统和天人？太液、昆明，鸟兽之圈，曷若辟雍海流，道德之富。游侠逾侈，犯义侵礼，孰与同履法度，翼翼济济也？
>
> ——班固《东都赋》

隋唐是洛阳古城史上的鼎盛时期，人口逾百万。605年，隋炀帝迁都洛阳后，重新选址营建。唐代沿用此都城并加以扩建，分宫城、皇城和外郭城，周长27千米。外郭城设3市103坊，仅丰都市就有3400多个店铺。此时城内的给养主要靠漕运，一条是通济渠，从洛阳的西苑由洛水与黄河汇合，自今荥阳市汜水镇东北，引黄河水为水源与汴渠分流，向东南注入淮河，再通过邗沟直达长江。另一条是永济渠，引沁水南达黄河，北至涿郡。两条重要的漕运交通动脉，往来船舶数以万计，富庶的江淮粮食物资被源源不断地运往京师洛阳。

洛阳古都，历史悠久，文化底蕴丰厚。"东周礼乐"奠定了中国典章制度的基石，道家孕育于洛阳、佛学首传于洛阳、理学根植于洛阳，史学家在这里写就了《汉书》《三国志》《资治通鉴》等彪炳史册的鸿篇巨制，文学巨匠在这里留下了"汉魏文章半洛阳""洛阳纸贵"等文坛佳话。

洛阳龙门石窟作为中国三大石刻艺术宝库之一，是世界上造像最多、规模最大的石刻艺术宝库，被誉为"中国石刻艺术的最高峰"。龙门石窟开凿于北魏孝文帝年间，历经东魏、西魏、北齐、隋、唐、五代、宋等时期连续大规模营造400余年之久。现存窟龛、造像及碑刻题记等总量，位于中国各大石窟之首。龙门石窟以大量的实物形象和文字资料从不同侧面反映了中国古代政治、经济、宗教、文化等领域的发展演变，并对中国石窟艺术创新与发展作出了重大贡献。

洛阳白马寺始建于东汉永平十一年（68年），是佛教传入中国后兴建的第一座官办寺院，被誉为东亚各国的"释源"和"祖庭"之地。现存的遗址古迹为元、明、清时所留，寺内保存了大量元代夹纻干漆造像，如三世佛、二天将、十八罗汉等，弥足珍贵。

洛阳北邙山及周边地区陵墓星罗棋布，自古有"北邙山头少闲土，尽是洛阳人旧墓"之说。已经探明的帝陵多达16座，著名的汉光武帝刘秀、魏文帝曹丕、晋宣帝司马懿、北魏孝文帝元宏等都在此长眠。通过对邙山陵墓群的考古挖掘，洛阳建立起了我国最大的古墓博物馆，也是世界上第一座古墓博物馆——洛阳古墓博物馆。

博物馆内的北魏宣武帝景陵是我国目前挖掘开放时代最早的帝王陵。宣武帝为北魏第八代皇帝，孝文帝第二子，他继承了孝文帝的一系列改革政策，515年死于洛阳，葬景陵。

"十三朝古都"洛阳就像是一个大熔炉，儒、道、释等各种文化在这里碰撞交融；它又像一座博物馆，史书、科技、石刻、遗址等各种瑰宝在这里陈列展示。千百年来，古都洛阳经历了春秋沉浮，积淀了深厚的历史文化底蕴，对研究国家兴衰、城市起源、王都建设等具有重要价值。正如宋代政治家、文学家司马光赋诗所感："若问古今兴废事，请君只看洛阳城。"

洛阳白马寺

5. 开封：一代京都梦华

素有"八朝古都"之称的开封，因黄河而兴，也屡次毁于黄河。"开封城，城摞城，地下埋有几座城"，就是对这座古都盛衰沉浮的真实写照。虽历经河患湮没，但这座古都的先人们每每从头收拾旧山河，数次将城市重新修建，执着地守望家园，承继文明，重塑繁华，呈现出"流沙难湮盛时华"的悲壮图景。

战国时代，古开封迎来了历史上第一个繁荣时期。公元前364年，魏惠王为称霸中原，迁都到水路四通八达的开封，兴建了当时著名的大梁城。与此同时，魏国动用大批人力用20余年时间建成黄河流域第一条人工运河——鸿沟。从今河南荥阳北引黄河水，流经中牟、开封北，折而南经通许、太康，西至淮阳入淮河，成为连接中原地区与河淮之间的重要水道。鸿沟的开通，不仅促进了农业和漕运发展，也加快了开封城的建设，成就了魏国的一度盛况。在秦统一六国的战争进程中，秦军久攻大梁不下，引鸿沟水灌之，大水围困三个月，盛极一时的大梁城，因水患遭受灭顶之灾。

秦汉以后直至唐代，以黄河、汴河为水系的水运交通大动脉逐步形成，长期发挥漕运效能。特有的地理优势，方便快捷的水运条件，使开封成为黄河下游广大地区的漕运中枢。唐代的汴州城即为富甲一方的中原重镇。五代时的后梁、后晋、后汉、后周，北宋以及金朝宣宗均建都于此。

北宋时期，水路漕运是东京（开封）经济和社会生活的命脉，汴河、蔡河、五丈河和金水河贯穿整个东京汴梁，被称为"四水贯都"，四条河流互相沟通，交通运输非常畅达，尤其是汴河，沟通黄河、淮河、长江三大水系，将江淮一带的粮食与物资持续运往都城

孟元老的《东京梦华录》，所记大多是宋徽宗崇宁到宣和（1102—1125年）年间北宋都城东京的情况，描绘了这一历史时期东京上至王公贵族下及庶民百姓的日常生活情景，与《清明上河图》如同姐妹之作，对于考察研究北宋城市经济发展史具有重要意义。

金明池争标图（局部）北宋 张择端 天津博物馆藏

东京，汴河漕运因此成为赵宋王朝的生命线。珍贵的千古名画《清明上河图》呈现了东京胜景，是当时开封精致繁华的京师生活和社会风貌的生动写照。

金代黄河南迁后，黄河在开封附近数次决口泛滥，大水进城7次，这座都城逐渐被泥沙掩埋。考古发现，魏大梁城在现今开封地面下约10米，地下的北宋东京城、金汴京城、明开封城、清开封城，分别距地面8米、6米、5米、3米。今开封地下遍布"墙摞墙""路摞路"等遗存古迹。曾几何时，熙来攘往、富庶丰饶的都市风情，由盛而衰，成为黄土地下的历史记忆。

纵观人类依河流发展的历程，有不少城邑毁于河流泛滥。但像开封这样叠压层次之多、规模之大，举世罕见。它不仅见证了这座古都的沉浮变迁与王朝更替，更留下了人们对历史深处政治、经济、社会、文化、生态诸多方面的深思与警醒。

黄河流域的一座座古都浓缩了不同时代的物质文明和精神文明精华，见证了王朝的兴衰，传承着文明的薪火，在岁月的擦拭下，如今依然闪耀着历史文化的熠熠光辉。

軒轅黃帝像

奔腾浩荡的统一大潮

> 春秋所以大一统者，六合同风，九州共贯也。
> ——（东汉）班固《汉书·王吉传》

1."大一统"思想观念的源流

在我国五千年辉煌文明进程中，国家形态经历了统一、分裂、再统一、再分裂、又统一的反复过程。黄河文化在这历史长河中长期发挥着主导作用。虽历经朝代更替、政治沿革、风云变幻，也曾存在各民族政权之间的对立和斗争，但是国家统一的思想深深渗入中华各民族意识中。天下"定于一"的"大一统"潮流作为历史发展的主旋律，始终如浩荡的黄河一样，激流勇进，奔腾不息。

"大一统"思想观念始自夏王朝的"天下一统"思想，历经夏商周三代奠定根基。

在传说中，当时有很多氏族、部落和部族，主要有黄河

（左页）轩辕黄帝像拓片
陕西省黄陵县黄帝陵大殿正中供放的石刻轩辕黄帝浮雕像，以山东东汉武梁祠的画像石拓片为蓝本。浮雕中轩辕黄帝沉稳站立，步履向东又回首西望，抬臂扬手，冠带简朴，着装无华

中游地区的华夏集团，黄河下游以泰山为中心的东夷集团，以长江中游地区为中心的苗蛮集团。黄河流域得天独厚的生存发展环境成为农耕民族争夺之地，黄帝部落通过涿鹿之战、阪泉大战等逐步统一了黄河中下游地区，通过民族部落大融合，形成具有较高文化形态的华夏民族，这成为中华民族的原始雏形。

夏朝建立后，凭借治理黄河形成的影响力和凝聚力，取得部落周边领导权，成为黄淮平原、江淮平原的共主，首次将"盟主"推选禅让制改成了世袭制。考古印证的二里头文化展现了中国早期政治文明的发达程度，中国历史由多元化邦国时代进入一体化王国时代。

商族生活在黄河流域华北平原西侧、燕山以南，属于东夷族群。由于地缘优势，商族得以稳定生存并不断壮大力量。青铜冶炼技术造就了商族的军事优势，商族南下渡过黄河，最终入主中原取代夏朝的共主地位，在黄河流域建立了商王朝。

鸟尊 西周 山西博物馆藏

新生的商王朝政权，施行德政，重视宗教祭祀，创制祭祀黄河的仪式，奠定了"大一统"初期的政治基础。商朝黄河流域农耕文明开始变得成熟，农作物种类增多，为早期"大一统"提供了物质基础。商朝尚武，历经向东征讨，攻打南方九苗，商的势力延伸到了东海和长江流域，拓宽了华夏民族不断融合发展的空间。

> 商朝统治黄河流域500余年，华夏族全部纳入商王国宗藩体系，其势力范围与文化影响，东到大海，西到陕西，北到辽宁，南至湖北，由黄河下游逐步扩张到了中游地区，上游的少数民族部落羌人和氐人也纳贡臣服。

继商之后，周朝持续了近800年。周朝分封制、宗法制和礼制根植于黄河文化之中，以黄河流域为中心地带不断向外辐射，民族自觉意识开始形成。整个国家血脉相连，休戚与共，缔造出家国同构的政治结构，巩固了天下中心的王权地位，天下一统思想观念得以强化，有力保障了统治秩序稳定和社会和谐有序发展。

历经夏、商、周时期，多元一体的复合制国家结构建立，禅让制的"公天下"嬗变成为世袭制的"家天下"，自黄河中下游至长江中下游的统一奴隶制国家"分土而治"。"复合制王朝"衍生出"天下一统"的思想观念，成为中国历史上的一种传统观念。

2. "大一统"思想的基本形成

春秋战国是一个风云激荡的时代，也是一个社会转型的时代。名士纵横捭阖，思想百家争鸣，诸侯群雄逐鹿，宿将战场争锋。各诸侯国试图重构天下格局，百姓期待天下统一。

当时黄河中游地区分布了大量的国家都城和重要经济都会。在统一走向分裂，由兼并再度统一的总趋势推动下，诸侯国社会变革异常激烈，生产方式、经济基础、社会组织形式、国家政治体制、社会意识形态和军事制度、法律制度等各方面都发生了剧烈变化。

政治领域中，"分土而治"的封邑制逐步向"分民而治"的郡县制过渡，按军功爵定等级的官僚制度逐渐替代了世卿世禄制度。经济领域中，铁器的使用和牛耕的推广，使社会生产力显著提高，土地私有制出现。意识形态领域中，原始宗教观念受到冲击，忠君观念产生，文士阶层活跃，儒、道、阴阳等"十家九流"学派形成，其中，孟子提出了天下"定于一"的思想。当时各诸侯国先后开展了变法运动，为之后两千多年间国家机器、经济结构和法律制度的形成提供了雏形。

黄河流域成为此时主要的战争舞台，在"尊王攘夷"和"合纵连横"的主旋律中，大国对小国、华夏对四夷的统一意识加强，各国内部"小统一"率先实现，为秦国的"大统一"奠定了基础。

春秋战国时期，以黄河流域为中心，依靠血脉上的联系和宗法上的地位，各个诸侯国之间的心理距离不断拉近。通过频繁的外交、战争、贸易和会盟活动，黄河以北的三晋文化、山东半岛的齐鲁文化、长江以南两湖和江浙地区的楚越文化三大文化圈往来日益密切，邗沟、鸿沟的开凿贯通了江河淮济四大河流，为更广阔区域间的文化交流提供了交通便利，南北风俗文化日益趋同，逐渐形成了一个拥有共同地域、共同文化、共同语言、共同经济生活的民族，"大一统"思想观念基本形成。

3. 秦汉河山一统的大国气度

秦国兴起于黄河流域陕甘地区，经过商鞅变法后国势日渐强盛，已有问鼎中原之势。

秦王嬴政适应了当时中国形成统一国家的趋势要求，用十年的时间，先后灭掉韩、赵、魏、楚、燕、齐六国，在中国历史上建立了以黄河流域为中心的第一个统一的、多民族的中央集权国家，中国初步形成了"大一统"的政治格局。

为了巩固国家统治，秦朝搭建起"大一统"框架，实现了以郡县制为基础的政治"大一统"、以统一度量衡为基础的经济"大一统"、以编户齐民为基础的社会"大一统"、以"车同轨"为基础的交通"大一统"、以"书同文"为基础的文化"大一统"。通过巩固统一的政策，秦消减了地域差异，缔造了"大一统"的民族文化。自此，"大一统"的价值追求深刻印在一代又一代中国人的脑

两诏铜权　秦　甘肃省博物馆藏
甘肃秦安上袁家村秦墓出土

海中，"大一统"的框架和蓝图成为中华民族共同的历史记忆。秦作为古代中国第一个真正"大一统"时期的发端，开创了中央集权制度新局面。

当时，秦朝是与地中海罗马共和国、印度孔雀王朝并立的世界三大强国。在边疆，秦北逐匈奴，西服西南夷，统一岭南，建立了北至河套平原和阴山山脉，南至南海，东至朝鲜半岛西北部，西达今甘肃、四川、云南的统一王朝，疆域300多万平方千米，基本奠定了自秦至清两千多年的古代中国以黄河流域农业区为中心的"大一统"疆域版图基础，"大一统"价值理念向周边地域扩散。

继秦而兴的西汉，是以黄河流域为中心建立起的又一个"大一统"王朝。汉代"大一统"是多元一体的"大一统"，拥有着天下一体的气度。

汉高祖刘邦由轻视儒生，转为重视儒学对维护统治的作用，是第一个祭祀孔子的帝王。汉朝初期推崇无为而治的黄老之术经略国家，黄河流域出现了中国帝制时代的第一个太平治世——文景之治。

封"狼居胥" 田崴 尚古艺术提供

元狩四年（公元前119年），西汉名将霍去病率领军队追击匈奴，直至漠北两千多里，一路奏凯，在被匈奴人视作圣地的狼居胥山举行了祭天仪式

　　作为中国历史上伟大的政治家、战略家，汉武帝执政54年间，在军事、政治、经济、文化、外交等各个领域取得了非凡成就，开创了雄汉盛世。

　　汉武帝开疆拓土，断断续续经过40多年战争，击败北方匈奴；从水陆两路攻入朝鲜半岛，设立四郡；派出大军远征，将南方广大地区纳入汉朝统治范围。汉代中国，全盛时期疆域东抵日本海、黄海、东海及朝鲜半岛中北部，北逾阴山，西至中亚，南至南海和今越南中部，版图相较秦时扩大近一倍。

　　为从政治上实现真正的国家"大一统"，汉武帝果断决策将诸侯国化整为零，消弭于无形当中，同时实行刺史制度，加强对地方政府的监督与管理，使中央集权空前强大。为实现经济上的"大一统"，汉武帝大力推行盐铁官营、币制改革等经济政策，大幅度增加了中央政府的财政收入，为继续推行文治武功事业奠定了雄厚的物质基础。为实现意识形态的"大一统"，汉武帝罢黜百家、独尊儒术，在思想文化和意识形态领域确立了儒学正统地位，"仁义礼智信"成为社会主流思想与文化传统。在这一背景下，西汉君臣上下形成了"犯强汉者，虽远必诛"的强烈 "大一统"国家意志。

东汉时，通过进取关洛、扫平关东、经略西北、攻占巴蜀等一系列征伐，中原黄河流域及中国更广大的地域再次由群雄逐鹿逐渐走向统一。光武帝刘秀以柔道治理天下，同时采取刚猛治吏的政治风格，开创了东汉历史上值得称道的吏治清明时代。王景修治黄河，消除水患，让黄河在之后800多年里，没有发生过重大决口，河道也保持相对平稳的状态，黄泛地区广大土地得到耕种，促进了黄河流域农业恢复和发展。

汉代完成了"大一统"王朝的实质性构建，地域囊括了当时中原王朝及边境各族的活动地区，奠定了我国多民族国家疆域形成的基础，有力推动了多民族国家的发展。

汉朝建立以后，国人自豪地称自己为"汉人"。人们常把血气方刚、勇毅强健的男子称为"男子汉"，称精神矍铄、身体康健的长者为"老汉"。

4. 隋唐盛世的"大一统"内核

魏晋南北朝时期，虽然历经政权交替、文化交融、思想变革，但人们对"大一统"国家的追求从未改变，"大一统"观念贯穿这一时期的始终，成为时代趋势与人们内心向往。

曹魏于乱世崛起，建都于黄河流域的洛阳。相较于吴蜀两国，曹魏凭借黄河流域正统的政治地位、得天独厚的地缘优势、深厚的文明底蕴、优越的农耕条件，迅速成为当时综合实力最强的国家，也为西晋的"大一统"奠定了基础。

西晋承袭曹魏，定都洛阳，建立了历史上继秦汉之后的又一个"大一统"王朝，又占有孙吴疆域，实

魏晋南北朝时期战乱近400年，兵变与政变成为时代的主旋律，政治舞台上角色更迭如走马灯般令人眼花缭乱，30多个大小王朝交替兴灭。作为中国历史上动荡的时期，军阀割据、皇室贵族自相杀戮、游牧民族和农耕民族争夺生存空间的动乱时有发生，不绝于史书。

紫騂超躍

晋驌神駿

昭陵六骏图卷（局部）金 赵霖 故宫博物院藏

现了中国短暂统一。通过重用宗室、兴修水利、发展屯田、减免徭役，西晋呈现"太康之治"的繁荣安居气象。

晋武帝司马炎死后，皇族为了争夺中央政权，发生了"八王之乱"，匈奴、羌、鲜卑、氐、羯等塞外众多游牧民族乘机举兵进入中原，陆续建立起各自的政权，形成与南方争雄的局面。西晋灭亡后，北方从此进入五胡十六国时期，先后建立了20多个政权，范围涵盖汉地中部、东部、西南部、西部，最远可达漠北及西域。在北方，先有十六国割据，后有北魏、东魏、西魏、北齐、北周等政权的嬗递；在南方，则有东晋、宋、齐、梁、陈诸王朝的更替。但是南北方统治者并不满足于建立割据政权，都志在追求全国范围内的统一。

这一时期，以黄河流域为中心的文明依旧向前发展。在武力对峙和经济、文化交流中，少数民族统治者逐渐认同华夏传统，将自己纳入华夏历史序列，打破自西汉以来正统体系中的华夷之别，从而获得正统身份，客观上促进了中华多民族的互动与融合，为之后的历史阶段奠定了物质和思想基础。

魏晋南北朝的长期分裂，客观上促进了民族融合，少数民族在丰富和实践

　　"大一统"理念上作出卓越贡献。但是政权割据也造成山河破碎、文化断层，需要"大一统"王朝出现，重构中华"大一统"的政治体系。

　　隋唐时期结束了分裂乱世，出现了又一个长期"大一统"局面。在隋文帝"开皇之治"和唐玄宗"开元之治"的强大物质基础上，隋唐两朝国家统一格局表现出崭新的泱泱大国气象。

　　589年，隋文帝杨坚完成了再造统一的历史使命，定都长安，建大兴城。隋文帝励精图治，建立三省六部制，推行均田制，统一货币和度量衡，改革府兵制，统治期间人口激增，仓廪充实，整个国家呈现出一片欣欣向荣的景象。隋代大运河使黄河、长江两条伟大河流更加紧密地连接为一体。

　　在强大国力的支撑下，隋炀帝三次北巡并以武力征伐突厥等北方少数民族；倭国、琉球、林邑、赤土等国纷纷遣使纳贡；大业五年（609年），隋炀帝西巡河右，抵达张掖附近的焉支山，西域27国首领前来拜谒，盛况空前；西巡途中打败了屡屡挑衅的吐谷浑，历史上第一次将今青海省大片疆域纳入版图。隋炀帝还成立伊吾郡，和亲高昌，理顺了丝绸之路上两个重要枢纽，使受分裂时期影响的

持矛武士俑　汉　甘肃省博物馆藏

之绸之路里新繁荣。这一时期，进入中原的少数民族与汉族充分融合，边境也相对稳定。

隋朝的统一在中国历史上具有重大意义，不仅在地理意义上再次"大一统"华夏，而且使遭受破坏的黄河流域经济转向恢复，在文化层面上使中原文化能够延续。黄淮平原作为隋朝的政治经济中心，很快发展成为全国人口最稠密、经济最发达、城市发展水平最高的地区，大大推动了中国统一多民族国家的发展进程。

唐朝是中国封建社会繁荣强盛的时期，创造了灿烂的文治武功。唐代以长安为都城，承袭隋代三省六部制、郡县制、科举制和法律制度，继承了北魏以来的均田制，采取广纳贤才、进步开明的施政方略，构建起从中央到地方的层级井然、上下通贯、分工清晰、职责明确的决策及行政执行机制，有力保障

彩绘浮雕武士石刻 五代（后唐）
中国国家博物馆藏

了国家治理的强大政治执行力，王朝经济更加繁荣，社会和谐，边疆稳定，文化兴盛，"贞观之治""开元盛世""元和中兴"的大唐气象如旭日东升，对国家"大一统"作出了重要贡献。

对于威胁到国家统一的内部势力，黄河流域北部、西部以及西南部边境的叛边者，唐朝以文武之道，逐一荡平。唐朝鼎盛时期的疆域，一度西到咸海，东到朝鲜半岛中部，南到越南，北到贝加尔湖一带。《旧唐书·地理志》称唐玄宗天宝年间的疆域四至为："东至安东府，西至安西府，南至日南郡，北至单于府。"我国统一的多民族国家得到空前的发展与巩固。

5. 南北并立时期的统一趋向

唐朝灭亡后，中国历史进入五代十国时期，再次陷于分裂割据状态。五代统治地区主要在淮河以北、黄河流域一带，十国主要在淮河以南。

960年北宋建立，以河南开封为政治、经济、文化中心，完成了黄河中下游和江南地区的统一。宋太祖赵匡胤在政治、军事、财政各方面推行一系列措施，杯酒释兵权，加强军队控制，在制度层面上有效遏制住兵变，还将一大批文臣放到重要的岗位，与士大夫共治天下，使整个国家重新稳定下来。北宋经济发达，科技昌盛，文化繁荣。北宋中后期王安石变法由黄河流域推及全国，黄河漕运与灌溉进一步发展，创下了东京的一派繁华景象。北宋疆域北以今天津海河、河北霸州、山西雁门关为界，西北至陕西横山、甘肃东部、青海湟水流域，西南以岷山、大渡河为界。

五代十国时期南北对立，战乱频繁，吏治败坏，赋役苛重。北方五代政权兴替，更迭频繁，国祚短促，政局不稳；南方诸国类同唐末藩镇割据之局，各自据地称雄，甚或同时并存，政局相对稳定。国与国的冲突、民族与民族之间的矛盾交织，黄河流域与长江流域在互通有无和经济交往中也孕育着统一的因素。经过长期混战和藩镇的改组与兼并，地方割据势力逐步减弱，统一力量日趋加强。

宋代虽然建立了统一国家，但当时周边少数民族政权林立，北方有契丹族建立的辽，西北有党项族建立的西夏，西南方还有大理、吐蕃。这些少数民族政权，在与汉族王朝对峙中，通过战争以及政治、经济上的交往，努力发展经济以求自强，同时在不同程度上受到了汉族先进的经济、文化影响，很快就强大了起来，北宋陷入草原民族的轮番入侵中，中原再次陷落，处于上升期的黄河文明遭遇冲击，黄河流域又经历了一次民族大融合。

宋神宗时期主动对西夏发起军事行动，宋哲宗时期全面收复了河湟，宋徽宗时在青海北部设置陇右都护府，并重金赎回幽云七州。北宋联合金国灭辽，但灭辽后金兵很快挥兵南下，攻破东京开封，宋徽宗、钦宗二帝被俘，史称"靖康之变"，导致了北宋灭亡。钦宗之弟赵构南逃，在应天府（今河南商丘）称帝，史称南宋。其后宋金经过争战、和议，南宋统治范围仅限于秦岭—淮河线以

历史时期的三次衣冠南渡

从中华文明诞生一直到北宋的大部分时间里黄河中下游地区都是中国文化中心和经济重心。伴随着战乱、政局动荡、都城变迁等，中国历史上有三次大规模文化中心、经济重心的转移，史称"衣冠南渡"。

永嘉之乱引起的衣冠南渡，是中原政权和文明首次南迁。西晋怀帝、愍帝时期，中原地区大规模战争不断，向中原迁徙的匈奴、鲜卑、羯、氐、羌等民族逐渐建立起自己的君主制政权，最终酿成"永嘉之乱"。晋建武年间，晋元帝率中原臣民从京师洛阳南渡，这是中原政权第一次大规模南迁。晋统治者南渡后，中国历史进入南北朝时期，中国的文化中心开始向江南转移。

安史之乱引起了第二次衣冠南渡。安史之乱自唐玄宗天宝十四年（755年）起，至唐代宗宝应元年（762年）结束，前后七年之久。这次历史事件成为唐朝由盛而衰的转折点。随后，北方少数民族攻入中原，唐朝进入战乱和藩镇割据时代。唐亡后进入混乱的五代十国时期。李昪在南方建立南唐，定都江宁（今江苏南京），大量中原人口向南方迁移。这次衣冠南渡，在一定程度上造就了江南的经济和人文基础，南方地区与北方中原的经济文化差距开始缩小。

靖康之变引起的第三次衣冠南渡，发生于北宋末年。靖康元年（1126年）北方的金兵攻克宋都城汴京，掳徽、钦二帝和宗室，北宋亡国，史称"靖康之变"，康王赵构等衣冠南渡，建炎元年即靖康二年（1127年），在杭州建立南宋，中原人口大量向南方迁移。之后蒙古人进入中原地区，江南地区作为南宋的统治中心取代中原成为新的经济重心。

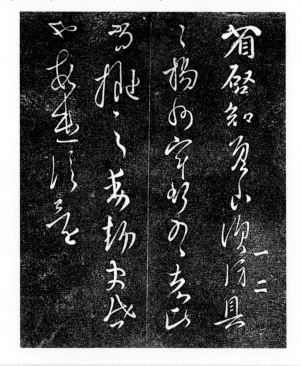

肃府本《淳化阁帖》之省启帖
西晋 司马炎 美国哈佛汉和图书馆藏

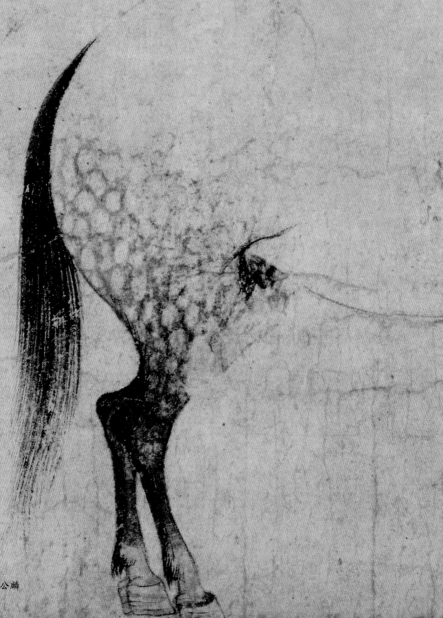

右一匹元祐元年十二月十六日左騏驥院收于闐國進到鳳頭驄八歲五尺四寸

五马图（局部）北宋 李公麟
日本东京国立博物馆藏

南地区。

金占据中原后，黄河流域及北方广大地区处于金人统治之下。金国在短短13年时间里，相继推翻辽国、北宋两个王朝，创下了中国历史上游牧民族的文明传奇。

此时南宋偏安一隅，与金朝签订绍兴和议，黄河中下游地区全部归入金朝境内。不久南宋采取联蒙灭金政策，雄霸一时的金王朝政权正式灭亡，南宋短暂收复了河南，宋金长达百年的对峙局面就此结束。但很快宋蒙硝烟再起，战争持续了将近半个世纪。

洛阳"端平入洛之战"之后，宋军溃败，元气大伤。忽必烈登上大汗宝座，建年号"中统"，蒙古汗国转为中原王朝，1271年国号为"大元"。1276年元军攻占南宋都城临安（今杭州），三年后统一全国，中国再次归于统一。

6. 元明清时期"大一统"观念的持续发展

元明清三代均定都北京，尽管国家政治中心已离开黄河流域，但黄河文化"大一统"的惯性推动力依然在发挥着巨大作用。

元朝是中国历史上首次由少数民族建立的全国性国家政权，元朝的统一结束了内地、东北、大漠、西域、青藏五大板块的并立之势，以黄河流域为中心、多元一体的格局进一步发展，全盛时期面积最大达3325万平方千米，是古代中国地域面积的最大值。

为了有效管理幅员辽阔、民族众多、文化多元的国家，忽必烈采取结合中国古代政治逻辑和蒙古制度的治国方略，进行了一系列制度创新，一方面采用并改进汉制，设学校、选人才、禁屠城、安民众、轻徭役、减赋税、兴水利、劝农桑，另一方面开创行省制度，有效统治多民族部众，维系"大一统"广袤疆土。通过把中原汉族王朝的政治制度发展成为新的多元化的统治制度，不仅汉族人民得以安居乐业，还照顾到其他少数民族的风俗和习惯，把"大一统"国家治理模式推向了前所未有的高峰。

此时的中国，包括长城内外、大江南北、黄河两岸，黄河文明兼容江南文明和草原文明，多元一体，和而不同。

当时元朝统治者面临一个困扰朝政的重大问题，就是黄河水患。元代水利工程专家郭守敬等人先后挖通济州河、会通河、通惠河三条河道，使得1700多千米的大运河全线贯通，大大方便了南北漕运，加强了南北方经济文化交流。水利专家贾鲁在大洪水期开工治河，使黄河回归故道、汴河南流入淮，缓解了黄河下游的水灾，促进了南北航运，便利了沿岸百姓灌溉交通，山东、河北盐场的水患威胁也得以解除。

明朝建立后，政治上废除了中国历史上近两千年的宰相制度，采取内阁制度，设立厂卫特务机构，经济上施行"一条鞭法"，文化上重文轻武，八股取士，中央集权统治不断加强。张居正主导的政治和经济改革，成就了晚明时期最为繁荣昌盛的十年。

明朝黄河流域农业开发的深度和广度超过以往任何朝代，通过军事屯田、鼓励官民开荒等措施，缘边、内地、平原、山区都得到了垦辟，其范围遍及整

至正七年铭绿釉舍利陶塔 元 山东博物馆藏

个黄河流域上中下游，对于当时社会经济的恢复和发展、边军粮饷的供给、边防的巩固都有十分积极的作用。

明朝经济发展主要集中在长城以内，在边疆基本采取"以夷制夷"的模式，使边疆民族首领形成相对独立的割据势力。大漠南北长期在鞑靼、瓦剌的统治之下，西域则先后受帖木儿、吐鲁番等封建主统治。明后期努尔哈赤带领女真崛起，割据东北，进而清军入关统一中原，实现了明清鼎革。

（下页）大清万年一统地理全图 清 美国哈佛大学图书馆藏

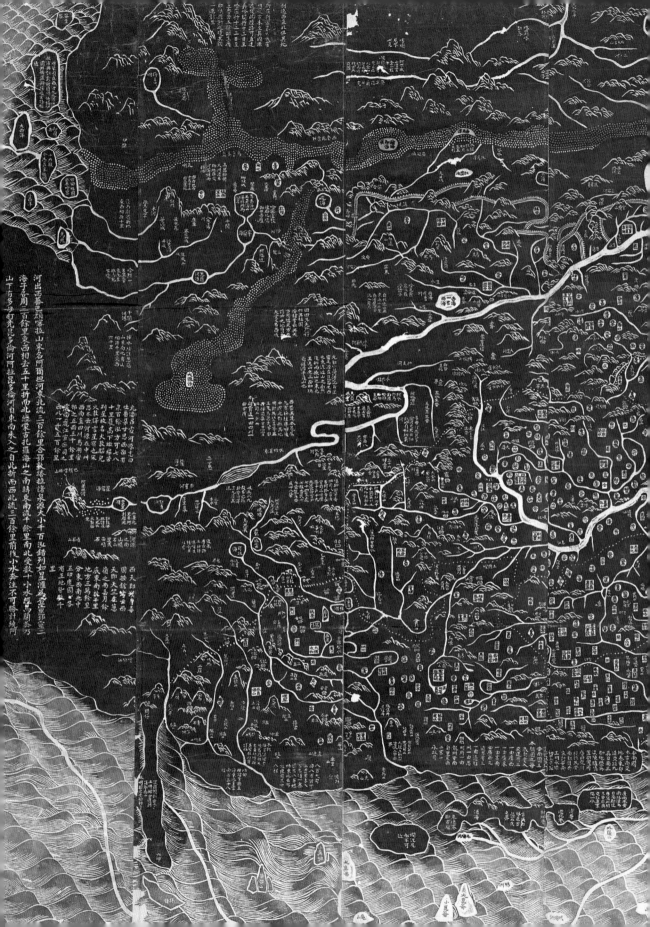

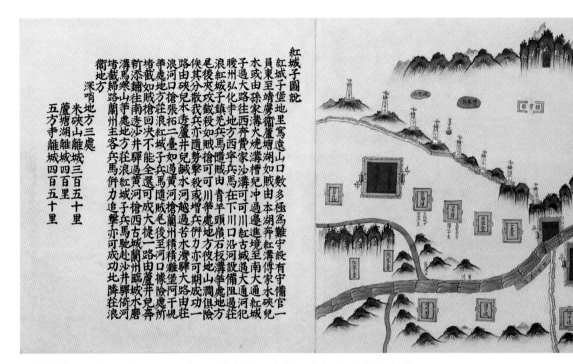

甘肃镇战守图略（附西域土地人物）内页 明嘉靖时期纸本彩绘 台北"故宫博物院"藏

清朝是又一个少数民族掌握全国政权的朝代。建国之初，皇太极提出"满汉之人，均属一体"的观点，顺治帝提出"满汉官民，俱为一家"，康熙帝倡导"以文教治天下"。汉语成为清王朝官方的主要交流语言之一，康熙帝、乾隆帝都是满汉皆通，雍正帝穿儒服、精通汉文、说汉语，熟悉儒家典籍以为治国理论，夯实清朝立国基础。

清朝先后消灭三藩势力，统一台湾，平定青海，将新疆和西藏重新纳入版图。在康乾盛世，从瓜果飘香的南疆，到蓝天白云的西藏，都吹拂着统一与和平的猎猎长风。极盛时期的清朝，疆域东邻太平洋，东南迄台湾及其附属岛屿钓鱼岛、赤尾屿等，西跨葱岭（今帕米尔高原），西北至巴尔喀什湖北岸，北接西伯利亚，东北至外兴安岭和库页岛，南包南海诸岛，陆地面积1300多万平方千米，最终形成了一个疆域辽阔又高度统一的多民族国家，至此中华民族成为50多个民族同呼吸、共命运的共同体。

　　清朝对于河神非常崇拜，成为国家信仰文化的重要内容。康熙帝南巡重点谒拜大禹陵，行大礼并讲述治河之绩，这与甲子年（1684年）首次南巡致祭泰山、致祭孔子所具的政治象征意义一样，旨在宣扬对道统与治统的继承。

　　1723年，雍正帝为了纪念在河南武陟修坝堵口、祭祀河神、封赏治河功臣，修建了黄河流域最大的一座河神庙——嘉应观，御碑亭柱上刻着楹联"河涨河落维系皇冠顶戴，民心泰否关乎大清江山"，充分说明黄河治理与国家兴衰、民族命运、社会治乱、政权更迭有着密切联系。

　　纵观中国历史变迁，国家政治形态分分合合，"大一统"思想作为封建王朝统治者的治国理念和政治追求，始终保持着导向统一的历史动力。黄河文化在数千年的发展中超越了各个圈层的民族界限或地域范围，冲破了"华夷之辨"，成为一个具有向心力的文化磁场，将天下一统观念融入中华各民族骨髓。不管时局如何动乱，统一终为人心所向，大势所趋。

《御制五体清文鉴》书影　清　故宫博物院藏

多元文化的大碰撞大融合

四海于今正一家，生民何处不桑麻。重关
独居千寻岭，深夏犹飞六出花。

——（金）元好问《雁门关外》

1. 先秦时期轴心时代的确立

在数千年历史发展进程中，黄河文明以接纳百川、汇聚千流、兼容并包的文化气度，与中华其他地区的文明精华相激相荡、碰撞融合，从满天星斗走向多元一体。在文化输出和文化接受的过程中，黄河文明作为主流，底蕴愈加深厚，生命力持续增强，内涵不断丰富，进而辐射八方，声威远播，有力推动了中华民族的历史发展进程。

先秦时期是中华民族由多元走向一体，并且在一体基础上保留精彩纷呈的多元形态的重要时期。

新石器时代晚期几个不同地域部落联盟之间的战争促使华夏族产生，并在随后带来以黄帝为首的华夏族与蛮夷、戎狄的融合。历史把华夏集团推到了主体地位，也把黄河流域文化推向我国传统文化中心地位。

夏朝时期华夏族开始形成。当时华夏族自居于文化上的中心地位，已经形成了以中原文化为正统的认识，其精髓就是中华"大一统"。夏朝开始有了商品贸易，据史料记载，夏朝王亥开创了商业贸易先河。随着征战和贸易发展，先进的夏文化沿着黄河向周边辐射，华夏族的典章制度、语言文字、宗教信仰、文学作品以及神话传说逐渐传向周边少数民族，并且为他们所吸收。夏朝陶礼器盉、爵等向北见于内蒙古，向南传入长江流域，向西达到了甘肃、青海。夏朝牙璋及其所包含的理念向八方辐射，四川三星堆遗址出土的玉牙璋、镶嵌绿松石铜牌饰等与二里头夏都遗址出土的同类器相似，筑城技术与夏文化也有相似之处。同时，文献中记载有夏王少康时期，"方夷来宾"，"献其乐舞"，"四夷"献舞此后一直没有中断。可以说，夏文化就是黄河流域文化向外扩展和向内融合的结晶。

商灭夏使黄河中下游两大部落集团统一为一个整体，并将中华文明推入高度发达的青铜时代。根植于黄河流域的商王朝，以玄鸟为图腾，以甲骨作占卜，以青铜为礼器，整个社会充满了浓郁的宗教气息。商周甲骨文和金文作为汉字发展的重要阶段和成就，开启了中华信史第一页。商朝对于汉族社会发展和各民族文化交流，以至于中华民族的发展起到非常重大的作用。

商朝时期是以武力促成华夏民族融合的高潮期。商王朝数百年来不断征伐黄淮下游的东夷，黄河流域中心地带先进文化随着战争传播到黄河下游，东夷的礼乐制度、制陶、酿酒、建筑技术等不断被华夏吸收，最终发展形成了齐鲁地域文化。同时商朝的商业水平在当时已经发展到了一个高峰，商人已经开始从事各种贸易，后世也将生意人统称为商人。"中华"的范围日益扩展，乃至超越了地域和种族的范畴，成为一个文化上的概念。

西周作为黄河流域典型的农耕民族，控制的区域包括黄河流域、淮河流域、长江流域等地。周入主中原后，"殷因于夏礼""周因于殷礼"，周礼的产生标志着中国由此迈入礼义之邦。西周正式以姓氏宗族为纽带，以华夏作为族称，华夏和东夷、北狄、西戎、南蛮"四夷"对举，黄河流域进入各民族凝聚共生的关键转型时期。

夏、商、西周三代实现了文化的同化、继承和发展，先后把各自地方文化融于黄河流域整体文化之中，黄河流域成为中华文明最早的发祥地。

春秋战国是中国历史上第一个大动荡、大变革时期，也是中国思想史上最辉煌的时期之一。这既是一个百家争鸣的时代，又是一个众说融会的时代。汹涌的人文社会思潮突破了上古宗教神学藩篱，以孔子、老子、韩非子、墨子为代表的诸子百家留下了异彩纷呈的思想文化遗产，特别是孔子的儒家学说，塑造了黄河流域传统文化源远流长、博大精深、宽厚仁爱的独特风貌，以其文化凝聚力，有力推动了华夏族的最终形成。

这一时期，各诸侯国先后开展变法运动，小农经济崛起，新的封建制度在各国先后确立，奴隶制社会也逐步过渡到了封建社会。赵武灵王顺应战争方式从"步战"向"骑战"的发展趋势，推行西北戎狄衣短袖窄的胡服，教练骑射，赵国军事实力迅速增强，一跃成为战国中晚期的强国之一。

伴随着春秋时期争霸战、战国时期兼并战，全国人口的流动和重组加速，形成了我国历史上又一次民族大融合。黄河流域既是征战的中心，也是华夏民族融合的中心区域。

春秋时期尚存在着"尊王攘夷"的呼声，黄河流域各古老部族在兼并战争中统一到少数几个大国的版图中，其中北方狄族多为晋所兼并，西方戎族多被秦兼并，东方夷族多入齐、鲁，南方苗裔及华夏小国则多统一于楚。

镂空鞘青铜短剑　西周　甘肃省博物馆藏

老子授经图（局部）　元　盛懋（款）故宫博物院藏

这一时期思想家的讲学活动极大地促进了思想文化的传播。孔子周游列国十四载，辗转多个诸侯国，传播仁政主张。老子往西边游历，宣传辩证思想，在散关遇见镇守关口的官员尹喜，写下了流传于世的《道德经》，此书又被称为《老子》。

到了春秋战国末期，华夏各国视为蛮夷的秦国、楚国，不断融入华夏体系，在语言文字、生活方式、政治制度、礼仪文化等方面与华夏趋于一致，在虞夏时期被视为东夷部落的北方、东方文化，早已融入儒学昌明的齐鲁文化之境，成为继承两周礼乐文化的典型代表。到了战国时代，四夷与华夏民族隔绝现象逐渐被打破，民族融合以更深的程度、更广的范围、更快的速度继续发展，原来分散的华夏民族相对集中，分别形成了东以齐，西以秦，南以楚，北以赵、燕为代表的四个分支，朝着民族统一的方向迈进了一大步，以周礼为核心的黄河文化得到了各民族的认同，华夏观念最终形成，奠定了秦汉"天下为一，万里同风"的"大一统"文化格局。

黄河流域作为天下居中、八方辐辏之地，为先秦文明发展提供了地域舞台，黄河岸边孕育萌生的先秦文化蕴藏着中华文化的原始基因，深深渗透于中华民族的精神命脉当中。

2. 秦汉魏晋南北朝时期的民族文化融合

秦汉是我国文化繁荣发展的历史时期，以儒家思想为核心的汉文化成为中华文化主体，多元文化汇成巨流，创造了灿烂的文化成就。

这一时期，黄河流域既是农耕民族繁衍生息的乐园，也是中原王朝与匈奴军事争夺的焦点，黄河上游内蒙古、宁夏等地还是秦汉王朝拓边开土、经济开发的新区，具有重要的政治、军事地位。特殊的历史时代与地理位置、民族构成，使黄河流域形成独具特色的多元文化类型与文化特点。这些文化相互影响，丰富了秦汉文化的内涵，也为多元一体的中华文化的形成作出了贡献。

在黄河流域兴起的秦国，在取得领土之战胜利的同时，通过在经济生活、文化生活、社会生活等方面不断加强中央集权统治，逐渐消除了民族隔阂，形成了"秦人"共识，从而奠定了华夏民族在尔后的历史时期发展为汉民族的历史基础。同时秦征服和吸纳了边疆数支强大游牧部族，秦文化所覆盖和影响的地区不断扩大。

汉代是一个文化多元王朝，罗马帝国与汉王朝遥相辉映，代表当时世界上的先进文明。丝绸之路开辟、中原文化兴盛、外来文化及多民族文化的交融，谱写了华夏文明的灿烂篇章。

两汉四百余年间，国家安定，政权巩固，经济生活、文化生活、社会生活等方面都呈现出统一性，使得华夏族向汉族转化，出现了"汉人"名称。

汉族与周边少数民族的战争与交往，对于中国统一多民族国家的巩固和发展起到了非常重要的作用，以汉民族为主体民族的基本格局形成。

汉武帝时，国势大振，文化也趋向统一，以儒家思想为核心的黄河文化作为中华文化主体的格局逐步确立。秦文化、齐文化、楚文化以及燕赵韩魏文化，再加上江浙一带有影响的吴越文化和四川一带有影响的巴蜀文化，都被纳入汉文化范围。

司马相如是一位从嘉陵江畔走来的大汉"赋圣"，长期受长安文化影响，将长安文化的审美观念与巴蜀文化风格相融合，《子虚赋》《上林赋》等赋作展现出一种大汉气象和大美风范。

　　同时西域文化、匈奴文化、滇文化、百越文化等边疆文化在与黄河流域汉文化的交流融合中得到丰富和发展，它们与汉文化共同构成秦汉时期多元的灿烂文明。

　　汉代设置西域都护府，将西域纳入中国统一多民族国家的版图。汉族的穿井技术由内地移民传到了新疆，经当地少数民族发挥改进成坎儿井，成为汉族和少数民族之间科技交流的重要结晶。汉与西羌交往，促进西羌内迁和民族融合。汉与东北各族交往，促进汉文化传播。汉"和集百越"与设郡统治，促进百越地区社会进步。汉开发西南夷地区与设郡统治，促进西南夷经济文化发展，以致西南夷因仰慕汉德而希望内附和归化，形成汉民族为主体的基本格局。

　　黄河流域文化还以广博的胸怀从东、南、西三个方向与外部世界展开了多方面、多层次的广泛交流，汉代海上丝绸之路逐步形成，丝绸之路的内涵糅合了政治、经济、军事、文化、边疆、民族等诸多因素，书写了汉朝统一多民族国家形成发展过程中的光荣与梦想、勇气与豪情。

　　气象恢宏的中国文化在冲突和融合的过程中，生气勃勃、气象万千，不断向着更高层次发展。

　　魏晋南北朝是我国继秦汉统一之后的第一次大动荡、大分裂时期，同时也是民族大迁徙、大流动、大融合的时代。几百年相对稳定的民族构成开始发生空前激烈的变动。

> 　　张骞出使西域，开辟了丝绸之路，东方的丝绸、茶叶、铁器与西方的香料、珊瑚、珍珠等相互传播。苏武持汉节牧羊的故事是汉人和匈奴人的争端的一个缩影。昭君出塞不仅为匈奴带去了大量锦帛棉絮、黄金美玉，也带去了和平、安宁和兴旺。蔡文姬被匈奴掳走，归汉时头戴貂冠，身穿胡服，所作《胡笳十八拍》惊蓬坐振。

　　在这个分裂的历史时期中，北方少数民族乘黄河流域战乱之机纷纷立国，形成南北对峙局面，统治者们展开激烈的人口争夺，匈奴、鲜卑、羯、氐、羌等少数民族与汉族杂处而居，以黄河流域为中心，北方草原游牧文化、南方山地游耕文化与黄河流域农耕文化在语言、姓氏、服饰、思想观念等方面进行交汇融合。中原虽纷扰，而北方儒统未绝，北方少数民族政权的汉化改革使自身发生了质的飞跃，由氏族社会向封建社会过渡，为汉族乃至整个中华民族的发展注入了新鲜

（左页）《人物故事图册》之明妃出塞　明　仇英　故宫博物院藏

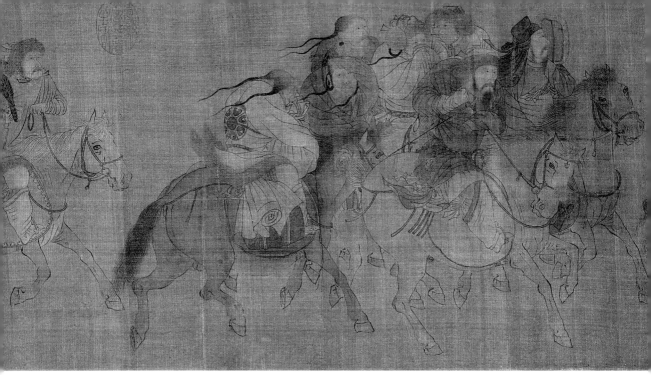

文姬归汉图 金 张瑀 吉林博物馆藏

全卷共画十二人，前有胡服官员执旗骑马引道，中间是头戴貂冠、身着华丽胡装、骑着骏马的蔡文姬，马前有两人挽缰，后面还有官员护送，并有猎犬、小驹、鹰相随。画面上风沙漫天、人骑错落有致，互相呼应，神情逼真，塞北风情尽现纸上

血液。

　　北魏孝文帝作为鲜卑族的首领，是十六国时期长期民族交融的集大成者。他亲政后，大刀阔斧进行改革，在政治制度上议定百官秩品，颁行俸禄制，在经济上实行均田制，在社会管理上仿照汉制进行户籍管理，推行三长制，以汉学立国，提高宫廷整体汉文化修养，将汉语作为法定语言，用礼乐制度建立良好的社会秩序，在生活和精神层面上使鲜卑族群完全融入中华民族的大家庭中。北方众多少数民族在他的带领下，也一起投入民族大融合的潮流中，为中国封建社会注入新的活力。

　　民族融合是双向的，汉族对少数民族的风俗习惯也进行了吸纳。汉族人民吸收少数民族的生产经验，提高了自己经营畜牧业的能力。胡服、胡食等也渗入了汉人的日常生活。汉人以酪浆为饮料，西晋时洛阳贵族官僚睡胡床，显然都是受内迁少数民族的影响。胡乐、胡歌、胡舞的引入，则进一步丰富了汉族人民的文化娱乐生活。

　　这一时期，黄河流域人士大量南迁，出现中国封建社会第一次"衣冠南

渡"。北方汉族大量南移到淮河、长江流域以至珠江流域，中华文明也从黄河流域向长江流域进一步扩散，形成北方侨民和南方土著聚居局面，给江南地区带来了充足的劳动力、较高水平的生产工具和生产技术，增添南方经济活力，加速与百越民族融合。南方经济文化得以发展，特别是江淮、太湖地区大量荒地被开垦，闽江流域、珠江流域的经济文化得到开发。手工业如纺织、冶铸、制瓷等都有重要进步，建康、福州、广州等都成为商业城市。此时，以黄河流域为重心的经济格局开始改变。

经历了一个多世纪的文化激荡，北方各族人民逐渐稳定融入黄河流域农业经济生活中，南北文化风尚和习俗逐渐趋于一致，南北政权的民族差别逐渐消失。正是有这样的民族大融合，才使得华夏民族的发展犹如滔滔黄河水，百川汇流，生生不息。

在魏晋南北朝时期动荡的社会以及政治环境中，名士个体意识觉醒，玄学和清谈作为一种远离时务的风气盛行，魏晋风度多为后世推崇效仿。文化的多重碰撞与融合，使黄河文化得到多向度的发展和深化。

三彩骑俑队列　唐　甘肃省博物馆藏

3. 隋唐文化融合的开放气象

隋朝的国祚仅有37年，但其经济和文化取得了不少成就。隋炀帝时期创立科举制度，打破门第限制，使寒门出贵子成为可能，对于隋朝文化延续和后世文化体系建设具有重要意义。大运河是隋朝的代表性工程，它的开通使南方的物资能够畅达长安和洛阳，巩固了中央对东南地区的统治，使长江流域的文明和黄河流域的文明逐渐融为一体。隋炀帝时期裴矩奉命查访西域的风俗、山川、服装、物产、典章制度等情况，撰写了《西域图记》三卷，是我国史书中一部颇为系统的对丝绸之路的记载。

唐朝时期，突厥、西域各族及吐蕃、吐谷浑、南诏、靺鞨、契丹等，都曾在边疆地区建立过民族政权，他们在与唐王朝的碰撞和交流中，吸收了汉族的先进文化，相继步入封建社会。

唐太宗李世民在处理少数民族关系的过程中，一方面屡次对外征伐，另一方面更多采用怀柔政策，为多元文化并存和文化汇聚营造了适宜的氛围。

在这个过程中，大量少数民族融入汉族，使汉族像雪球一样越滚越大。唐朝的汉人带有鲜明的杂汉特色，新融入的有匈奴、鲜卑、羯、氐、羌，而且有突厥、乌桓、屠各、高句丽以及夷僚等。

唐朝广泛采撷吸收了少数民族文化，整个社会胡风流行朝野、弥漫天下，很多文武高官都是非胡非汉、亦胡亦汉。胡饼既是坊间巷里的亲民美食，也受到达官贵人的青睐。龟兹乐以琵琶为主乐器而风靡长安，不仅被定为国家重大宾宴活动的主要音乐，而且普及到街头巷尾，老幼皆习，流行甚广，影响极大。元稹在描写唐宫廷歌舞大曲的《法曲》一诗中说，"女为胡妇学胡妆，伎进胡音务胡乐"，"胡音胡骑与胡妆，五十年来竞纷泊"，就是真实的写照。

唐代的和亲政策带来了和平，也促进了民族文化交融。唐太宗派文成公主入

609年6月，隋炀帝杨广率领文武大臣，在河西走廊焉支山下宴请西域27国使团，宴会持续了6天。这是由中原王朝皇帝在少数民族地区主持的一次重大政治经济盛会，被称为中国历史上最早的万国博览会。河西走廊古道商贾云集，车水马龙，千人帐中盛陈文物珍宝、丝绸锦绣，中原地区的音乐演奏以及西域的胡腾舞轮番上演。热闹、繁华、风光可谓空前。

藏和亲，为吐蕃带去了布匹、纺织工具、农具、农作物种子、乐器、金银器具、绫罗绸缎等，还有大量图书典籍、天文历算、医方诊断疗法等，对吐蕃经济社会的发展具有重要意义。松赞干布与文成公主的联姻，作为唐蕃和同为一家的纽带，成为中华民族历史上传颂的佳话。

另一方面，汉族也融合于少数民族。作为中原王朝的制度安排，派往少数民族地区的驻防军队屯垦兵民，也有很多人在当地定居，与少数民族通婚，世代繁衍。安史之乱后，唐王朝大范围收缩势力，遗留在边境的汉族人口多达百万。仅河西地区就有近35000户，十七八万人口，他们通过移风易俗逐渐融合于吐蕃之中，到北宋时已基本上吐蕃化了，衍进为今天的藏族、土族等少数民族。

在强盛国力的支持下，唐朝统治者在对外关系上表现得格外大气磅礴。盛唐时期，国门大开，长安城成为当时世界上人口最多的城市，坊市间异域风情随处可见。长安城市场里有不少外国商人，广场上有异族琵琶演奏者，还有高鼻深目擅长胡旋舞的外族女子，肤色殊异、衣饰多彩、操着不同语言的人造就了长安这座帝都王城独特的魅力，展示出盛唐海纳百川的宽广胸怀，为中华文化与外域文化的交融发展创造了良好契机。

唐王朝对外域文化进行了大规模吸收，南亚、中亚和西方世界的艺术、宗教、文化如"八面来风"，从唐王朝开启的国门一拥而入。

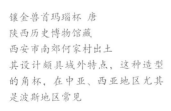

镶金兽首玛瑙杯　唐
陕西历史博物馆藏
西安市南郊何家村出土
其设计颇具域外特点，这种造型
的角杯，在中亚、西亚地区尤其
是波斯地区常见

洛阳龙门石窟

与此同时，盛唐之名也在世界各地广为传播。满载货物的商船在中国南海和印度洋上扬帆行驶，大队的骆驼、马匹往来于丝绸古道之上，每一批遣唐使回国时，都会从中国带回大批儒家经典、佛经、诗集。亚欧非地区和大唐通使交好的国家达70多个，自唐以后海外多称中国人为"唐人"，直至今日，在不少国家依然能看到具有鲜明中华文化特点的唐人街。唐文化在海外播扬，形成了以黄河文化精华为基础的东亚文化圈。

唐朝后期因为安史之乱、藩镇割据等，人口再度南迁，南方商品经济日渐兴盛，扬州、成都等成为当时最繁荣的城市。五代十国时期，北方战火始终未能平息，给黄河流域造成严重破坏。而南方则较为安定，持续吸收来自北方的流民，他们壮大了劳动力，带来了先进的耕织技术，加速了南方经济的发展。

4. 宋金元时期多元文化的碰撞交会

两宋时期，中国的经济重心逐步从黄河流域转移到长江流域，但在较长一段时期内，黄河流域依然是全国的政治、文化中心。

宋朝也是中国历史上多民族、多文化融合的重要时期。民族政权并立，战争不断，民族关系紧张，战乱带来民族迁徙与人口掳掠，游牧文化与农耕文化冲突产生双重文化效应，既赋予了宋文化慷慨悲壮、沉郁苍凉的风格，同时在动荡的社会环境中，少数民族文化与汉族文化也进行了深度交融，汉族文化在新的条件下渗透、延展于少数民族文化中。汉族典籍被少数民族奉为经典，广为流传，儒学被少数民族奉为正宗道统，教化子民，汉族建筑风格受到少数民族模仿，促进了游牧文化向黄河流域聚居文化转变。

两宋之交，黄河夺淮河口入海，大片区域沦为黄泛区，农业主产区深受其害。再加上长期战争的影响，宋朝时期经济重心不可逆转地由黄河流域转移到了南方。大量中原人士南迁，南方各少数民族也逐渐融入中华民族大家庭。

宋朝是当时最重要的海上贸易大国，泉州、明州都是世界最大的海上贸易港口。中国的物产以及造纸术、印刷术、指南针等文明成果通过航道向西方传递，对世界文明发展史产生了重要影响。大批欧洲及亚洲人通过航船来到中国经商、

大元勅賜龍興寺大
覺普慈廣照無上帝
師之碑
集賢學士資德大
夫臣趙孟頫奉
勅撰并書篆
皇帝即位之元年有
詔金剛上師膽
巴賜謚大覺普慈廣
照無上帝師勑
臣孟頫為文并書刹
石大都龍興寺寺五年
真堂路龍興寺僧迭
凡八奏師本住其寺
乞剎石寺中復其寺

帝师胆巴碑 元 赵孟頫 故宫博物院藏
此卷为赵孟頫晚年作品，记述帝师胆巴生平事迹，也是反映元代民族宗教交流史之作

定居、做官，将多种宗教信仰带入中国，发展出大量基督教徒、犹太教徒及其他教徒，形成了一批特色鲜明的屋舍、教堂、寺庙。

元朝时蒙古族以剽悍的草原游牧民族气质入主汉地，追求豪放纯真情怀之风也随之进入受孔孟思想影响较深的黄河流域。

元朝统治者在政治上实现"大一统"时，吸取和接受黄河流域先进文化，改革漠北旧俗，在统治体系和典章制度上模仿汉制，民族经济文化心理逐渐趋向一致，蒙古族与汉族融合，自此全面加入中华文明叙事。

草原民族勇猛进取的文化因子，为中华文化注入新的活力。受到黄河文化发展趋势影响，元代社会杂剧繁荣昌盛，黄河流域灿烂的文明也为元杂剧创作提供了重要题材，出现了关汉卿、马致远等著名作家。

元代在宋代制瓷工艺基础上产生了成熟的青花瓷器，以戏曲故事为题材的绘画在元青花瓷器中多有呈现。在海上贸易发达的元代，作为外销瓷重要品种的元

青花，受到了海外的热捧。

在元代辽阔的疆域下，中西交通进一步开拓，为黄河文明与世界文明交流提供了极大的便利。当时处于世界领先水平的阿拉伯天文学、数学传入中国科技界，藏传佛教成为蒙古统治者主要信奉的宗教，自西方传来的伊斯兰教、基督教与犹太教的影响力也逐渐增加。以黄河文明为核心的中国文化通过马可·波罗等旅行家的口述快速向西传播，东方成为西方人士的梦想之地，世界文化面貌因此更加丰富多彩。

5. 明清时期中华文化圈进一步扩大

明清时期，我国统一多民族国家得到巩固发展，以黄河流域为中心，中华文化圈进一步得到扩大。

明朝与少数民族往来颇为密切，因俗而治，南方少数民族及留居内地的蒙古族、回族与汉族进一步融合，尊孔崇儒，大力振兴黄河流域传统文化，让少数民族百姓逐渐融入以黄河流域文明为代表的文化体系里。有明一代，大量少数民族将领，或在军中效力，或为朝廷征战，为明朝的发展提供了充足的动力，不少人在民族利益之上又拥有了更宏大的家国观念。

明代工商业和印刷术进一步发展，古典小说创作进入黄金时代，日益壮大的市民阶层思想和生活在文学中得以反映，黄河流域数千年的历史文化积淀为其提供了取之不尽的灵感源泉，四大古典名著有三部产生于明朝。在剧作方面，南方汤显祖创作的《牡丹亭》堪称中国戏曲史上的传奇，相传其故事来源地在黄河流域的甘肃武都。

明代书籍是汉字文化圈多元发展的重要工具，也是中华文明在世界各地传播的重要载体，影响了日本、朝鲜半岛和越南等国家和地区。

（左页）元世祖出猎图（局部）　元　刘贯道　台北"故宫博物院藏"

清朝是多元文化交融非常鲜明的朝代。整个清代承接着古老的黄河文明，逐步开启了近代化的历程。

"满汉一体"口号的提出，使得满汉两族在语言、文化、宗教等多方面有了融合迹象。"黄色"是中华民族所推重的尊贵的颜色，满族八旗也同样崇尚黄色，将正黄旗、镶黄旗居于"上三旗"正统地位，由皇帝直接统领。满族人依旧将汉族熟悉的"四书五经"作为科举考试的重要内容，清朝皇帝精通汉文，雍和宫牌匾书有满、汉、藏、蒙四种文字，其中所有汉文都是乾隆皇帝亲自书写。满族人也主动把自己的文化、语言、宗教与中原文化融合在一起，清代满族统治者把中国古代"衣作袖，锦为缘"等服饰传统形制与带有满民族风格的"披肩领""马蹄袖"巧妙结合，成为中国古代服饰改革中的典型范例，包括后来的旗袍，也是汉族人和满族人服饰融合后的改良版。满族勇敢、忠诚、坚毅的民族性格，为铸牢中华民族共同体意识注入了新的元素和凝聚力。

万国来朝图轴（局部） 清 故宫博物院藏
此画由宫廷画家创作，设想和描绘了清乾隆时期藩属及外国使臣在新年伊始携带各种珍稀贡品，聚集太和门外等待觐见皇帝的场景

第三章 文化宝藏

　　黄河文化，是世界上发展存续时间最长、唯一数千年绵延不绝的文化体系。千百年来，黄河两岸产生了浩如烟海的历史文化典籍，留下了惊艳世界的大量艺术珍品和科技成果，涌现出众多思想家、文学家、艺术家、科学家。从春秋战国诸子百家争鸣，开创中华学术史的辉煌时代，到两汉经学、魏晋玄学、宋明理学的赓续发展，从文以载道、灿若星河的诗词歌赋经典，到技法精湛、流派纷呈的艺术创造，从天文历法、地学、数学、中国传统医学等学科的创立，到古代四大发明的肇始，蕴含丰厚的黄河文化宝藏，博大精深，风韵悠长，源泉喷涌，薪火相传，集中体现了中华民族深刻的情感和智慧，构成了中华文化精神的核心和底色。

影响深远的德治与礼治

> 道之以政，齐之以刑，民免而无耻；道之
> 以德，齐之以礼，有耻且格。
>
> ——《论语》

1. 先秦时期的德治源流

德治是中国古代利用伦理道德的力量稳定社会、维护统治的治国模式，是黄河文化的一个重要组成部分。

中国古代德治思想的萌芽，最早可以追溯到上古时期的三皇五帝时代。这一时期古老的中华大地正处于原始社会向奴隶社会过渡的阶段，原来单一的氏族制度逐渐变成部落酋长制及至部落联盟制。部落之间逐渐以"功德"来取代武力决定各个部落在联盟中的地位。"三皇"即以部落首领的功与德先后成为部落联盟的首领。

《史记·五帝本纪》载："轩辕乃修德振兵，治五气，艺五种，抚万民，度四方，教熊罴貔貅䝙虎，以与炎帝战于阪泉之野。三战然后得其志。"以黄帝为代表的有熊氏部落的包容

仁德以及对上古中国人的贡献，最终为各个部落所拜服，使中华大地上形成了统一的华夏部落联盟，催生了中国上古时期德治理念的萌芽。

黄帝以后，在奴隶制王国出现之前，产生了部落联盟推举制度和禅让制，以共同推举贤德之人作为部落联盟首领，尧、舜、禹便是杰出代表。

据《尚书·尧典》记载，唐尧之时，"克明俊德，以亲九族；九族既睦，平章百姓；百姓昭明，协和万邦"。尧舜之道经过历代儒家的发扬，"尧天舜日"，成为后世帝王效法的典范，被视为圣帝明王盛德修身治国的最高境界。帝尧最突出的功德是开创了禅让制，第一次将中国古代以德治国的思想推向了高潮。

夏、商、周时期德治思想得到了进一步发展。夏商两代统治者以"天命"神权思想来证明其统治的正当性。"天命观"的文化观念被华夏民族普遍认同。古代的帝王叫"天子"，古代的王朝叫"天朝"，"天"成了古代社会普遍认同的一种至高无上的、公平正义的代表。"天"的理念在中国居于一种至上至尊的地位，被世世代代所传承。

商汤时期，德治理念已经表现出一种大局观。商汤联合众多部族推翻夏朝后，没有杀夏桀，而是将他流放到南巢（今安徽巢湖），体现了商汤宽大为怀、给人出路的仁德之心。

周天子成为天下共主之后，为了巩固和维持统治，周公姬旦在继承夏商神权统治思想的同时，把"德"当作政治思想的中轴，强调"德治"方针，提出"以德配天"的思想。《史记·鲁周公世家》记载："夫政不简不易，民不有近；平易近民，民必归之。"周公把"德教"的内容归纳为广博的"礼治"，其内涵包括敬天、敬祖、保民。要求统治者恭行天命，尊崇天帝与祖先的教诲，爱护天下的百姓。君臣上下、父子兄弟都按规定的礼节秩序去生活，从而达到和谐安定的境界。自西周之后，中国传统政治文化产生了一个重要转向，这就是"以德配天，明德慎罚"。西周时期的青铜铭文中出现大量有关"德"的词，如敬德、公德、正德、明德，等等，德治观念日益深入人心。西周时代，礼仪三百，威仪三千，可谓"郁郁乎文哉"。

记载先秦典章制度的《礼记》，体现了先秦儒家的哲学思想、教育理念和政治思想。《礼记》中"士依于德，游于艺""大上贵德""德者，性之端也"等

（右页）《彩绘帝鉴图说》之任贤图治 清 法国国家图书馆藏
此图描绘的是帝尧在位时，任用贤臣，共图治理

民亦劳止，汔可小康。惠此中国，以绥四方。无纵诡随，以谨无良。式遏寇虐，憯不畏明。柔远能迩，以定我王。

——《诗经·大雅·民劳》

论述，特别强调"德"教化的重要作用。

中国第一部诗歌总集《诗经》中有不少诗句，通过赞颂先祖的仪型、圣王的灵光，来表达民众衷心拥戴的情感，蕴含着前代圣贤以德治国的思想。《诗经·小雅·车辖》"高山仰止，景行行止"一句，赞颂君子品德才学像高山一样，受人们仰视，将其举止作为行为准则和楷模。

春秋战国时期，中国的社会秩序发生了重大变革，人们对夏商周以来的神权政治观、宗法思想和人文思想进行了反思，传统的德治思想也逐渐趋于成熟。诸子百家将自己的政治主张和对古代典籍及上古历史传说的理解相结合，构筑出他们所认同的德治理念，并在与其他学派的碰撞中迅速发展。

孔子全面继承周代的德治思想，主张恢复礼法伦常，推行以礼治国。孔子的治国理念，以礼乐为核心，突出教化作用，他提出最高统治者的自身素质是德治的基本条件，"为政以德，譬如北辰，居其所而众星共之"，孔子希望通过德治，达到上行下效、社会秩序井然、人与人和谐相处的理想状态。

孟子继承德治思想，发展为仁政学说，这成为其政治思想的核心。孟子认为，统治者如果实行仁政，可以得到人民的衷心拥护；反之，如果不顾人民死活，推行暴政，将会失去民心，被人民推翻。他提倡"省刑罚、薄税敛""不违农时"。要求封建国家在征收赋税的同时，必须发展生产，使人民富裕起来，这样财政收入才有充足的来源。

2. 德治思想发展的三个重要阶段

德治的核心内容是通过建立起严格的道德观念约束人们的行为，以感化为手段，使人知荣辱、明是非、懂善恶、存感激，通过道德传播与感化教育，最终达到加强社会治理的目的。在古代中国，历代政治家、思想家在实践中对德治思想不断探索深化。这主要集中在三个阶段。

第一个时期发生在战国到西汉前期，这是中国历史由诸侯割据走向全国统一的阶段。沿着孔子的思路，孟子提出在统一天下的过程中要"以德服人"。他说："以力假仁者霸，霸必有大国；以德行仁者王，王不待大。汤以七十里，文王以百里。以力服人者，非心服也，力不赡也。以德服人者，中心悦而诚服也。"因而提倡"省刑罚"，提出了一系列仁政主张，教育百姓做到孝悌忠信。荀子也主张君主以德治民："君子以德，小人以力，力者，德之役也。"他提出的"三威"说——"道德之威成乎安强，暴察之威成乎危弱，狂妄之威成乎灭亡也"，具有鲜明的德治思想。

秦朝兴亡的历史事实，成为汉初政治家、思想家讨论的重点。著名的陆贾和汉高祖刘邦关于"马上得天下""马上治天下"的问答就是一例。其后，贾谊的《过秦论》，认为秦国统一天下声势威猛，却因一夫作难而七庙隳，身死人手为天下笑，是源于"仁义不施而攻守之势异也"。这一观点，引起汉初经济、政

山西临汾尧庙

清明上河图（局部） 明 仇英 辽宁省博物馆藏

治领域的政策大调整，朝廷轻徭薄赋，与民休息，出现了"文景之治"。汉武帝时，董仲舒提出"罢黜百家，独尊儒术"，德治思想自然成为政治领域的主导思想。董仲舒说："天地之数，不能独以寒暑成岁，必有春夏秋冬；圣人之道，不能独以威势成政，必有教化。"他还将阴阳五行学说用于治国理论中，论证德主刑辅符合天道运行规律，为此提出了消除苛政、抑制土地兼并、国家和官吏不与民争利等经济政治措施。董仲舒的一系列论述，成为汉代德治思想的基调。

德礼为政教之本，刑罚为政教之用，犹昏晓阳秋相须而成者也。
——《永徽律疏》
唐高宗初年颁布

第二个时期是唐朝初期。隋文帝结束了中国300多年的南北分裂局面，但立国30多年，隋朝即告亡国。这一残酷的现实，对唐初君臣提出了严厉的警示。从《贞观政要》一书，可以看出初唐时期制定治国方略的谨慎态度。唐太宗主张"为国之道，必须抚之以仁义，示之以威信"。所谓"抚之以仁义"，就是发挥道德教化的作用，"示之以威信"则是发挥法律的制约作用，二者不可割裂，互为补充。在刑罚施用上，唐初大大压减刑罚条文，贞观四年（630年）"断死刑二十九人，几致刑措"。在唐太宗等人德治思想影响下，武则天当政期间，酷吏来俊臣、索元礼之徒横行，狄仁杰等人奋起反击。左台御史周矩上疏直谏："故为国者以仁为宗，以刑为助。周用仁而昌，秦用刑而亡。"通过先人遗训的说服力，使武则天听从谏议，达到了缓刑用仁的效果。

第三个时期是宋代理学形成阶段，德治思想深深打上了理学的烙印。朱熹从人心的角度解释德治，认为"仁是根，恻隐是萌芽，亲亲、仁民、爱物，便是推广到枝叶处"。仁心表现在政策上，是爱民如子、平易近人、爱惜民力等措施。在德治思想的发展上，理学诸子有两个突出之处，一是以《大学》为根据，概括出"三纲八目"的治国模式："三纲"为明德、亲民、止于至善，"八目"为格物、致知、诚意、正心、修身、齐家、治国、平天下。他们极为看重君主的修身，期望君主志向确定而达到天下大治。二是提倡教化，整肃人心。理学家通过书院讲习等方式传授儒家伦理，为修身齐家治国平天下的实现，提供良好的社会环境，从而提高了广大士人的社会参与意识，在一定程度上，为"天下兴亡，匹夫有责"国家意识的产生，提供了重要的思想土壤。

德治思想的另一层面是"明德慎罚"。提倡德治并非不要法律，而是强调积极实施教化，先教后罚，以刑辅德，不专以刑杀立威。"明德慎罚"将道德教化与刑罚措施糅合，奠定了中国古代治国的基本理念。历经几千年的演进，德治思想围绕着"礼法并治、德主刑辅"这个中心逐渐深入，为社会治理提供了指导思想。其结果是社会教化程度不断提升，法律制度建设朝合理化方向发展。

舜耕历山 清 中国美术馆藏
"舜耕历山"是中国古代著名的
"二十四孝"故事之一

《北齐校书图》宋摹本（局部）　北齐　杨子华　美国波士顿艺术博物馆藏

此画为北齐画家杨子华唯一流传于世之作，唐代画家阎立本再稿。该图为宋摹本残卷，记录了北齐天保七年（556 年）

德侔天地 道冠古今
刪述六經 垂憲萬世

唐吳道子筆

思想荟萃的春秋战国诸子百家

> 凡诸子百八十九家……蜂出并作，各引一端，崇其所善，以此驰说，取合诸侯。
> ——（东汉）班固《汉书·艺文志》

1. 以仁为核心的儒家学派

在黄河文明发展的历史长河中，春秋战国是思想启蒙的重要时代。孔子、孟子、老子、庄子、墨子、荀子、韩非子等一大批思想家蓬勃而出，各学派在宇宙、社会、政治、军事、文学、艺术、教育、科学、哲学等方面竞相提出独树一帜的理论主张，各种思想交错碰撞，相互吸收融合，形成了百家争鸣的盛况，确立了传统文化的独特风貌，在中国思想史上写下了极为璀璨辉煌的篇章。

据《汉书·艺文志》记载，当时的思想流派一共有189家，4324篇著作。其后的《隋书·经籍志》《四库全书总目》

等书则记载"诸子百家"实有上千家，但流传较广、影响较大、较为著名的有几十家，其中儒、道、墨、法等发展成学派，创作了《春秋》《孟子》《墨子》《荀子》《韩非子》《左传》《国语》等影响深远的重要作品。

孔子为代表的儒家学派在诸子百家中影响最为深远。孔子在55岁时携弟子周游列国，其足迹遍布黄河流域的卫国、陈国、齐国、宋国、蔡国等地。《史记》记载，孔子意欲西渡黄河前往晋国见赵简子，听闻赵大夫鸣犊被杀的消息，临河而叹曰："美哉水，洋洋乎！丘之不济此，命也夫！"在黄河边留下了一声沉重的叹息，被后人称为"吕梁叹"。

孔子是春秋末期著名的思想家、教育家、政治家，其创立的儒家学派对古代中国教育、文化、政治、社会生活产生了最为重要且深远持久的影响，孔子被后人尊为"至圣""万世师表"。战国时期，孟子继承发扬孔子的思想学说，成为仅次于孔子的儒学宗师，被尊为"亚圣"，与孔子合称"孔孟"。《汉书·艺文志》将儒家列为诸子百家之首，其重要的典籍著作"四书五经"（《大学》《中庸》《论语》《孟子》，《诗》《书》《礼》《易》《春秋》）中所贯穿的儒家

《四书白文》内页　明　姜立纲书　日本宫内厅书陵部藏

永樂大典卷之一萬四百六十　四濟

禮

周禮

賈公彥序夫天育蒸民無主則亂立君治亂事資賢輔但天皇地皇之日無事安民降自燧皇方有臣矣是以易通卦驗云成位君臣道生君有五期輔有三名註云三名公卿大夫又云燧皇始出握機矩表計寘其刻日蒼牙通靈昌之成孔演命明道經註云拒燧皇謂人皇在伏羲前風姓始王天下者斗機云所謂人皇九頭兄弟九人別長九州者也是政教君臣起自人皇之世至伏羲因之故文燿鉤云伏羲作易名官者也又按論語撰考云黃帝受地形象天文以制官伏羲已前雖有三名未必具立官位至黃帝名位乃具是以春秋緯命曆序云有九頭紀時有臣無官位尊卑之別燧皇伏羲既有官則其閒九皇六十四民有官明矣但無文字以知其官號也案左傳昭十七年云秋郯子來朝公與之宴昭子問焉曰少皞氏鳥名官何故也杜氏註云少皞金天氏黃帝之子己姓之祖也郯子曰吾祖也我知之昔者黃帝氏以雲紀故為雲師

《永乐大典》卷 10460“礼”字 明 嘉靖隆庆间内府重写本 台北“故宫博物院”藏

孔子见老子画像石拓片 故宫博物院藏
该石描绘了鲁昭公与孔子同车适周，向老子问礼的历史故事。系武氏祠画像石之一。石原在山东嘉祥紫云山，现藏山东济宁博物馆

思想深深植根于中国传统文化之中。

　　"仁"是儒家思想的核心，也是儒家学说的基础。据统计，"仁"在《论语》中出现了109次，"仁"是孔子所追求的最高伦理范畴和思想境界。"仁"的基本含义是爱人，爱人是"仁"的道德本质。"仁"强调推己及人，构建和谐的人际关系，"夫仁者，己欲立而立人，己欲达而达人"，"己所不欲，勿施于人"，引导人们设身处地，换位思考，和谐相处，最终实现社会与个体相统一的目标。孟子继承孔子"仁"的思想，提出"性善论"，主张"亲亲而仁民"，"老吾老，以及人之老，幼吾幼，以及人之幼"，在社会上推行仁义。

　　与"仁"互为表里的是"礼"。"礼"是规范人们各类行为的准则，孔子指出"克己复礼为仁"，"礼"强调宗法等级社会的长幼尊卑秩序，而"仁"则注重社会成员之间的仁爱和谐关系。"仁"是孔子思想的核心，是"礼"的主导因素，二者共同构成了孔子仁礼观。

　　关于如何施行仁政，孔子主张对民众进行道德教化，并加以道德、礼乐与刑罚的约束。孟子则看到了民心向背的作用，认识到人民群众的力量，指出"得道者多助，失道者寡助""民为贵，社稷次之，君为轻"的政治主张，希望实行仁政与王道，建立一个仁爱和谐的社会。

　　孔孟之道的儒家学派为中国传统文化的发展确定了基本方向，西汉董仲舒"独尊儒术"，儒学成为封建社会统治阶层的意识形态，宋明理学使儒学成为古代社会的官方哲学，开辟了儒学发展的新境域。

　　司马迁在《史记》中给予孔子很高的评价："高山仰止，景行行止。虽不能至，然心向往之。余读孔氏书，想见其为人。"在司马迁心中，孔子是中国的文化巨人，是可与尧舜比肩的圣贤。"天不生仲尼，万古如长夜"，孔子及其创立的儒家学派是照亮漫漫黑夜的火焰，是中华民族精神文化的灯塔与坐标。

2. "道可道，非常道"的老庄哲学

一夫当关，万夫莫开，河南黄河岸边的函谷关，是战略位置极其重要的军事要塞，也是道家最重要的典籍《道德经》的诞生地。据载，道家的创始人老子见周王室衰败不堪，选择归隐，他倒骑青牛西出函谷关，在这里，创作了五千言的《道德经》。

作为周朝的守藏史，老子对社会历史的存亡变迁、人类的祸福无常有着十分深刻的体会，他认为社会动荡不安是社会生产力发展、文化知识及统治者的贪婪造成的，因此主张"绝圣弃智"。老子主张遵道贵德而无为，反对战争，他心中有一个理想的社会蓝图，即"鸡犬之声相闻，民至老死不相往来"，即后人所说的"小国寡民"社会组织模式。老子看到了社会的问题，他不主张改造社会，而是向往远古初民的社会，"无为而治"，"不尚贤，使民不争，不贵难得之货，使民不为盗，不见可欲，使民心不乱"。

老子最重要的贡献在于其提出的辩证思维方法，他把一切的起源归结于"道"，"道生一，一生二，二生三，三生万物"，"道"是万物产生的根源，也是万物赖以生存发展的前提基础。老子不信天命鬼神，而是从宇宙本体论的高度思考世界万物的起源，启发了后世对世界本源问题的探索与思考。老子提出了辩证法思想，在他眼中，大小、有无、生死、难易、美丑、善恶等都是相对的，揭示了矛盾的普遍性和客观性，"福兮祸之所倚，祸兮福之所伏"，也就是说，矛盾普遍存在，且可以相互转化。

老子以其超乎常人的智慧对万事万物、人生百态进行思考和论说，其学说在战国中后期经黄老道家和庄子学派发展进入鼎盛时期，在儒家、墨家、法家等学派之外自成一派，深刻影响了我国古代哲学的发展。道家与儒家思想形成互补，"外儒内道"成为古代社会一种理想的人生模式。

（左页）缂丝青牛老子图轴　清　故宫博物院藏

汉代刘向《列仙传》记载："老子西游，关令尹喜望见有紫气浮关，而老子果乘青牛而过也。"本图即用此典故，寓吉祥之兆，此件清代织物是乾隆年间艺术水平高超的缂丝加刺绣代表作

3．兼爱非攻的墨家思想

生长在齐鲁大地的墨子，是一位出身布衣的哲学家和思想家。作为"战乱年代的和平使者"，他反对战争的"非攻"和"兼爱"思想在黄河流域广泛传播。

墨家有着极为强烈的社会实践精神，把维护公理与道义看作自己义不容辞的责任。楚惠王五十年（公元前439年），楚惠王令著名工匠公输盘（鲁班）制造云梯，准备攻打宋国，墨子听闻这一消息立刻从鲁国出发，走了十日十夜到达楚国郢都（今湖北荆州）。为了阻止楚国攻宋，墨子与公输盘、楚惠王进行了一场犀利机警的辩论。墨子兵不血刃，以智慧和谋略化解了这场即将发生的残酷战争，为楚、宋两国人民带来了和平安定的生活。

墨家反对儒家的等级观念，强调兼爱，以同样的标准对待社会所有成员。墨家反对烦琐的礼乐制度和贵族奢侈浪费的丧葬仪式，主张勤俭节约、艰苦朴素。墨家政治主张的出发点是为底层百姓争取利益，有助于促进社会

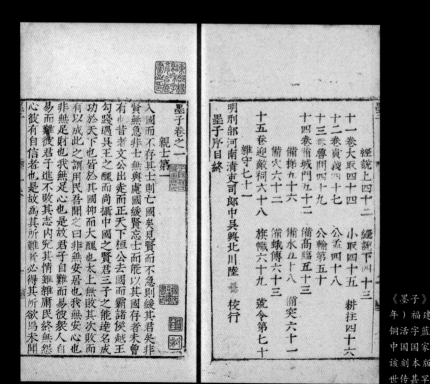

《墨子》明嘉靖三十一年（1552年）福建芝城（今福建建瓯）铜活字蓝印本
中国国家图书馆藏
该刻本版式精整，行字整齐，世传甚罕

杂家与阴阳家

　　吕不韦主持编纂的《吕氏春秋》，是战国末期的一部杂家政论集。内容以道家黄老思想为主，兼收儒、法、墨等诸子百家言论，进行阐发议论。之后，西汉皇族淮南王刘安及其门客收集资料编写而成的《淮南子》，在继承先秦道家思想的基础上，又糅合了儒、法等诸家学派的理论主张，对后世研究秦汉时期文化起到了重要作用，因而被归入杂家。

　　阴阳家是盛行于战国末期至汉初的思想流派，其学说核心内容是"阴阳五行"。战国时阴阳家代表人物邹衍，把"阴阳五行"引入人类社会领域，创造了"五德终始说"，认为朝代的更替与五行相生相克的道理一致。他提出的"大九州说"，大大拓展了古人的想象力，促进了古代地理学的发展。

莲鹤方壶　春秋　河南博物院藏

关系平等化，体现了民主进步的思想。

墨家的另一重要特征，是在科学实验上的贡献。墨子曾是手工匠人，擅长机械制作，在宇宙论、物理学、几何学等领域，墨家都提出了重要的科学观点，我国最早的小孔成像实验就是由墨子和其弟子共同完成的。

为了引导人们兼爱，墨家提出了"天志"与"明鬼"的宗教观。认为"天"是君主的监督者，神的意志要求君主兼爱，关注所有人的利益，告诫统治者要按照"天意"行事，希望借助鬼神力量建立墨家理想的社会政治秩序。

4. 一断于法的法治主张

黄河流域是法家思想学说发展壮大之地。春秋战国时期，涌现出管仲、子产、李悝、吴起、商鞅、慎到、申不害、乐毅等众多法家人物。公元前536年，郑国执政大夫子产将郑国的法律条文铸在象征诸侯权力的鼎上，向社会民众公布，史称"铸刑书"，是我国历史上第一次公布成文法的活动。战国初期，魏国政治家、法学家李悝，汇集各国法律编成了《法经》，是我国第一部较为完备的法典。

公元前356年，在秦孝公的支持下，商鞅强力推行以法治为核心的变法，秦国以法律形式废除井田制、承认土地私有、废除"世卿世禄"制度、建立郡县制、实行重农抑商政策、加强君主集权等一系列政治、经济、文化、社会领域的改革，史称"商鞅变法"。秦国以法家思想改革了春秋时期的贵族政治，通过变法，秦国经济、军事日渐强盛，为之后秦王政统一六国奠定了重要的基础。

战国末期，韩国贵族韩非的著述《韩非子》成为法家思想的集大成之作。韩非曾是儒家荀子的弟子，但他的思想融合了儒、道、法等学派的观点。《韩非子》中《孤愤》《说难》《五蠹》等篇目，揭示了韩非的法家思想主张。

韩非子吸收了商鞅、申不害等法家的"刑名法术"思想，提出了"法、术、势"相结合的理论，将法家学说系统化，为中国封建专制制度提供了理论依据。

韩非反对以固定不变的规矩制度处理社会政治问题，他认为，历史是不断发展进步的，主张"不期修古，不法常可""世异则事异""事异则备变"，根据现实情况来制定政策制度。他主张改革政治和实行法治，"废先王之教""以法为教"，与儒家"礼不下庶人，刑不上大夫"的思想针锋相对，强调在刑赏面前人们一律平等，体现了具有先进思想内核的政治主张。

先秦诸子百家争鸣，虽不乏党同伐异的激昂偏执之辞，但文化主导精神是"和而不同"，承认差异。儒家的醇厚，墨家的严谨，道家的超逸，法家的冷峻，阴阳家的流转，各领风骚。诸子又广采博纳，求同存异。如荀子礼法兼治，王霸并用，成为古代思想的综合者。韩非子师承荀子，改造老子学说，统合前期法家思想，集其大成。和而不同的学术格局与风尚，为一体多样的中华文化提供了源头活水。

《商子》清光绪湖北崇文书局本内页　日本庆应私塾大学藏
《商子》又名《商君书》，是法家代表人物商鞅及其后学的著作汇编

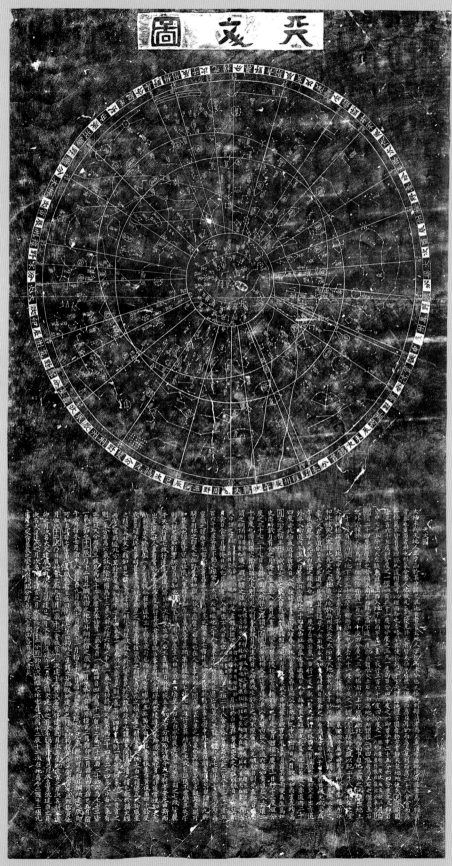

天文图碑拓片
南宋 黄裳
美国哈佛大学图书馆藏
原碑现藏苏州碑刻博物
馆。碑石主体分星图和图
说两部分，根据北宋元丰
年间（1078—1085 年）的
观测结果绘制

中国古代科技成就与四大发明

> 　　在中国完成的发明和技术发现，改变了西方文明的发展进程，并因而也确定改变了整个世界的发展进程。
>
> 　　——［英］李约瑟《中国古代的科学与社会》

1. 挺立潮头的中国古代科技成就

　　悠悠历史长河，造化文明薪火。黄河流域的先祖很早就开始了对天文历法、农学、医学、地理学、数学、物理学、化学等学科的研究与探索，这些学科发展成熟并形成了古代科学技术体系，深刻影响了人们生产与生活的方式，推动了社会历史的发展进程。

　　天文学是我国古代最为发达的学科之一，天象观测与记录、天文历法制定、宇宙观念理论、天文仪器发明制造等皆源于黄河流域。

　　原始社会，黄河上游的齐家文化，黄河中下游地区的裴李岗文化与仰韶文化等遗址出土了大量带有太阳、月亮、星星等天文符号的彩陶。《尚书·胤征》记载，夏代第四任君主仲康在位时发生了一次日食，是我国最早的日食记录。商代人观测到的日食、月食、恒星、行星等天文现象被记录在甲骨上，古代典籍如《国语》《诗经》等保存了大量天象记录。西周划定了二十八宿的恒星区分体系，成为古人观测天体运动的坐标。

夏代的历法《夏小正》是我国最早的历书。黄河流域产生的"古六历"即黄帝历、颛顼历、夏历、殷历、周历、鲁历，在战国时期被广泛使用。闰月与干支纪年法延续至今。西汉创制了我国第一部完整的历法《太初历》，是当时世界上最先进的历法。元代，郭守敬、王恂等人编撰的《授时历》是古代最精确且沿用时间最长的一部历法。

天高地广，祖先发明了天文仪器，以帮助人们展开天文观测。《周礼·考工记》《周髀算经》等文献记录了圭、表等测量时间、方向、节气、地域的工具，可能是最古老的天文仪器。传说夏商时期就发明了漏刻等计时仪器。测量天体坐标位置及度数的浑天仪在先秦时期就已出现，汉武帝元封年间，落下闳等天文学家在洛阳使用天文仪器进行观测计算，完善了"浑天说"宇宙理论，并改制天文仪器浑仪，促进了后世天文学的进步发展。梁武帝时期，祖冲之的儿子祖暅在嵩山测定正午日影定南北方位。唐朝，僧一行制造了黄道游仪、水运浑天仪等仪器并在黄河两岸平原地区进行子午线测量。

黄河流域是中国农耕文明的发祥地。春秋战国时期冶铁技术成熟，铁农具逐渐取代青铜农具，精耕细作的"铁犁牛耕"成为我国古代最主要的农业生产模式。从农业政策上看，西周时期，诞生于黄河流域的"农本论"学说为后世沿用，历代统治者皆把劝课农桑作为第一要务，农业生产成为国民经济的根本。

我国现存最早的农学著作——《吕氏春秋》中的《上农》《任地》《辩土》《审时》四篇，第一次阐明了天地人三者在农业生产中的关系，奠定了古代农业发展的基础。

最早产生于黄河中游地区的"二十四节气"，成为指导古代农业生产的重要依据。西汉时期我国最早的综合性农业著述《氾胜之书》，总结了黄河流域中下游地区的农业生产实践经验。南北朝时期，贾思勰《齐民要术》是黄河中下游地区农业生产技术总结性的著作。元代王祯的《农书》在前人著述基础上，系统总

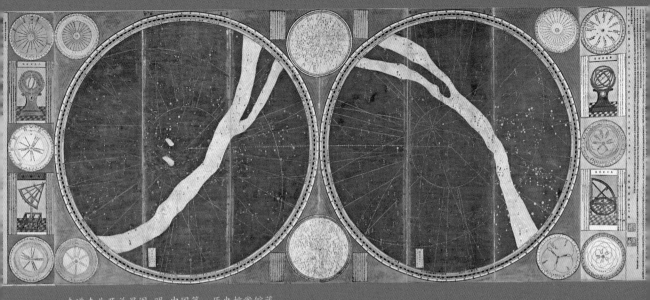

赤道南北两总星图 明 中国第一历史档案馆藏

此图系明徐光启主持测绘，德国传教士汤若望设计，意大利传教士罗雅谷校订。全图分为《南赤道所见星图》及《北赤道所见星图》，每个半球图直径约 160 厘米，图上绘有星座、星云，甚至包括银河系。两半球图之间及外沿部分还分别绘有《赤道图》《黄道图》等各种小星图 14 幅，黄道经纬仪等各种天文仪器图 4 幅。该图是我国目前所见传世最早的大型全天星图，在继承中国本土天文学的同时吸纳域外成果，是中西文明交流的见证，2014 年 5 月入选联合国教科文组织《世界记忆亚太地区名录》

结南北农业经验，进一步丰富了古代农学的体系。

黄河流域是我国古代医学重要的发源地之一，古代医学理论、临床医学、本草药物学、保健学等皆取得了相当的成就。神农本草香千里，岐伯医风播五洲。传说黄帝曾与岐伯讨论医学知识，《黄帝内经》的《素问》即出自岐伯之口，后人常以"岐黄"并称，尊岐伯为医学之祖。出土的甲骨文记载了商代出现的内科、外科、儿科、神经系统、牙科、传染科等多种类目的疾病，人们对疾病已具备相当的认识。

春秋战国时期诞生的"阴阳五行"学说被古代医学广泛应用在人体构造、病理、诊断、施治等方面，阴阳对立统一的观念几乎覆盖了古代医学各个领域。作为古典医学的标志，辨证施治理论、经脉学说等皆萌芽于《黄帝内经》，后经历代发展，成为古代医学重要的思维方式和原则。

耕织图（局部） 清 陈枚 台北"故宫博物院"藏
此图是中国古代为劝课农桑，采用绘图的形式翔实记录耕作与蚕织的系列图谱

　　西晋时期，医学家皇甫谧撰写了《针灸甲乙经》，全面论述脏腑经络学说，发展并确定了人体的349个穴位，介绍了针灸方法及常见病的治疗。"药王"孙思邈撰写的《备急千金要方》，整理了5300余个历代医方，是我国最早的临床实用百科全书。唐代骨伤科专家蔺道人撰写的《理伤续断方》是我国现存的第一部骨伤科专著，提出了正确的骨折治理步骤。宋人钱乙的著述《小儿药症直诀》是古代儿科医学的开山之作。

　　辨析山川的地理学，是古代人们认知周围世界的重要渠道。成书于战国时期的《山海经》以黄河流域为中心，记录了五大区26座山岳的河流、地形、动植物、矿产、神话传说等内容，使人们对全国各地的地理认识不断拓展和深化。

　　司马迁《史记》中的《河渠书》《货殖列传》等篇目，记录了全国各地的山水风物、水文气候、历史掌故、地理特征，并以此把全国分为山东、山西、江南及龙门、碣石以北四个区域。班固《汉书·地理志》是我国古代第一部以"地理"命名的著作，此后历代正史大都设立记载疆域郡县和地理物产的地理志。唐代高僧玄奘前往印度学习佛学，回国后撰写了《大唐西域记》，记录了沿途所见的山川地理与风土人情，极大开拓了人们的视野。

　　黄河流域也是最早发现古代地图的地区，甘肃天水放马滩出土了战国和西汉时期的木板地图和纸地图。魏晋时期河东闻喜人裴秀主持编绘了18幅《禹贡地域图》，绘制汉代的全国地图《地形方丈图》，还提出了地图制作的理论原则——制图六体，在古代地图学史上具有里程碑意义。

小楷书《山海经册》内页　元　曹善　台北"故宫博物院"藏

古代关于河流的专门地理著述，如北魏郦道元的《水经注》，记录了全国数千个水体的水文情况，旁涉各地物产、人口、风土人情、历史沿革等内容，是一部涵盖自然地理、历史地理和人文地理的综合著述。

中国古代数学萌生于黄河流域。出土的商代甲骨文有13个记数单字，最大的数字为3万，商代出现了影响巨大的十进位值制。产生于黄河流域的十进位值制记数法，作为古代最先进、科学的记数法，一直沿用至今。

我国最古老的数学著作《周髀算经》，开篇以对话形式阐述了勾股定理，比古希腊毕达哥拉斯发现勾股定理早了500余年。《九章算术》集西汉之前数学著作之大成，为古代数学体系的形成发挥了奠基作用。三国时期，数学家刘徽创作了《九章算术注》和《海岛算经》，求得圆周率。隋唐时期，数学家王孝通《缉古算经》运用了三次方程方法求解，是数学史上的重大创见。

黄河流域是古代物理学发展的重要阵地。《周礼·考工记》记录了运动摩擦、惯性、力的测量、物体强度、建筑结构等。墨家提出了物体运动与静止对立的观念，并对杠杆平衡、斜面问题等力学问题进行了探讨研究。古人对液体浮力、气压、各种建筑材料的性质皆有一定的认识，根据这些认识，发明创造了许多机械，广泛应用在天文、农业、水利、军事等领域。

黄河流域很早就对光学现象进行了探究。4000余年前，黄河上游的齐家文化已出现两面铜镜，此后安阳殷墟等地也发现了早期铜镜，可见当时人们已掌握了光的反射原理。春秋战国时期，墨子与其弟子进行了世界上最早的小孔成像实验，根据光沿直线传播的原理对小孔成像现象作出了科学的解释。

与人类生产生活密切相关的制陶制瓷、冶金铸造、漆器制造、酿酒等发酵食品制作、染料香料制作、制糖、制药等技术和行业都离不开化学原理和知识。《世本》记载，黄帝时已开始使用海水煮盐，夏禹命令九州中的青州（山东渤海沿岸）贡盐，周代设置掌管盐业的"盐人"，春秋时期齐国宰相管仲设置税盐官，盐税成为历代国库的重要收入来源。山西黄河东岸的河东盐池即运城盐湖，是我国古代最著名的产盐地区。此外，利用微生物发酵，酿造酒、醋、酱油等食品工艺也源于黄河流域。

（右页）村医图 宋 李唐 台北"故宫博物院"藏
李唐，河阳三城（今河南孟州）人。图画描绘游方郎中为村民实施外科治疗的生动场景，人物活灵活现、真实自然

《天工开物》 江苏武进涉园 1927 年刊本 明 宋应星撰
书中卷十三详细记载了当时的制盐等工艺流程

2. 彪炳千秋的古代四大发明

　　在众多古代科学技术成就中，萌生于黄河流域的指南针、造纸术、印刷术和火药四大发明是古代劳动人民的伟大创造，对中国古代政治、经济、文化发展产生了巨大的推动作用，对于促进世界文明进步也产生了深远的影响。

　　指南针大约出现在战国时期，是用以判别方位的一种简单仪器，其前身是司南。这是我国劳动人民在长期实践中对物体磁性认识的结果。

　　《管子·地数》记载，春秋战国时期，人们在采矿、冶金过程中，已开始利用磁石的吸铁性寻找矿产。司南是指南针的原始形式，用天然磁石制成。东汉科学家张衡发明了指南车，北宋时出现了应用范围更广的指南鱼。说明此时中国已经掌握了人工磁化技术。

北宋沈括《梦溪笔谈》指出了指南针的四种用法，即水浮法、甲旋法、碗唇法和缕悬法，并详细比较了四种方法的优劣，认为缕悬法是最为可靠的方法。

指南针发明后，在航海、土地测量、旅行及军事等方面得到了广泛应用。指南针传至海外，欧洲人将此应用在印度洋与地中海的航行中，航海罗盘导致了航海地图的出现，15世纪，哥伦布依靠指南针和航海技术、航海地图，发现了美洲"新大陆"，由此开启地理大发现时代。

在人类文化交流史上，纸是汉族劳动人民长期经验的积累和智慧的结晶。

在造纸术发明以前，甲骨、青铜、陶器、玉、石、木、竹简和绢帛等书写材料和载体，成本昂贵，不便于书写、携带和保存，造纸术的发明，改变了这一局面。

1957年，在西安灞桥一座西汉古墓中发现了许多古纸残片，化验表明，这些古纸的年代约在汉武帝时期，

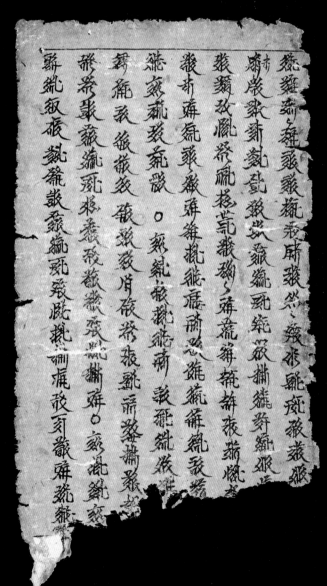

西夏文医方残页　甘肃省博物馆藏
西夏文的创制借鉴了汉字的笔画构成，西夏医学也吸收了周边汉、女真等民族的文化成果

被认为是中国最早的植物纤维纸。20世纪90年代，甘肃敦煌悬泉遗址发现了带有字迹的西汉纸残片，是迄今所见最早带有汉字的纸。

东汉蔡伦改造纸的生产工艺，是世所公认的伟大贡献。蔡伦在洛阳任职期间，开始了对改进造纸术的探索，既扩大了纸的原材料来源，又改进了造纸的工艺技术。

造纸术最先传播到朝鲜半岛。魏晋时期，造纸术传入朝鲜半岛，又后传入日本，并沿丝绸之路传播至西亚、北非、欧洲和美洲、大洋洲。在欧洲，造纸术推动了西班牙古典文献的整理，在一定程度上引发了文艺复兴这一重大事件。

古代中国印刷术的发明，是人类文明史的又一光辉篇章。印刷术发明之前，文化的传播主要靠手抄的书籍，不仅费时费事，且很容易产生错误。隋唐时期，人们从碑石拓印和印染技术中得到启发，发明了雕版印刷术。

早期印刷活动主要在民间进行，多用于印刷佛像、经咒以及历书等。唐末至北宋主要是木版印刷。武周天授二年（691年），出现了我国最早的印刷品印纸。至唐玄宗天宝年间，朝廷组织刻印经书《无垢净光大陀罗尼陀经咒》，这部经书在韩国庆州佛国寺被发现，是目前发现最早的印刷品。

雕版印刷术的缺点是，每印一页书，就需刻一块版，雕印一部大书，需要耗费大量的人力工时。北宋匠人毕昇发明的活字印刷术，大大改善了这一状况。活字印刷术在中国被广泛应用后，经海路和陆路传入中亚、埃及等地。15世纪印

弘治十八年（1505年）碗口铳　明　中国人民革命军事博物馆藏
铳口呈碗状，铳身有铭文"弘治十八年二月奏准胜字号""徐"。碗口铳主要装备水军
进行水上作战使用

至正十一年（1351年）铜火铳 元 中国人民革命军事博物馆藏
此铳为单兵使用，铳的前膛、药室、尾銎部位有铭文"射穿百札，声
动九天""龙飞天山""至正辛卯"。此铳是现存最古老的火铳之一

刷术传播到了欧洲，德国人古登堡改进发明了铅
活字印刷，使印刷业进入工业化时代。

　　印刷术的发明是印刷史上一次伟大的技术革
命，在推动人类社会的发展进步方面具有不可替
代的地位。

　　古代中国火药的发明，起源于炼丹术。《周
礼》《山海经》《神农本草经》等记载了古代炼
丹术的起源传说。人们在炼制丹药过程中意外发
现了火药制作方法。西汉时期，人们就已懂得了
硫黄、硝石的采集和应用。唐宪宗年间的《太上
圣祖金丹秘诀》是最早明确记载火药配方的书。
唐朝末年，郑璠曾在攻打豫章（今江西南昌）时
"发机飞火"，这是最早将火药用于军事战争的
记载。火药之后广泛应用于弓弩发射、火枪等古
代武器装备。

　　火药发明后，辗转传播至世界各地，在陆
战、海战等方面，产生了巨大威力，直至19世纪
中后期逐渐被无烟火药等新炸药取代。

　　在很长时期内中国的科学技术一直走在世界
前列，正如英国科学史家李约瑟所言：中国人许
多重要方面的科学技术发明，在公元3世纪到13世
纪之间保持着令西方望尘莫及的科学知识水平。

賦

宋莒公為卷首具列卷中篇目馮悉以墨滅殺之惟存其都凡集外別有目錄一卷今按李漢所作序四十一卷百首正与目錄合別云惣七百則

感二鳥賦 并序

公貞元十一年以前進正月至三月以士三上宰相書不報時宰相趙憬賈耽盧邁宜其不遇也五月以東歸遇所獻者四大抵二鳥感之多有作公之賦見於集者二鳥感之離騷頓挫之意此篇蘇子美悲激騷人之思疑亦謂其壯氣銳頓挫欲發其藻章以耀于世不蘇語雖少恝然進學解所

貞元十一年考之一或作五以諸譜五月戊辰愈東歸癸酉自潼關潼關華陰在出息于河之陰時始去京師有不遇時之歎見行有籠白烏白鸚鵒而西者舊史德宗貞元十一年河陽獻白烏白鳥號於道曰其土之守某官一年某土之守臣某用使使者禮記全句○守音狩進於天子去音使下東西行者皆避路西下無閣杭本無閣行字考之禮記當有及公送溫造序當有莫敢正目焉因竊自悲幸生天下無事時承先人之遺業不識干戈耒

昌黎卷一

世綵堂

唐宋古文革新运动

> 文起八代之衰，而道济天下之溺。
>
> ——（北宋）苏轼《潮州韩文公庙碑》

1. 韩柳双峰开文风

唐宋"古文运动"是指中唐至北宋古文大兴的文章改革潮流。这是我国文学史上具有划时代意义的散文复兴运动。它要求恢复与发展先秦两汉散文朴质、自然、流畅的传统，反对魏晋南北朝以至当时流行的骈偶浮艳文风。

魏晋南北朝时期，文坛盛行骈文，虽有优秀作品，但大量文章文表华丽，流于对偶、声律、典故、辞藻等形式。骈文发展到后来，产生了极大弊端，主要表现在不重视文章的思想内容，擅于堆砌华丽的辞藻，玩弄玄奥的典故。这种风气，经由科举制被进一步放大，文学风气持续走向偏路。

隋朝李谔上书文帝建议以行政手段来改变文体，学者王通也以反对声律来训导子弟。入唐以后，先后有王勃、萧颖士、李华、柳冕等强调古道，提倡古体，批判骈偶文风，可称古文运动的先驱。不过他们所谓的"道"把文艺与政治教化对立起来，缺乏矫正文风的能力。

安史之乱后，有见识的知识分子迫切要求发表自己的政治主张与人生见解。韩愈、柳宗元以反对六朝以来浮艳文风、恢复先秦两汉文章传统为宗旨，开展了大量古文理论和创作的实践，对同时代的青年后辈进行指导和示范，推动古文运动达到了一个新的高度。

《进学解》是韩愈以问答形式假托向学生训话借以抒发胸中郁闷之作。全文结构虽简单，其内在的气势、意趣却多变化、耐咀嚼。如以"口不绝吟""手不停披"状先生之勤学，以"踵常途之促促，窥陈编以盗窃"形容其碌碌无为，以"爬罗剔抉，刮垢磨光"写选拔培育人才等，不但化抽象为具体，而且其形象都自出机杼。

在这篇不足千字的文章中，就有"贪多务得""细大不捐""含英咀华""佶屈聱牙""同工异曲""动辄得咎""俱收并蓄""投闲置散"等词语，既富于独创性，又贴切凝练，都已成为今天常用成语。又如"业精于勤，荒于嬉；行成于思，毁于随"等，将丰富的人生体验提炼为短句，发人深思。此外，《进学解》沿袭扬雄《解嘲》，采用押韵的赋体，大量使用整齐排比的句式，读来声韵铿锵，朗朗上口，也增加了其艺术魅力。

社会动荡，如何拯救世风、重新找到中国人的精神归宿，成为韩愈最为关切的问题。对他而言，这个问题的关键是儒学的缺位。面对这一问题，韩愈创作出其散文中最重要的"五原"，即《原道》《原性》《原毁》《原人》《原鬼》。在《原道》篇中，韩愈回顾了之前的思想史发展，认为发源于儒家的"道德仁义"，也已为杨、墨、老、佛所僭，儒家反而丧失了概念的定义权。由此，他在文中振聋发聩地提出："博爱之谓仁，行而宜之之谓义，由是而之焉之谓道，足乎己无待于外之谓德。"其价值在于韩愈重新发现了儒学的基本精神。所谓"博爱之谓仁"，不是墨家的"爱无差等""兼相爱"，而要用"行而宜之"的"义"节制约束，沿着"仁"的方向行进就是"道"，最终达成"足乎己无待于外"的至高境界"德"。可以看出，在《原道》篇中，已经出现了后世程朱理学"仁包四德"思想的雏形，"仁"是统御一切的精神核心，"义"是它的分寸和界限，"道"是实践它的方法论，"德"则是沿着这条路达成的终极目标。在这个最终目标中，韩愈特地指出要"足乎己无待于外"，强调儒家的仁义之道是可以使人不假外求而安顿内心的。

韩愈是明确地将"师"与"道"结合起来的第一人。其名篇《师说》针对当时士大夫阶层中存在着既不愿求师，又"羞于为师"的观念，列举正反两方面的事例层层递进，论证阐述"道之所存，师之所存"之理，讽刺耻于相师的陋习，精辟地论述了从师学习的重要意义与途径，使传道授业解惑的师道千古流传。

韩愈古文内在的艺术辩证法要义在于，成功的革新必定能够成功汲取文化遗产中的精华，将历史上遗留下的东西，无论精华糟粕一概抛弃，绝无开拓创新的可能。这是韩愈古文的艺术辩证法，也是唐代古文运动取得巨大成就的重要原因。

中唐时期的另一位古文运动主将柳宗元曾参加永贞政治改革运动，失败后被长期贬谪，在此期间，努力从事文学政论与创新，与韩愈桴鼓相应，共同推动古

小楷韩柳文（局部）　明　文徵明　台北"故宫博物院"藏

駕部郎中致仕馮平八十七歲

右諫議大夫王渙八十

《睢阳五老图》之冯平、王涣 南宋 美国弗利尔美术馆藏

所谓"五老"，是指杜衍、王涣、毕世长、冯平、朱贯，皆大宋朝中重臣，辞官后寓居南京睢阳（今河南省商丘市睢阳区）颐养天年，经常宴集赋诗，时称"睢阳五老会"

文运动的开展。他在《答韦中立论师道书》说"文者以明道"，即主张文章以思想内容为主。要求作品深刻而不隐晦，鲜明而不浅露，含蕴曲折而不壅塞，清新活泼而不轻浮，质实厚重而不凝滞，达到深入浅出、波澜壮阔、丘壑幽深、结构严谨、气势通畅的境界，使之能够更好地反映广阔深厚的思想内容和纷纭复杂的现实生活。

柳宗元的祖籍是河东解县（今山西运城西南），祖上世代为官。柳宗元出生于京城长安。少年时为避战乱来到父亲的任所夏口。回到长安后，21岁进士及第，先后任秘书省校书郎、蓝田尉、监察御史里行等职，与官场上层人物交游广泛，对当时黑暗腐败的政治状况有了深入了解，逐渐萌发了推行改革的愿望，成为王叔文革新派的重要人物。在推崇"古文"运动中，把对神学的批判变成对政治的批判，将古代朴素唯物主义无神论思想发展到了一个新的高度。

柳宗元一生留下600多篇诗文作品。其散文抒情写景，题材多样，表现手法丰富多彩，开阔了新的境域。他的作品高度关注社会底层人物，或以高昂的笔调歌颂他们反抗强暴的斗争精神和精湛的生产技术，或以沉重的心情描写其不幸的生活遭遇，借以揭露社会矛盾，表达自己的政治理想。柳宗元的山水游记别具风采，把自己的身世情感同描写山水结合在一起，行文巧妙自然，辞藻优美。特别是他笔下的寓言故事，表现了高超的幽默讽刺艺术。他善用各种动物拟人化的艺术形象，讽刺、抨击当时社会的丑恶现象，造意奇特，独创一格，嬉笑怒骂，具有强烈的战斗性和讽刺作用。

在推动这场"古文运动"时，韩愈和柳宗元两人互相支持。当韩愈写的《毛颖传》受到人们嘲笑非议时，柳宗元挺身而出为他辩护。当韩愈《师说》受到别人的谩骂、嘲笑，甚至遭到人身攻击时，柳宗元深表同情，并在《答韦中立论师道书》中为其辩解。"韩、柳文墨相推毂"，一时传为美谈。

然而，前进的道路常常是曲折的，人们对文学规律的认识也经历了多次的反复。晚唐时期，古文运动衰落，而骈俪文风重新泛起，只有皮日休、陆龟蒙、罗隐等文人的讽刺小品，展露出现实主义文风的一抹斜晖。

2. 北宋文学家的人格精神

欧阳修是北宋文学改革运动的领袖。欧阳修散文创作的高度成就与其古文理论相辅相成，从而开创了一代文风，成为一代文章宗师。欧阳修早年为了应试，对骈文下过很深的功夫，同时也认真研读韩愈的文章，他的散文内容充实，形式多样。无论是议论，还是叙事，都是有为而作、有感而发。他的议论文有些直接关系到当时的政治斗争，如早年所作的《与高司谏书》，揭露、批评高若讷见风使舵的政治行为，是非分明，

北宋中期，欧阳修、王安石、苏轼等写了大量平易自然、有血有肉的散文，共同扫清了绮靡晦涩的文风，使散文走上了平易畅达、反映现实生活的道路。

义正词严，充满着政治激情。又如庆历年间所作的《朋党论》，针对保守势力诬蔑范仲淹等人结为朋党的言论，旗帜鲜明地提出"小人无朋，惟君子则有之"的论点，有力地驳斥了政敌的谬论，显示了革新者的凛然正气和过人胆识。这一类文章具有积极的实质性内容，是古文的实际功用和艺术价值有机结合的典范。

欧阳修的创作使散文的体裁更加丰富，功能更加完备。首先，他对前代的骈赋、律赋进行了改造，去除了排偶、限韵的两重规定，改以单笔散体作赋，创造了文赋。其名作如《秋声赋》，既部分保留了骈赋、律赋的铺陈排比、骈词俪句及设为问答的形式特征，又呈现出活泼流动的散体倾向，且增强了赋体的抒情意味。欧阳修的成功尝试，对文赋形式的确立具有里程碑的意义。

其次，欧阳修对四六体也进行了革新。他虽也遵守旧制用四六体来写公牍文书，但常参用散体单行之古文笔法，且少用故事成语，不求对偶工切，从而给这种骈四俪六的文体注入了新的活力，他的《上随州钱相公启》《蔡州乞致仕第二表》等都是宋代四六体中的佳作。

欧阳修的语言简洁流畅，文气纡徐委婉，创造了一种平易自然的新风格，在韩文的雄肆、柳文的峻切之外别开生面。例如《醉翁亭记》的开头一段，语言平易晓畅，晶莹秀润，既简洁凝练又圆融轻快，毫无滞涩窘迫之感。深沉的感慨和精当的议论都出之以委婉含蓄的语气，娓娓而谈，纡徐有致。这种平易近人的文风显然更容易为读者所接受，所以具有广阔的发展前景，其后宋代散文的发展历程就证明了这一点。

继欧阳修而起的文坛领袖苏轼，是北宋才华横溢的文学大家，在诗、文、词、赋方面都有极高的造诣。苏轼在政治上主张改革，一生在新旧党争中回旋起伏，多次被贬、起复的经历使得他的文学思想兼有儒、道、佛等诸家因素。他的散文成就与影响超过了欧阳修。如《记游定惠院》《石钟山记》《文与可画筼筜谷偃竹记》等，叙事、写景、抒情、议论熔于一炉，人物的性格、情操、风采跃然纸上，清丽自然，跌宕多姿。

苏轼的散文或论国计民生，或写美景乐事，或阐发对人生各种问题的思考，行文典雅，不带沉闷之风，不沾柔弱之气。他的散文还有大量的自然文学内容，不仅直接描写山川河岳，描摹花草树木、鸟兽虫鱼，而且即使说理，也是用具

西园雅集图（局部）　明　唐寅　台北"故宫博物院"藏

古代文人的聚会称为"雅集"。北宋元丰初王诜设宴，苏轼、苏辙、黄鲁直等群贤毕至，会后李公麟作《西园雅集图》，米芾书写了《西园雅集图记》。后人景仰不已，纷纷摹绘《西园雅集图》。历代名画家如马远、刘松年、赵孟頫、钱舜举、唐寅、尤求、李士达、原济、丁观鹏等，都曾以此为题材绘画

体的形象来譬喻。这让他的文风非常清新，没有陈腐气和学究味，不仅有历史的视野、人文的嗜好，还有纯粹自然的兴味。写《喜雨亭记》，就不仅写"周公得禾，以名其书；汉武得鼎，以名其年；叔孙胜狄，以名其子"的故事，还写"五日不雨则无麦""十日不雨则无禾"的自然规律。写《超然台记》，就荡开一笔，比较两个地域的区别，而且重在从物态、生态着笔，由此再写到心态："余自钱塘移守胶西，释舟楫之安，而服车马之劳；去雕墙之美，而庇采椽之居；背湖山之观，而行桑麻之野。"

新岁展庆、人来得书帖 北宋 苏轼 故宫博物院藏

　　苏轼一生起落沉浮，命运多舛。不过，在坎坷的困境之外，他也有短暂的顺畅清欢。1085年，年幼的宋哲宗即位后，高太后临朝听政，苏轼奉诏回到汴京，不久升至翰林学士、知制诰，知礼部贡举。在此期间，苏轼与黄庭坚、秦观、晁无咎等众多文人雅士，曾集会于驸马王诜富丽堂皇的西园，翰墨笔意，吟诗作对，极尽宴游之乐。时人画为《西园雅集图》，传为文坛之不朽盛事。后世文人认为，此次文会可与晋代王羲之的兰亭集会媲美，遂以此为题，争相创作。

　　当时，王诜的私第另筑有一室，名曰"宝绘堂"，专藏古今书法名画，大有王谢家风。苏轼在为其作的《宝绘堂记》中写道："驸马都尉王君晋卿，虽在戚里，

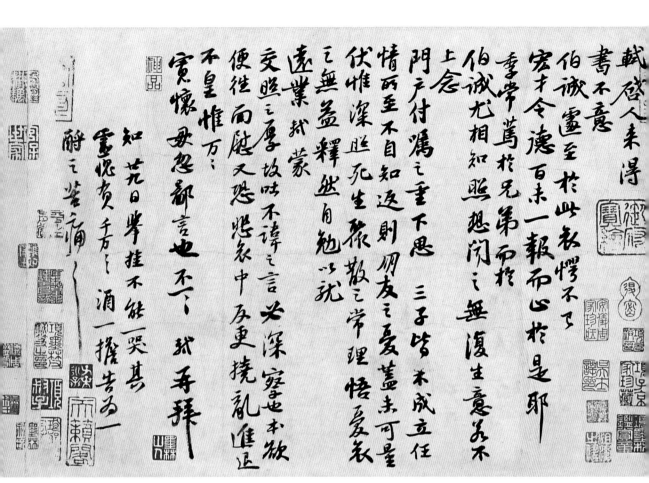

而其被服礼义，学问诗书，常与寒士角。平居攘去膏粱，屏远声色，而从事于书画，作宝绘堂于私第之东，以蓄其所有，而求文以为记。"字里行间，描绘了宝绘堂典藏丰富、高朋满座的风雅情景。

古文运动兴起与发展，是社会发展、文明传播的必然选择。从事物发展规律来看，文人必然会选择更朗朗上口的形式进行写作，让更多人能读懂他的思想。唐宋古文运动是中国文学史上影响深远的文学运动，它奠定了后世散文风格的基础，同时对文学观念以及其他文学形式都有着重大影响。

李白行吟图（局部）
南宋　梁楷
日本东京国立博物馆藏

黄河诗词歌赋的艺术特征

黄河落天走东海，万里写入胸怀间。
　　　　　　——（唐）李白《赠裴十四》

1. 先秦时期的黄河诗歌

黄河，是一条伟大的自然河流，也是一条璀璨的文化长河。几千年来，人们在黄河两岸生存劳作，从事各种社会文化活动。黄河入歌、入诗、入词，歌咏黄河的诗歌数不胜数，写下了民族精神、时代风貌和社会变迁。

我国最早的诗歌总集《诗经》中有关黄河的诗句共有26处，这些作品描写的大都是发生在黄河中下游的故事。如《秦风·蒹葭》："关关雎鸠，在河之洲。窈窕淑女，君子好逑。"写一个男子对女子的追求，写作的背景在黄河岸边，在这里，爱恋的歌声自然流淌，黄河为一对恋人的生活注入了一股浓郁的诗意。

在诗经的时代，黄河中下游地区气候温和，雨量充沛，植被茂盛，于是《诗经》中的黄河是这样的：《卫风·硕人》

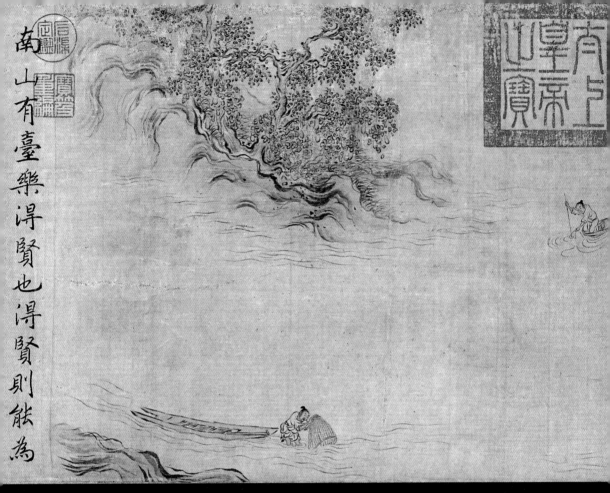

南山有臺樂得賢也得賢則能為

小雅南有嘉鱼篇图卷（局部） 南宋 马和之 美国波士顿美术馆藏

"河水洋洋，北流活活"，河水浩浩荡荡，哗哗地流向北方，道出了黄河原生的形态以及自强不息的伟大生命。《魏风·伐檀》"坎坎伐檀兮，置之河之干兮，河水清且涟漪"，人们在河边伐檀，黄河的水清澈平静，泛着微微的涟漪。《小雅·巧言》"彼何人斯，居河之麋"，写河流纯朴自然，构成先民生活的广阔背景。在民众眼中，黄河是博大的、明媚的、善变的、有情致的、有灵性的。

《诗经》中常以水、天、山等自然物作为神灵或万物的主宰，自然物拟人

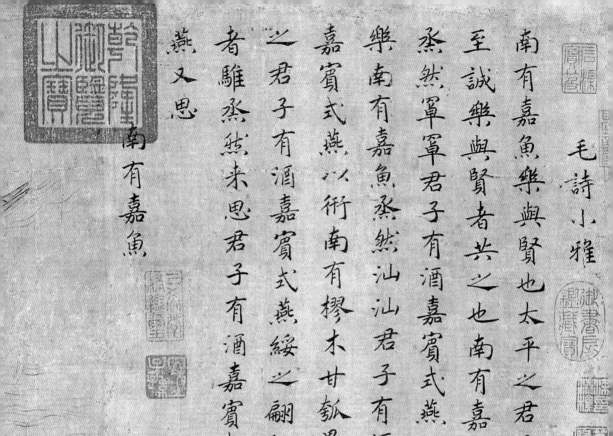

毛詩小雅

南有嘉魚樂與賢也太平之君子
至誠樂與賢者共之也南有嘉魚
烝然罩罩君子有酒嘉賓式燕以
樂南有嘉魚烝然汕汕君子有酒
嘉賓式燕以衎南有樛木甘瓠纍
之君子有酒嘉賓式燕綏之翩翩
者鵻烝然来思君子有酒嘉賓式
燕又思

南有嘉魚

化。这种思维方式体现了物我合一、万物有灵的特点，产生了特有的图腾观念。

《周颂·般》是周王巡狩祭祀山川的歌。"隨山乔岳"泛指高山，"允犹翕河"意为众多河流顺着山形地势汇流至黄河。百川流经高山汇入黄河，象征着周王朝一统九州的宏图大业，百川入河已然成了国家强盛、四海归服的象征。

《卫风·河广》记录了一位身居卫国的宋人因黄河阻隔而无法归家的故事。当时卫国与宋国隔河相望，故国之思恰如滔滔长河，只能无可奈何地望河兴叹。

《九歌图》中的河伯画像 元 张渥绘 褚奂题词 美国克利夫兰艺术博物馆藏

汾河是黄河中游东岸的一条重要支流。《魏风·汾沮洳》描写了劳动者在汾河边采摘野菜桑麻的劳动场景，以"美无度""美如英""美如玉"的优美词句，由衷赞美劳动人民的高尚品德。

在黄河最大支流渭水岸边，则充溢着亲情离别的不舍。《秦风·渭阳》记述了秦康公送别舅父晋文公重耳回国即位的故事，外甥从送别舅舅想到已故的母亲，表达了甥舅之间的深厚情谊以及儿子对母亲的怀念之情。

屈原虽然是楚国人，但作为楚辞的创立者，对黄河之神写尽了敬畏和崇拜。他在《九歌·河伯》一诗中，开头就以开阔的视野对黄河的伟大雄壮与河神队伍的威武显赫进行了描述。大风骤起，波浪翻腾，河神遨游在黄河之上，驾着华丽的水车，河伯坐在荷盖之下。两条飞龙驾车，两条螭龙辅助，仪仗雄伟，威风凛凛。屈原以主祀黄河之神为主题，幻想了一次九河神游之旅，借助"河伯"的神话，表现了他浓浓的报国情怀。

2. 汉魏歌赋的艺术成就

秦汉时期，作为国家政治文化中心的渭河流域，是中华文化的主阵地。汉代实现了国家"大一统"，先秦文学明显的地域差别消失了，在此基础上形成的汉赋，气势磅礴、规模宏大，成为汉代主要的文学体裁。

西汉儒士扬雄的《河东赋》用词华丽，构思壮阔，描写了汉成帝出行的规模之宏大铺张，委婉地提出让帝王反省自己的言行得失。文中记载了汾阴祭地的制度，帝王带领群臣横渡黄河，到达汾阴，后游览介山、安邑、龙门等地，意蕴追怀唐虞之风、商周之际。

中华文明五千年，史书多写帝王领导治河，但亲自指挥堵口工程者，当数汉武帝。在现场，他主持举行了隆重的祭河仪式，将白马玉璧沉于河中，并作《瓠子歌》二首，激励治河将士与民夫，奋勇堵口治河。

汉末魏晋南北朝是中国政治上最混乱、社会上最苦痛的时代之一，然而却是精神上极自由、极解放，富于智慧、浓于热情的一个时代。在黄河边涌现出的三曹、建安七子以及著名女文学家蔡文姬等，共同诠释了那个时代的精神气质。

《洛神赋图》宋摹本（局部）东晋 顾恺之 故宫博物院藏

曹操北征乌桓，完成了统一北方的大业。作为建安文学的杰出代表，他目睹山河壮丽的景象，触景生情，创作的四言诗《观沧海》，表达了一统江山建功立业的宏伟抱负，读其诗见其人，这种情怀与其雄才伟略的政治家和军事家的气度是一致的。

一代伟人毛泽东尤其喜欢曹操的诗，称赞其气魄雄伟，慷慨悲凉，是真男子，大手笔。1954年毛泽东思接千古，挥笔写下《浪淘沙·北戴河》，"魏武挥鞭，东临碣石有遗篇"，不仅在情调诗格上极具《观沧海》的神韵，同时具有更鲜明的时代感、更深邃的历史感和更丰富的美学容量。

黄河古渡口孟津，是历代兵家必争之地。216年，曹丕由此渡河返回邺都，仰视天穹，彩云飘飞，俯临大地，通衢广陌。想到跟随父亲四处征战，荡平袁绍诸雄，中原已稳操股掌之中，顿感天地间充满祥和之气。一种胜利者的喜悦和骄矜之情鲜明地反映在他的《孟津》一诗。

建安文学集大成者曹植的代表作《洛神赋》是浓墨重彩书写的华美篇章，通过一个人神相恋、爱而不得的故事，寄寓了自己在痛苦挣扎中坚守理想、寻求救赎之道的心怀。

魏晋南北朝时期是黄河诗词创作的一个高峰期，由于战争频繁，时局离乱，诗人或写对家乡故土的思念，或写路途奔波的艰难，或写身世悲凄、宦海沉浮，如陆机《棹歌行》"濯秽游黄河"，王融《长歌引》"黄河万里清"，范云《渡黄河诗》"河流迅且浊，汤汤不可陵"，王褒《渡河北》"常山临代郡，亭障绕黄河。心悲异方乐，肠断陇头歌"，庾信《燕歌行》"洛阳游丝百丈连，黄河春冰千片穿"等。这些诗作，反映了那个动荡年代离乱社会的普遍感情。

历代名家点评《洛神赋》

骨气奇高，词采华茂，情兼雅怨，体被文质，粲溢今古，卓尔不群，嗟乎！

——钟嵘《诗品》

唐彦谦云："惊鸿瞥过游龙去，虚恼陈王一事无。"似为子建分疏者。

——刘克庄《后村先生大全集》

植既不得于君，因济洛川作为此赋，托辞宓妃以寄心文帝，其亦屈子之志也。

——何焯《义门读书记》

《洛神赋》大似《九歌》。

——马位《秋窗随笔》

乾隆四年校刊

魏志卷一

晉著作郎巴西中正安漢陳　壽撰

宋太中大夫國子博士聞喜裴松之注

武帝　操

太祖武皇帝沛國譙人也姓曹諱操字孟德漢相國參之後太祖一名吉利小字阿瞞王沈魏書曰其先出於黃帝當高陽世陸終之子曰安是爲曹姓周武王克殷存先世封曹俠於邾春秋時或絶或封至今適嗣國於容城司馬彪續漢書曰騰父節字元偉素類詣門認之節不與爭後所亡豕自還其家豕主人大而復紹至于適嗣國於容城司馬彪續漢書曰

大長秋封費亭侯以仁厚篤鄰人有亡豕者與節豕相慙詣門認之節不與爭後所亡豕自還其家豕主人大慙送所認豕并辭謝節節笑而受之由是鄉黨貴歎焉

桓帝世曹騰爲中常侍

三國志目錄考證

本傳正文也不應附見

龐淯附母娥親○　臣浩按本傳作母娥無親字其或以

注所引烈女傳作娥親而後人加之耶抑本名娥親

而傳偶脫之耶

裴潛附子秀之耶○　臣龍官按裴潛之子秀其事實詳於裴

注於潛本傳無所攷不應附見宜衍

《三国志·魏志》清乾隆时期武英殿刊本　西晋　陈寿撰　南朝宋　裴松之注　美国哈佛大学图书馆藏

3. 唐代黄河诗的高峰

唐代不仅是中国历史上的一个光辉时代，更是诗歌创作的灿烂高峰。政治的开明，军事的强盛，经济的繁荣，疆域的辽阔，民族士气的蓬勃高昂，使诗歌创作进入了黄金时代。

在《全唐诗》收录反映黄河的200多篇诗作中，有写黄河气势景状的，有写高原大漠、边塞战事的，也有借黄河托物言情、抒怀咏志的。上至皇帝，下至平民，各种风格、各种流派大都有写黄河的诗作。

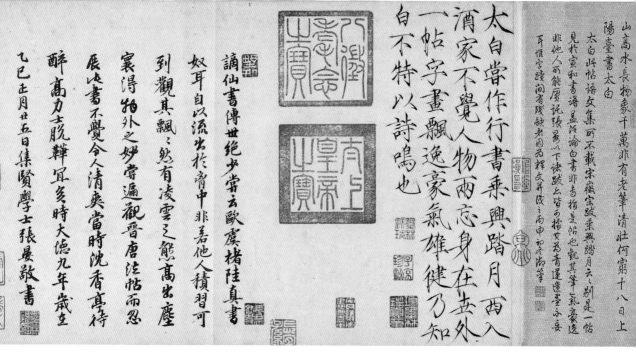

《上阳台帖》及其题跋 唐 李白 故宫博物院藏

此帖为李白自书其四言诗，共25字，描摹了王屋山高耸峻拔之势和源远流长之水

薛能《黄河》诗："何处发昆仑，连乾复浸坤。波浑经雁塞，声振自龙门。"把博大雄浑、连接天地的大河当作审美对象，对黄河翻滚奔腾一泻千里的气势给予了由衷的讴歌和赞美。

唐玄宗李隆基以"黄河分地络，飞观接天津"来描述登临逍遥楼所眺望到的壮阔景观，君临天下志得意满的心境可见一斑。

诗人刘采春"黄河清有日，白发黑无缘"，将黄河由浊转清难以实现的事件，与白发转黑的不可实现相对应，突出了青春岁月难以重来的无穷感慨。

"博望沉埋不复旋，黄河依旧水茫然。"胡曾在《咏史诗·黄河》中阐释了将个人生命与历史长河结合而引发的对生命价值的思考。

奔腾不息的黄河水也成为诗人寄托家国思念的载体。王偃的"一双泪滴黄河水，应得东流入汉家"，生动地刻画出王昭君思念故国的情思。司空图"黄河却胜天河水，万里萦纡入汉家"，用黄河水来比拟自己思乡的泪水，极富感染力地

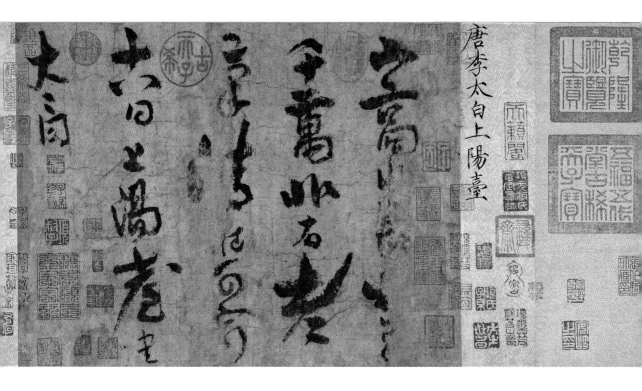

表现出自身的乡愁。

在诸多描写边疆战事的唐诗作品中，黄河被赋予了国家命运的象征意味。盛唐诗人刘希夷《从军行》"军门压黄河，兵气冲白日"，以部队气势力压黄河衬托出士气的高涨，是对盛唐气象的彰显。中唐杨巨源"黄河岸畔长无事，沧海东边独有功"，旨在赞颂薛司空讨逆治河，镇守一方的耀眼功绩，同时也凸显出黄河沿岸的安宁稳定对国家发展的重要性。李益《塞下曲》"黄河东流流九折，沙场埋恨何时绝"，反映出诗人对黄河岸畔战事连绵的愁怨之情，抒发对各民族和睦相处的渴望。

同样写成边守国，由于诗人感受不同，笔下的黄河意象万千，皆成其妙。王维的《使至塞上》，画面开阔，意境雄浑，仅用一特写镜头就表现了大漠长河的宏阔气势。王昌龄《出塞》道出汉代名将在西北边陲征战沙场的光辉历史。高适"青海只今将饮马，黄河不用更防秋"，柳中庸"三春白雪归青冢，万里黄河绕黑山"，无不是视野开阔，意象雄浑，具有震撼人心的力量。

边塞诗人王之涣的黄河诗，向来脍炙人口。《登鹳雀楼》诗"白日依山尽，黄河入海流。欲穷千里目，更上一层楼"，不仅将黄河的壮阔辽远描写得入木三分，而且生发出深邃的人生哲理。而他的《凉州词》，则用大写意的手法，描绘出一幅西北边塞壮美风光的画卷，抒发了戍边将士凄怨悲壮的情感，情景交融，引人遐想。

拥有"诗仙"之称的李白，笔触黄河便是壮阔恢弘。"黄河之水天上来，奔流到海不复回"，"黄河西来决昆仑，咆哮万里触龙门"，"黄河落天走东海，万里写入胸怀间"等诗句，既准确写出了黄河的雄浑特征和诗人真挚的情感，又融进了博大的民族情感和昂扬的民族精神。

"诗圣"杜甫笔下更多的是关注黄河水患及社会动荡对人民的危害，这与他始终关心民生疾苦的情怀是分不开的。"蜀江犹似见黄河"，奔波离乱中，他身在异乡，总是思念着家乡与黄河。当得知两京被安史叛军占领，杜甫痛苦不已，作诗《黄河二首》，道出了心中的悲愤。

黄河，奔流不息，大浪淘沙，留下的是黄河文明的精髓。一首首唐诗将黄河写入胸怀，将黄河精神融入生命，成为黄河文化宝库中一颗颗璀璨的明珠。

4. 宋元明清咏黄河

北宋都城东京濒临黄河，随着文化的繁荣，科技的进步，也产生了不少脍炙人口的黄河诗。这些黄河诗，或状黄河景色，或写水患灾景，或抒发政治理想，或议论治河方略，多方面反映了当时的社会现实。如魏野《茅津渡》"数点归鸦啼远树，人行欲尽夕阳路"；梅尧臣《黄河》"川气迷远山，沙痕落秋涨"，"浴鸟不知清，夕阳空在望"；司马光《河北道中作》"绿柳阴中白浪花，河边日日暗风沙。解鞍纵马悄无事，隐几看书随处家"。这些诗描写黄河风光和恬静平和的岸边景象，清新可读，别有情致，展示了和唐诗不同的景致，也是雅宋生活的一个折射。

苏轼《河复》诗写于宋神宗熙宁十年（1077年），这年秋天他刚任徐州知州，黄河在澶渊决口，奔涌的河水冲巨野，入淮泗，直奔徐州城。徐州被洪水围

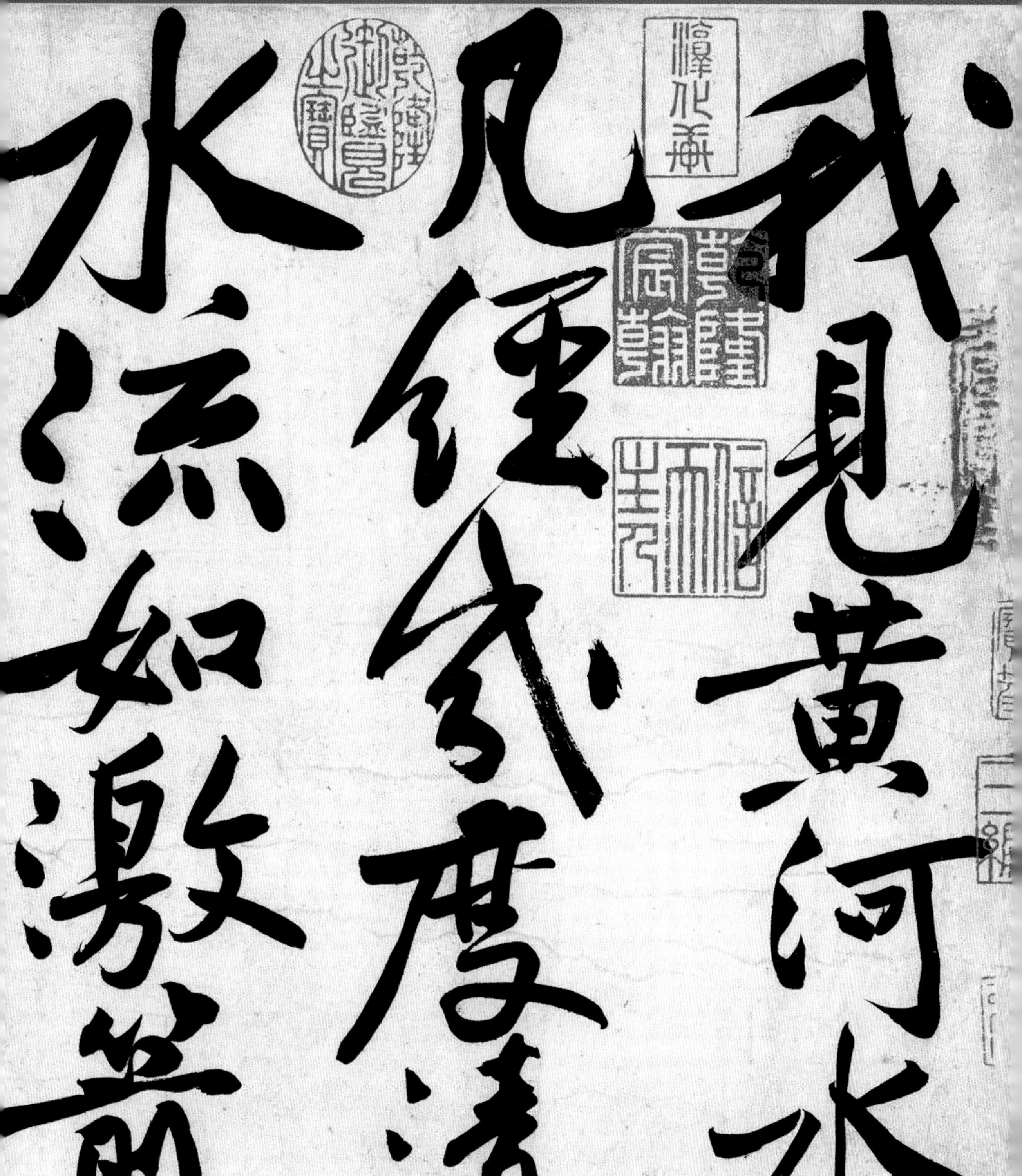

我見黃河水
凡經幾度清
水流如激箭

书寒山子庞居士诗帖（局部） 北宋 黄庭坚 台北"故宫博物院"藏

《水图》之黄河逆流 南宋 马远 故宫博物院藏

该图是南宋画家马远《水图》中的第六段。《水图》由十二册页成卷，是一幅绢本淡设色山水画作品。画家把劲拔、锐利的山水线条带入《水图》，显示出水的强劲之美态。《黄河逆流》以勾笔写意手法，采用粗重线条，展现黄河巨大波浪之间卷起的浪花，在奔涌抬升的同时，又呈现向后逆涌之势。充分表现出了黄河水浑浊、奔腾、激荡、咆哮，挟雷霆万钧之势，冲破艰难险阻的精神。作者创造的"马氏浪花"形象，为中国山水画的"水"形象开辟了新的道路，为此后各朝代的山水画所沿袭

困两个多月。苏轼带领徐州军民奋勇修堤抗洪，取得最终胜利。此诗即表达了作者的感奋之情，从中可以感受到苏轼的爱民情怀。

南宋时期，金兵入主中原，宋室退居江南，面对国破家亡，南渡诗人陆游对黄河怀有多重情感。"铁马冰河入梦来。""三万里河东入海，五千仞岳上摩天。遗民泪尽胡尘里，南望王师又一年。""追奔露宿青海月，夺城夜踏黄河冰。""坐思黄河上，横戈被重铠。"在陆游的诗情中，黄河既是对故国家园的思念寄托，又成为他对北定中原雪耻之望的不泯梦想的象征。

在艺术成就横溢的宋词中，写黄河的多为愁绪之作。如王奕"黄河水、依旧东

流。千古兴亡多少事，分付与、白头鸥"，描写他登临淮安的倚天楼，联想到南宋山河破碎的现实，江山更替，南宋大厦将倾，黄河水依旧东流，心中涌起不尽的感慨。

宋代之后，诗人更多地把目光投向了黄河两岸百姓的疾苦，显得厚重而深沉。金代刘迎的《河防行》、明代王崇献的《河决歌》、清代王连瑛的《隋堤行》和赵然的《河决叹》，都深刻反映了黄河洪水灾害的凄惨景象。"黄河适及秋水时，夜来决破陈河堤。""传闻一百五十村，荡尽田园及庐舍。""人家远近百无存，禾黎高低付一扫。""君不见，东村子，父兮救子父先死。又不见，西村女，母子相持死不已。"汹涌险恶的水情，生动真实的记述，心力交瘁、啼饥号寒的灾民惨状，催人泪下。

清代的黄河诗，在内容上，有许多反映修堤给劳动人民带来沉重徭役的现实；在艺术形式上，多为民谣。如李勃《筑堤谣》："岁筑堤，筑堤苦，止二更，作五鼓。十人�粥一人煮，刻期会食时用午。河冻冰冽，凿冰破肤。凿冰行取泥，贱命而贵土！"再如，马骏《里胥叹》："得已之役役不已，里胥夜半鞭夫起。脚踏层冰手抔土，髀肉冻裂黄河里。可怜民命等鸿毛，哀怨无声霜月高。"无尽的徭役，牛马般的劳作，治河官吏骄横跋扈，鞭挞民工，挥霍靡费，贪污金钱，激发了作者对当时黑暗社会的满腔义愤。

一条大河，引历代众多文人墨客感慨无限，吟咏不倦，诗歌与黄河，在历史的时空中交汇，黄河激发了文人的豪情，文人吟唱着黄河的气魄。千百年后，透过这些豪迈沉雄或思绪伤感的诗篇，人们依然能触摸到诗人笔下古老黄河的脉动，感受到中华民族的文脉气质。

清代是古代黄河诗的另一个高峰。作品之浩瀚，诗人之众多，达到了空前程度。清代的黄河诗，在内容上，明显特点是描写灾情多。清代河患频仍，河政腐败，贪污成风，人民负担沉重。这一时期的黄河诗，充满了对统治者的愤怒、怨恨，寄托了对人民痛苦生活的深切同情，表现了强烈的现实主义态度。在艺术上，清代黄河诗的突出特点是诗体民歌化，通俗晓畅，朗朗上口，流传广泛，对于揭露当时社会的黑暗统治，表现同情人民群众的正直呼声所起的作用，甚至远大于律诗。

异彩纷呈的大河艺术

吴带当风，曹衣出水。

——（北宋）郭若虚
《图画见闻志·论曹吴体法》

1. 古老黄土地上的生命之舞

在苍莽的黄河两岸，异彩纷呈的艺术灵光始终照耀着中华民族漫长的发展历程。黄河流域历史悠久的艺术创造和发展，孕育了舞蹈、音乐、绘画、书法、雕塑等多种艺术形式，留下了众多令人叹为观止的艺术珍品。

当中华先民在黄河流域这片古老的土地上第一次围聚在篝火旁手舞足蹈欢庆狩猎胜利的时候，人类伟大的生命之舞便开始萌动了。

据研究，最迟在仰韶文化时期，黄河流域的舞蹈艺术就已达到了日趋成熟的阶段。这可以从青海大通县孙家寨遗址出土的一个彩陶盆内壁的舞蹈画得到证实，该遗址属距今6000—5000年仰韶文化的马家窑文化类型。

《吕氏春秋》记载，黄河流域上古氏族部落首领阴康氏曾创作《大舞》来帮助民众活动筋骨、疏通血脉、散瘀消积。夏继承原始乐舞，禹命皋陶创作《大夏》乐舞，以颂扬大禹治水的功业。据记载，伊尹所作的《大濩》是在商部族古老图腾乐舞基础上改编的舞蹈。

进入文明时期，舞蹈从先民自娱性活动向表演艺术方向发展，夏商时期，国之大事取决于祭祀占卜，于是，从巫到舞，成为历史上第一代传承舞蹈者。西周开始重视舞蹈的教育价值，制定礼乐制度。春秋战国，随着礼崩乐坏，古乐日渐衰微，民间舞迭起。秦灭六国后，将各国宫中美人歌舞伎等集中到咸阳，对乐舞的交流融合起到促进作用。

汉代是中国古代舞蹈出现的第二个高峰。两汉时期，朝廷设立太乐、乐府等专职乐舞机构，促进了各地乐舞的发展，出现了李夫人、戚夫人、赵飞燕等著名舞者。汉武帝时期，扩大乐府机构，广泛征集民间乐舞，极大丰富了舞蹈传情达意的手段，增强了舞蹈的表现力。其中，经兼收并蓄、融合众技而成的百戏，即为当时流传最广的表演艺术形式。

三国两晋南北朝时期，出现了清商乐，产生了北魏云冈石窟的伎乐舞、白纻舞等重大艺术成就。各民族乐舞的大交流，为此后唐代乐舞的繁盛奠定了基础。

唐代，中国古代舞蹈进入发展的顶峰。《霓裳羽衣舞》《破阵乐》《九部乐》《十部乐》等新作相继涌现，舞蹈种类不断翻新，出现了健舞、软舞、歌舞戏、坐部伎、立部伎等多种舞类与表演艺术，编导、舞技、舞美设计等各方面得到了高度发展。到了宋代，舞蹈发展出现分流，宫廷乐舞衰落，民间舞空前繁荣，戏曲蓬勃兴起。及至元、明、清三代，舞蹈艺术进一步发生变异分支，在传统舞蹈和民间舞蹈中吸取营养的戏曲，逐渐走向成熟。

发源于黄土地上的中国古代舞蹈艺术，在多民族统一国家的漫长历史演进中，最终形成了绚丽多姿、色彩纷呈的荟萃园圃。

石刻胡旋舞墓门扇 唐 宁夏博物馆藏

2. 大河流域的心声旋律

　　黄河流域自古以来就生息着爱好音乐的人们，并且在很早的时候，音乐演奏水平就已达到了较高的程度。在距今8000年的裴李岗文化遗存中，考古发现一批由大飞禽腿骨加工而成的骨笛，制作相当精致，是中国发现时间最早、保存最完

贾湖骨笛 新石器时代 河南博物院藏
1987年河南舞阳贾湖遗址出土。该骨笛为贾湖先民截取鹤类尺骨创制而成，是我国迄今所见年代最早的乐器实物，被专家认定为世界上最早的可吹奏乐器。贾湖骨笛不仅能够演奏传统的五声或七声调式的乐曲，而且能演奏富含变化的少数民族或外国乐曲，对于研究中国音乐与乐器发展史具有重要意义

整的管乐器。半坡村文化遗址及黄河流域各地发现的陶哨、陶埙、陶钟等陶质乐器，成为仰韶文化时期音乐水平的鲜明标志。

在有关华夏文明起源的神话及史籍中，关于乐器的传说和记载则更加普遍。

传说中生活在黄河之滨骊山脚下的"女娲娘娘"，是原始乐器的创造人；伏羲氏"灼土为埙"制作乐器；神农氏亲手"柈土鼓"伴奏，让大臣刑天创作出名为《扶犁》的优美乐曲。

《吕氏春秋》记载的葛天氏更是以博大的气魄创作出了规模空前的歌舞《广乐》，帝喾高辛氏不仅命人制作出了《九招》《六列》《六英》等著名乐曲，还造出了鼙鼓、钟、磬、苓、管、埙、鼗、椎钟等乐器，帝喾率领群臣百工共同演奏。舜的乐官创作《九韶》，其中，《箫韶》是一部宗教性乐舞。箫韶九成，凤凰来仪，就是形容这首音乐的。

黄河流域的音乐发展一脉相承。夏代乐器种类丰富，有大鼓、钟、磬、管、箫等乐器。商代音乐有《大濩》《晨露》《九招》《六列》等乐章，乐器有编钟、编磬、编铙等，殷墟出土的乐器有陶埙、石埙、铜铃、铜铙。到了周朝，宫廷礼乐规模宏大，使用的各类乐器已达70多种，并逐渐形成了按乐器制作材料区

别的八音分类法。同时，就连观看演出的礼仪也规定得十分复杂。

春秋战国的音乐已是文化生活中的重要组成，如韩国的韩娥，沿街卖唱乞讨，其歌"余音绕梁，三日不绝"。秦朝宫廷中设乐府令等职官，专门负责收集、整理、改编民间音乐，供宫廷欣赏享用。汉承秦制，乐府被继承下来，由此发展起了鼓吹乐。据记载，西汉时期采集的著名民歌就有130余首，人们把这种民歌称为"歌诗"，魏晋以后称为"乐府"。秦汉实现了"大一统"，各民族进献民俗乐、本族乐舞等，各种类型相互交融，催生了新的音乐形式。

魏晋时期，清乐逐渐发展成为社会生活中最主要的音乐形式，在全国范围内传播发展。出现了嵇康、阮籍等一大批文人琴奏家，《广陵散》《猗兰操》《酒狂》等一大批名曲问世。

隋代继承了汉代以来相和曲、清商大曲的乐舞传统，同时汉族音乐与西域音乐长期并存、相互交融，使宫廷"燕乐"得到空前发展。唐代扩充隋九部乐为十部乐，白居易在《霓裳羽衣舞歌》中对于歌舞大曲的高超水平有生动描述。宋金

跪坐奏乐陶俑　唐　中国国家博物馆藏

元朝时期，中国音乐文化从宫廷、文人名士逐渐深入到市民，民间音乐蓬勃兴起。

进入近代，中国传统音乐与传入的西洋音乐交织融合发展，反映内容与表现手法更加丰富。在黄河流域的现代音乐世界中，诞生于中华民族危亡关头的《黄河大合唱》，筑起了中华民族保家卫国的精神长城，强烈抒发了全国人民面对国仇家恨，同仇敌忾，誓与来犯之敌血战到底的坚强意志，发出了"保卫家乡，保卫黄河，保卫华北，保卫全中国"的战斗呐喊，产生了巨大的力量。

3. 色彩纷呈的绘画书法艺术

黄河流域的绘画艺术，历史悠久。原始先民留在陶器与岩石上的纹饰和图案表明，早在五六千年前的仰韶文化时期，黄河流域的绘画艺术就已经达到了较高的水平。

这一时期绘画艺术的繁荣表现在：一是题材多样化。在史前文化时期各种类型的彩绘中，鱼纹、鹿纹、饕餮纹、蛙纹、雁纹、蝶须纹、花叶纹、花瓣纹、人面纹、鸟头纹等应有尽有。二是线条图案化。大部分画面已趋向图案化，有些甚至分解为更为简单的几何图形。三是方法灵活性。表现笔法自由奔放，花瓣的纹样更为复杂。四是内容丰富性。1978年，考古工作者在河南省汝州阎村的仰韶文化遗址中，挖出了3件彩陶缸，其中一个图案定名为《鹳鱼石斧图》的彩陶缸最为精彩，是截至目前发现的原始社会时期尺幅最大、内容最丰富的一幅彩陶画。黄河流域也有不少古代岩画遗存，如内蒙古阴山岩画、宁夏贺兰山岩画等。

进入文明时期，黄河流域的绘画艺术更加丰富。商朝青铜器的富丽纹饰，展现了绘画艺术发展的广泛深入。周朝对于绘画的形与色的要求，成为一种重要社会规范。汉代绘画技术已很发达，出现

在浩渺的宇宙中，色彩和线条构成了千姿百态的神秘天地。黄河流域的先人以色彩与线条组合而创造的绘画艺术，变奏出奇异无穷的艺术乐章和瑰丽世界。从感知大自然缤纷的色彩，到有选择地运用这些色彩进行创作，人类绘画艺术的启蒙经历了漫长的孕育和发展过程。今天所能看到的黄河流域最早的"绘画"，是距今数千年前原始先民留在陶器制品上或者绘在岩石、地面上的一些纹饰和图案。

了壁画、帛画、肖像画、神圣画等类型，形成了绘画艺术体系。

魏晋南北朝时期，绘画作品作为艺术创作而独立，产生了顾恺之、陆探微、曹不兴等一批以绘画才能著称的画家。佛教绘画的石窟壁画也开始兴起，具有代表性的有西域克孜尔石窟壁画和敦煌莫高窟壁画。魏晋南北朝也是山水画和花鸟画的萌芽时期，绘画理论著作开始出现。此时的绘画多画在绢素上，以长卷式为主。

唐宋两代，绘画艺术高度繁荣，涌现了一批绘画名家和传世佳作。绘画题材得到丰富拓展，人物、山水、花鸟、鬼神、鞍马等题材皆出现了具有极高艺术价值的作品。阎立本、吴道子、张萱等艺术家闻名后世。唐代伴随绘画艺术发展，产生了王维《山水论》、张璪《绘境》、张怀瓘《画断》等绘画美学理论。唐代宗教绘画十分盛行，在天水麦积山等地石窟中的精美壁画中，有一些还保留着当时绘画的基本风貌。

北宋时期，黄河流域花鸟

听琴图 北宋 赵佶 故宫博物院藏

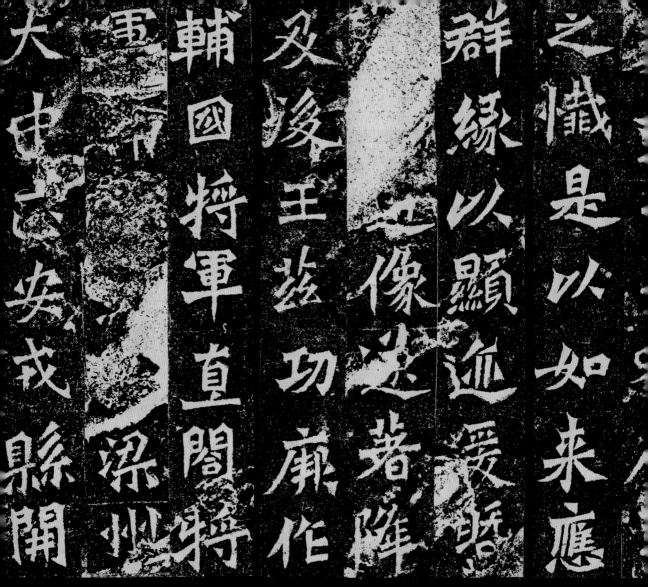

杨大眼造像记碑拓片 北魏 中国国家图书馆藏

画、山水画、人间风俗画蔚为大观，丰富多彩，占据了画坛的主流地位。这一时期的山水画既精致细微又大气磅礴，既有骨气又善于沉思，既长于描述外物又充分表达出人的精神境界，在技法上开创了独特风格。

宋徽宗赵佶亲自掌握翰林图画院，并将图画院列在琴、棋、书等各院之首。在宋朝廷的倡导下，绘画得到了极大发展，出现了范宽、郭熙、李唐、马远、夏圭、崔白、李公麟等一大批文人画家。

北宋时期的风俗画以张择端的《清明上河图》最为有名。这幅画以真实生动

的笔工，画出清明时节京都开封城内城外的繁盛景象。画面里有泛舟汴河的运货船舶、船工和纤夫以及辛勤劳动的搬运工。市内，桥梁、城楼、房舍刻画细致，酒楼、饭店、绸铺、香料店、药店，各种行业，店铺林立，市民熙来攘往，描绘出东京都城社会各阶层的生动面貌，是一件具有重要历史价值的优秀风俗画作。

元代由于寺观规模不断扩大，这一时期的壁画发展显示出相当的规模。其中山西省芮城县的永乐宫壁画是中国古代壁画的瑰宝，在世界绘画史上也是罕见的巨制。永乐宫壁画共有1000多平方米，以揭示道教教义和感召人心，其绘制时间略早于欧洲文艺复兴时期。

在中华民族的形成过程中，产生于黄河流域的汉字，让华夏先民告别了结绳记事时代，开创了中华文明的新纪元。根据考古研究，在距今7800—4800年的大地湾文化时期，就出现了中国文字最早的雏形。经过甲骨文、金文、钟鼎文、篆、隶、行、草、楷书等漫长时期的演变，汉字不断发展完善。汉字的特殊形式，毛笔的使用，以及汉字书写的艺术魅力，形成书法的独特风格。春秋战国时期著名的石刻《石鼓文》，笔画圆健，风神典雅，是这一时期石刻的代表，被称为千古篆法之祖。

晋代书法以王羲之、王献之最为著名。"书圣"王羲之出身山东琅邪王氏，吸收了魏晋古朴书风，其后更推陈出新，所作《兰亭集序》，笔势飘若浮云，矫若惊龙，被誉为"天下第一行书"。其子王献之的《洛神赋》，字法端劲，所创"破体"与"一笔书"为书法史上一大贡献。起源于黄河流域的魏碑书体，以北魏石刻为代表，笔法成熟，结构稳健，洛阳邙山墓志、《龙门四品》等，是其中的杰出作品。

唐代是中国书法史上的黄金时代，唐太宗李世民十分喜爱和推崇书法，设置书学博士，培养了大批书法艺术人才，欧阳询、颜真卿、柳公权等书法大家的作品，或端庄雄伟、气势开张，或骨力遒健，结构精严。

之后，宋代出现了又一个书法艺术高峰。"晋人尚韵，唐人尚法，宋人尚意。"宋人开创了追求意境的书法新风。以苏轼、黄庭坚、米芾、蔡襄为代表的书法家打破了晋代"二王"和唐代颜真卿、柳公权书法的严整格局，建立了抒发个性、纵恣疏放的书风，统领北宋书坛并在后世产生深远影响。文彦博、欧阳修、司马光、王安石、李建中、米友仁、陆游、朱熹等名家，也都有很高的书法造诣。

元代赵孟頫的书法艺术成就颇高，虞集、邓文原、鲜于枢、耶律楚材等也取得了不俗的成就。明代台阁体书法盛行，也有沈度、祝允明、文徵明、徐渭、董其昌等名家。清代早期帖学盛行，如王铎《拟山园》等。后碑学代之，成为大统。著名碑学书法家有邓石如、何绍基、杨守敬、吴昌硕、康有为等，名家云集，书坛面貌为之一新。

（右页）山西芮城永乐宫壁画（局部）元

神龙沛雨图 南宋（传）陈容
台北"故宫博物院"藏

在古代中国，黄河流域水利发展状况事关国家盛衰和政权兴亡。战国时期秦国修建的郑国渠，使关中地区粮食丰裕，国力强盛，为扫六合统一天下奠定了经济基础。汉朝时期开发白渠、成国渠等灌溉工程，五谷丰登，物产富饶，大大加强了朝廷的统治基础。北宋发展引黄淤地，成为一项富国裕民之举。漕运通，国运兴。黄河与运河漕运一直是历代定鼎中原的王朝立国之本。隋唐时期开凿大运河，北宋开发汴河漕运，从中原大地到江淮地区，长达数千里的河面上，千帆竞发，昼夜不息，源源不断地支撑着王朝京都的粮食物资供应，创造了一代代盛世繁华。

绿釉陶厨俑 汉 山东博物馆藏

先秦时期的黄河水利

丰年多黍多稌，亦有高廪，万亿及秭。

为酒为醴，烝畀祖妣。以洽百礼，降福孔皆。

——《诗经·周颂·丰年》

1. 周礼诗经话灌溉

农耕文明是中华文明的底色，农田灌溉是农业赓续发展的命脉。早在距今5000年的原始社会末期，作为古代中国农田灌溉的主要发源地，黄河流域的先民在完成"刀耕火种"向锄耕方式的进化后，就徐徐铺展开了利用灌渠发展农业的历史画面。

商代就有了关于引水灌溉的文字记载。殷墟甲骨文中的"𦥑"字，即指田边开辟的沟渠。西周时期，有关灌溉的记载明显增多。《周礼》对沟洫进行了较为细致的分类。沟渠名称及标准规定得非常细致：宽一尺、深一尺的叫作畎，宽二尺、深二尺的叫作遂，宽四尺、深四尺的叫作沟，宽八尺、深八尺的叫作洫，宽二寻、深二仞的叫作浍，浍就直通河流了。浍、

幽风图卷（局部） 南宋 马和之 故宫博物院藏
此图根据《诗经·国风·豳风》之诗意而作，描绘了人民耕种劳作的场面，笔法流畅，设色清丽古雅

洫、沟、遂、畎与现在的干、支、斗、农、毛相对应。

西周时期，沟渠的规模已形成了有排有灌的初级农田排灌体系。黄河流域从中游到下游都分布有沟洫水渠的遗迹。这些纵横的灌溉沟洫，将土地分割成形状像"井"字的方块，土地属周天子所有，有公田、私田之分，领主强迫庶民集体耕种井田，这就是西周时期施行的"井田制"。沟洫作为井田的重要组成部分，体现着古代中国的治理意志和层级分明、功能明确的农田水利系统规划，这种农田体制对西周乃至后代的农业产生了深远影响。

中国古代最早的诗歌总集《诗经》，对华夏先民逐水而居、引水浇地和农业灌溉有多处反映。

　　"滮池北流，浸彼稻田。啸歌伤怀，念彼硕人。"这是《诗经·小雅·白华》里的诗句，描述了这样一幅画面：在一望无垠的稻田里，一位妇人望着滮水缓缓地向北流淌，滋润着田野里的稻子，妇人低吟着歌谣，心中无比感伤，仿佛在说，稻子呀，你应该感谢滮水的灌溉。滮水滋养了稻子，负心的人却未能照顾自己的爱人，他真是连植物都不如啊！

　　"丰年多黍多稌，亦有高廪，万亿及秭。为酒为醴，烝畀祖妣。以洽百礼，降福孔皆。"这首充满丰收喜悦心情的诗歌告诉人们：丰收之年，仓廪丰实，收获的大量小米和稻子不仅能果腹，还可以用来酿酒祭祀先人，让祖先来品尝，祈求福禄与吉祥。在这里，一派丰收的景象，形象生动，令人如临其境。

田垄牧牛图 南宋 美国明尼阿波利斯艺术馆藏
在不满盈尺的团扇之上，画家以奇险的构图，用一条从右下斜穿左上的河，将整个画面明快地
一分为二，一边是纵横的阡陌，一边是树和远山，人和牛的形态栩栩如生。人与自然无间和谐，
古代农耕的现实主义与田园牧歌的浪漫主义完美统一

2. 从智伯渠到郑国渠

　　春秋末年，在"三家分晋"战争后诞生了我国历史上第一个黄河流域灌区。

　　当时，称霸中原多年的晋国逐渐衰落，实权由智氏、赵氏、韩氏、魏氏四家卿大夫把持，四家之中，智伯势力最大。公元前455年，智伯联合韩氏、魏氏进攻赵襄子，战斗之后，智伯想出以水代兵之计，在晋水源头的高冈处掘成大渠，使晋水注入新渠。图谋待暴雨水涨之时，决堤淹没晋阳赵家地盘。哪知此计被赵襄子截获，情急之下，赵襄子派人连夜潜入韩、魏两营，用"唇亡齿寒"的道理，说服两家与赵氏结盟，消灭智伯。在赵襄子精心策划下，赵、韩、魏三家联手，令大水倒灌智伯军营，大破智军，擒杀智伯，把智氏的土地全部瓜分掉，晋国公室名存实亡。之后赵、韩、魏三家瓜分晋国剩余土地，这就是历史上著名的"三家分晋"。

为以水代兵而挖掘的"智伯渠"，后来经过当地劳动人民的修浚，成了一座引水灌溉渠道。它比李冰父子修建的四川都江堰早约200年。

智伯渠从公元前453年开始灌溉兴利之后，历经整修、改造和续建，灌溉效益不断扩大。隋唐时期"引晋水灌稻田，周回四十里"。宋熙宁八年（1075年），溉田600余顷，管理有序，结束了历史上争水、占水的混乱局势。

战国末期，著名的郑国渠也是在波诡云谲的军事政治图谋中产生的。

位居黄河中游腹地的秦国，自商鞅变法之后，国力日益增强，一跃成为战国七雄中的强国。韩与秦境土相连，七国之中国力最弱，秦国的强大首先威胁到的就是韩。韩国为了阻止秦国发展，想出了"疲秦"之计，派水工郑国劝说秦兴建长达300余里的水利灌溉工程，企图借此消耗秦国国力，令其无暇东顾。郑国来到秦国，面见秦王嬴政，从秦国发展大计、灌溉效益、渠道规模、施工组织等方面，极力陈述修建这座灌溉工程的重大意义。

秦王嬴政听后，认为他的建议切中了制约秦国经济发展之弊端，能够解决秦国干旱缺水的问题，还能淤灌增产，决定采纳其建设，并任命郑国担任总水工，开始征调大量人力与物料，投入渠道施工建设。

郑国渠的修建工程浩繁。引泾渠首进水口位于泾河瓠口一带的老虎岭，干渠宽24.5米，渠堤高3至5米，堤顶宽15至20米，渠深10米。沿北山南麓自西向东，沿途需要开挖蜿蜒长达126千米的干渠，其长度，是四川都江堰灌溉干渠的2倍多，是魏国引漳十二渠中邺渠的15倍。为了加大水量，还要拦腰截断许多山川河流，将冶水、清水、浊水、石川等收入渠中。开山劈石，拦河筑堰，在当时的生产力条件下，其工程难度不可想象，财力物力耗费巨大。据史书记载，当时修建该渠出动人力多达10万人。

修建过程中，秦王嬴政发现这是韩国实施的一个阴谋诡计。这在秦国宗室大

（下页）郑国渠经历代改建，演变成为今日泾惠渠　陕西省水利厅供图

臣中引起了激烈反应。他们认为，外国谋士来秦献计都是为了本国利益，企图削弱秦国，因此强烈要求杀郑国，并驱逐所有外国说客。嬴政一怒之下，接受宗室大臣进言，颁布《逐客令》，驱逐六国客，传令将郑国以死罪关押大牢，待审后立斩。

时任工程总监督的李斯是楚国人，也在被逐之列。看到秦王的逐客令，他在惶恐不安中，置个人安危于不顾，愤然上书劝说秦王不要逐客，写下了流传千古的《谏逐客书》，论述了广揽人才的重要性，雄辩滔滔，深深打动了秦王。秦王宣布废除逐客令，允许各国人才继续为秦国效力。

此间，郑国在牢狱中，也为自己辩解道，此渠告成，"则臣为韩延数岁之命，而为秦建万世之功"。

嬴政为秦国宏图大业着想，鉴于引泾灌溉工程正在修建之中，若中途放弃，劳民伤财，委实可惜。于是，便宣布赦免郑国，让他继续主持修建渠道。郑国深为秦王的宽宏隆恩所感动，作为这项庞大工程的筹划设计者和总负责人，在设计施工中表现出了杰出的智慧和才能。引泾灌渠的设计，充分利用关中平原西北高、东南低的地形特点和水系特征，最大限度地控制灌溉面积，形成了全部自流灌溉系统。

为了保证灌溉水源，郑国采用独特的"横绝"工程技术，通过拦堵沿途的清峪河和浊峪河等大小河流，让河水流入总干渠，河流下游灌溉的土地面积得到扩大。同时，在渠岸南堤的横绝处修建了一条退水渠，可以把多余的水量退回泾河，既保证了渠道的蓄水安全，也起到了排沙的功效。取之于水，用之于地，归之于水，其设计十分精妙，反映出很高的测量技术水平。

郑国渠工程浩大，历时10年才正式竣工。首开引泾灌溉之先河，灌溉今泾阳、三原、高陵、富平、蒲城、白水等县区的面积达4万顷之多。

引泾灌溉工程的建成，使关中平原成为旱涝保收的天府之国，"关中为沃野，无凶年，秦以富强，卒并诸侯"，为秦国最终完成统一中国的大业奠定了坚

> 臣闻地广者粟多，国大者人众，兵强则士勇。是以太山不让土壤，故能成其大；河海不择细流，故能就其深；王者不却众庶，故能明其德。是以地无四方，民无异国，四时充美，鬼神降福，此五帝三王之所以无敌也。今乃弃黔首以资敌国，却宾客以业诸侯，使天下之士退而不敢西向，裹足不入秦，此所谓藉寇兵而赍盗粮者也。
>
> ——李斯《谏逐客书》

实的基础。公元前221年，秦始皇嬴政荡平诸侯，实现了河山一统的伟业，中国历史从此翻开了新的一页。

为了纪念这位卓越的水利工程专家，后人将这项引泾灌溉工程称为"郑国渠"。一条源于"疲秦"计谋的灌溉工程，嬗变成为一项强秦工程，在中国历史上留下了千古佳话。郑国渠规模浩大，设计科学，技术先进，实效显著，为世界水利史上所罕见。1996年被国务院公布为第四批全国重点文物保护单位，2016年入选世界灌溉工程遗产，其珍贵的历史科技文化价值被永久保护，"天下第一渠"的美名将永载世界水利史册。

3. 西门豹与漳水十二渠

战国初期，西门豹治水的故事广为传颂。

当时，古漳河在今河北磁县和临漳县的邺地注入黄河。漳河水势狂暴，时常泛滥成灾。当地土豪与巫婆勾结，将漳河水患说成是河伯作祟，并称要想平息水患，必须挑选年轻貌美的女子投入水中，嫁与河伯为妻，历年借此坑蒙钱财，害人性命。受此胁迫，当地百姓背井离乡，四处逃亡，大片土地荒芜。

魏文侯二十五年（公元前421年），西门豹奉命来邺地任令守。听闻当地土地荒芜的缘由后，西门豹决计治水，造福百姓，而治水必先破除"河伯娶妻"这一残害百姓的陈规陋习。

到了"河伯娶妻"这天，西门豹率众来到漳河岸边，此时围观的百姓已聚集了两三千人。就在一切准备就绪，准备把选好的河伯新妇投入河水时，西门豹以新妇容貌平平不够资格为由，要女巫向河伯禀报，令僚属将女巫投入漳河。接着，西门豹又以女巫久去不归，需派人前去催促为由，让手下先后将女巫的弟子以及土豪扔进河中。其他地方吏员吓得魂飞魄散，急忙磕头求饶，交代了所谓"河伯娶妻"的真相。

西门豹重拳出击，铁腕惩治巫婆和土豪之举，震动了邺地。从此，沿袭多年的"河伯娶妻"陋习被革除，为当地百姓除了一大祸害。

接着，西门豹请来魏国治水的能工巧匠察看地形和水情，规划设计治理漳水的水利工程。此工程是在漳河出山口修建十二道低堰，呈梯级布设，层层拦截流水。在每个低堰上游的南岸开一引水口，设闸门控制。枯水时，十二道低堰拦蓄水流，供给渠道足够的水量，使农田得到良好灌溉；洪水时，水流从低堰滚过，经层层拦截，水流自然变缓，消减洪水水势，保证渠道安全。这就是历史上有名的"引漳十二渠"。

引漳十二渠的开凿，滋润了邺地大片农田，由于漳河上游流经太行山区，落淤的泥沙中含有多种营养，在引漳灌溉田地的同时，还可以使两岸的盐碱地得到改良，大大改善耕地质量，提升粮食产量。逃往外乡的邺地人，听说家乡出了贤明的官员发展水利灌溉，便纷纷返回故土家园，农业生产连年丰收，邺地的官赋由此大增。

西门豹在开渠引水的同时，根据这里地多人少的状况，扩大对农民开发田地的授权，闲置土地得到大量开垦。同时，实施"寓兵于农，藏粮于民"的政策，使邺地成为战国时期的东北重镇。后来魏文侯将邺地作为魏国"陪都"，邺地的发展促进了魏国的繁荣，使之成为战国七雄中的强盛之邦。

西汉司马迁在《史记》里专门记述了西门豹的功德，给予他"名闻天下，泽留后世，无绝已时"的高度评价。隋唐以后，邺地一带形成以漳河、洹水为水源的灌区，灌溉农田10余万亩。当地民众中流传着"持酒登堂酬西门，邺城千载甘棠芬"的诗句，表达人们对西门豹的崇敬之情。

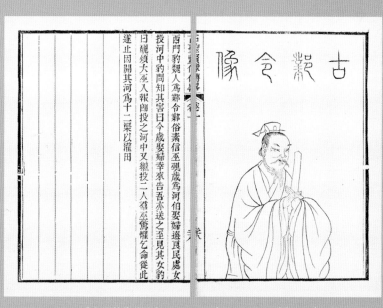

《古圣贤像传略》之西门豹 清 顾沅辑 孔莲卿绘 清道光年间刊本

衣食京师，亿万之口

> 田于何所？池阳、谷口。郑国在前，白渠起后。举锸为云，决渠为雨。泾水一石，其泥数斗。且溉且粪，长我禾黍。衣食京师，亿万之口。
>
> ——（东汉）班固《汉书·沟洫志》

1. 河渠浇灌关中平原

两汉时期，黄河流域的农田水利呈现出蓬勃兴盛的局面。关中平原八百里沃野平川，疏松肥沃的土壤便于耕垦，但降水量不足、干旱缺水一直制约着农业的发展，为此，大汉王朝在京都周围的渭河、泾河、洛河等流域先后修建了引水灌溉工程。

龙首渠即为汉武帝时期修建的一处著名水利工程。元朔年间，一个名叫庄熊罴的官员上书，称陕北洛水东岸有一万多顷盐碱化土地未能耕垦。这里一马平川，生产潜力很大，当地民众意欲引洛水灌田。但引北洛水穿山凿渠工程浩大，绝非民间所能为。因此，建议由朝廷出面兴凿引北洛水利工程，汉武帝看到奏文后表示同意。诏令"发卒万余人穿渠",历经10多年施工,终于建成这一灌溉工程,因施工中曾挖出恐龙化石,故而将该渠命名为"龙首渠"。

继龙首渠之后,关中地区又先后开凿了六辅渠、成国渠、灵轵渠等。汉武帝元鼎六年(公元前111年),令内史兒宽在郑国渠北岸利用冶峪、清峪、浊峪几条小河的水源,主持兴建了六辅渠水利工程,将原来郑国渠施惠不到的土地改造为水浇地,扩大了郑国渠灌区的范围。

汉武帝太始二年(公元前95年)兴建了引泾工程——白渠。为了使郑国渠灌区与渭河之间的大片土地变瘠堵为沃壤,赵中大夫白公经过勘察研究,上书武帝,建议在郑国渠南面再修建一条连接泾渭的水渠。汉武帝随即诏令实施,发夫

汉渠历史照片　黄河博物馆供图

开渠。白渠西端从郑国渠南侧开口引泾水，东流经过栎阳县，到下邽县注入渭河，全长200里，这样，池阳、栎阳及高陵等县部分农田得到了灌溉之利。因白公为修建此渠呕心沥血，造福人民，得到了武帝与四方百姓的赞许，该渠便命名为"白渠"。后世将白渠与郑国渠并称"郑白渠"。

汉武帝时期，在引泾工程兴建的同时，引渭水灌溉农田的水利工程也在关中兴工动土。陕西的成国渠是引渭灌溉的最大工程，大渠西起郿县（今眉县），从渭水北岸与渭河平行，引水东流。引渭水经扶风、武功、兴平、咸阳复入渭，全长240余里，灌溉武功、兴平、咸阳、高陵等县2万余顷田地。

流经关中平原的河流富含泥沙，引水改造盐荒瘠地，清流溉田，泥沙淤地，"且溉且粪"，一举两得。纵横交错的河渠和水利工程滋润了关中，"衣食京师，亿万之口"，汉代统治者正是靠着这片丰美的高产良田，将历史带进了辉煌灿烂的一页。

2. 隋唐黄河灌溉事业的发展

在以农立国的古代中国，农业发展状况直接影响到国家政权的兴衰与存亡。581年，隋王朝建立。为发展农业，隋王朝在京师所在地长安及其周围和关中一带，修建有永丰渠、普济渠、茂农渠、金氏陂等农田水利工程。

隋开皇元年（581年）都官尚书元晖奏请，引杜阳川之水灌溉武功县西南的三畤原，工程完成后，数千顷盐碱地得以明显改良。在黄河下游的怀州，隋又修建了利民渠和温润渠。这些水利工程，对隋朝政权的巩固和南北统一，以及农业经济发展起到了一定的促进作用。

唐王朝继兴，以其辽阔的国土、开明的政治、发达的生产、繁荣的文化、强盛的国力，将中国封建社会推上了一个高峰。

为了医治隋末战争造成的创伤，巩固国家的统一，维护和加强自己的统治，唐初统治者推行了一系列有利于统一安定和发展农田水利的政策。关中平原作为东方王朝的政治中心，水利事业又一次进入了高潮。

久负盛名的郑白渠是这时扩建的重点。此前由于两渠已大部分淤废，因此扩建工程首先从兴修引水工程开始。具体工程措施是，在泾河中用块石筑起一座类似都江堰分水鱼嘴的石堰，将泾水分为两支，南支为泾水主流，东支则流入郑白渠。石堰用铁器相连十分牢固，长宽各约150米，人称"将军翼"。这座灌区引水建筑物的首次出现，显著扩大了引水量。

郑白渠扩建工程的第二步，是将白渠改造为太白、中白、南白三条渠道，称之为三白渠。位于陕西泾阳县西北处的太白渠为三渠之首，在这里与将军翼引水工程相连，东流到富平县，南入漆沮水。在泾阳县之南分出的中白渠，向东流经高陵县，在下邽县与渭河相连。南白渠是中白渠分出的一条渠道，主要流经高陵县境，在县东南入渭河。这样一番改造扩大了百渠灌溉面积，灌田可达4万顷。

唐代关中的另一处水利工程是对成国渠的扩建改造。咸通十三年（872年），将苇川、莫谷、香谷、武安四水导入成国渠，大大增加了灌区的水量。此后又经过对干渠的修复与渠系的调整，灌区面积大为扩展，2万多顷农田深受其益。

汾河是黄河第二大支流，中下游一片平原川谷。唐太宗李世民登基后，非常重视汾河水利的兴复。在朝廷的大力支持下，先后在太原、文水县开凿了晋渠、文谷引水工程，继而开凿甘泉渠、荡沙渠、灵长渠、千亩渠，将整个灌区的灌溉面积扩展至数千顷。绛州一带的引汾灌区是汾河流域较大的水利工程。唐德宗贞元年间绛州刺史韦武在朝廷的支持下，将原来分散的工程统一规划，协调布局，重新修建为一个统一的大型水利工程，灌溉效益大大提高，1.3万余顷农田得到渠水的浇灌。

3. 北宋熙宁变法与引黄灌溉

宋朝的建立，使长期纷乱的时局基本结束。太宗赵光义即位后，继续进行统一事业，鼓励发展农业生产，加强中央集权，确立文官政治，进一步促进了宋朝内部的稳定。但由于两次对辽北伐失利，北宋逐步改变策略，从战略进攻转为战略防御，积极谋求国内和平建设。宋真宗时期，与辽国签订"澶渊之盟"，停战修和，结束了宋辽之间的战争，使国内经济得到了长足的发展。

仁宗、英宗至神宗时期，社会趋于稳定，经济规模空前，文化盛极一时。然而，在大宋王朝表面繁荣的背后，也隐藏着深刻的阶级矛盾和社会危机。由于土地兼并现象严重，大批农民丧失土地，百姓苦难，怨声不断。兼并发财的富豪刻意隐瞒土地，导致国家财政收入锐减，出现了立国以来少有的财政赤字。治平四年（1067年），神宗赵顼即位后，决心大力推行新法，改变这一状况。熙宁初年，朝廷专门设置制置三司条例司，任用王安石为参知政事，主持推行以富国强兵为主旨的新法，史称"熙宁变法"。水利兴，农业兴，"衣则成人，水则成田"，身为辅弼大臣的王安石在宋神宗的大力支持下，掀起了农田水利建设的高潮。

这一时期，关中平原引泾水灌溉工程的修复，被提上重要日程。曾有过辉煌历史的引泾灌区，由于唐末长期战乱，灌溉之利大受减损。在熙宁变法大兴水利的热潮中，关中地区三白渠灌区的复兴受到特别关注。熙宁五年（1072年）八月，王安石在向宋神宗建议农田水利事宜时，明确提出"三白渠为利尤大，兼有旧迹，自可极力兴修"。神宗坚定地支持王安石的建议，即令都水监丞周良孺前往考察并筹划大修事宜。神宗甚至表示，修建这一工程，即使动用皇室藏钱亦在所不惜。

周良孺与相关知县及水利官吏磋商后，提出两套方案供朝廷选择决策。第一套方案是从石门洪口筑堰

《钦定授时通考》所载范仲淹开河法
清乾隆七年（1742年）武英殿刊本
香港中文大学图书馆藏
在王安石熙宁变法之前，范仲淹曾于北宋仁宗庆历年间主持新政（1043—1045年），以救积弊，但为时甚短即被废止

壅水，开新渠到临泾镇东入白渠，可灌溉农田2万余顷。第二套方案是自洪口开渠东北行五六十里到云阳县接白渠，可比第一套方案多灌溉1万顷。神宗拍板定案，决然选择了灌溉效益高的后者。为使工程资金得到保证，王安石奏请神宗拿出官府借贷的利息钱，支持当地兴办这一灌区工程。神宗还指派负责皇帝内廷事务的官员黄怀信专管器材物料，加强后勤保障，足见大宋朝廷对实施这项工程的决心之大。

据史书记载，从熙宁三年（1070年）到元丰元年（1078年）的9年间，全国兴修和恢复水利工程1万多处，36万多顷土地得到灌溉，变成了旱涝保收田。其中，黄河下游两岸的开封府、河北西路、河北东路、京东东路、京东西路、京西北路、河东路、秦凤路等地，兴修水利工程有750余处，灌溉面积达13万多顷。

熙宁变法30多年后，宋徽宗大观年间，北宋朝廷又对引泾灌区进行了一次大规模维修改建。这是引泾灌溉史上第一座建立在岩石河岸上的工程，渠首规模宏大，工程难度高。在泾河上游山尾处开挖总长为3100多尺的输水石渠，上宽14尺，下宽12尺，最深处达38尺，渠首开凿两条引水石渠。工程历时两年，总用工75万。经过一系列改建修整，大大扩展了引泾灌区面积，泾阳、醴泉、高陵、栎阳、云阳、三原、富平等7县的2.5万多顷田地得到了灌溉，取得了可观的效益。为此，徽宗皇帝为此渠特赐"丰利渠"之名。

北宋熙宁年间的另一项重要水利建设，就是开启了前所未有的引黄淤灌高潮。

黄河及其支流经过黄土高原挟带着富含大量有机物质的泥沙奔泻而下。河水流经之地，泥沙沉淀，可将盐碱贫瘠之地变成肥沃土壤。古人发现这种自然规律后，就开始有意识地主动放淤改土。这种利用黄河自然之力改良土壤的办法，叫作"引黄淤灌"。

淤灌之法，早在汉初就已为人们所运用。《汉书·沟洫志》曾记载："泾水一石，其泥数斗，且溉且粪，长我禾黍。"这里的"粪"，即指借泥沙改良盐碱土壤，提高农田肥力。

王安石把放淤灌田作为发展黄河灌溉事业的一项重要措施加以推行。宋神宗对于这项新的措施给予了鼎力支持，他不仅多次派人深入淤灌区了解庄稼生长情形，还曾让人从淤灌田地里取来土样，亲手捻摸，甚至动口尝了一尝，感觉"极为细润"，充分体现出对放淤灌田的情有独钟，这无疑为大规模放淤发放了特别通行证。当时，中央设置了"都大提举淤田司""总领淤田司"等专门管理机构，制定了奖惩条例，并拨出专款支持地方开展淤灌工作。仅熙宁七年（1074年）到十年（1077年）3年间，从朝中淤田司及营田司下拨的款项就有15.54万余缗。北宋朝廷的大力倡导，极大地提高了各地积极性，黄河中下游地区放淤灌田如火如荼。

放淤首先在开封府的汴河上展开。熙宁二年（1069年），朝廷秘书丞侯叔

柳龙骨车　北宋　郭忠恕　日本东京国立博物馆藏

黄河万里图（局部） 清 美国大都会艺术博物馆藏

献上书，提议在汴河两岸建水门开渠放淤灌田。朝廷当即允准此议，命其与著作郎杨汲共同主持兴办此事。他们连年在开封府引黄河、汴水淤灌沿岸农田，仅熙宁七年（1074年）朝廷淤田司在开封府阳武、酸枣二县引河淤灌，就动用了四五十万民工，场面蔚为壮观，成效显著。其间，为保证放淤工程正常进行，汴河漕运还曾两次停航，第二次停航时间长达两旬。汴河漕运是大宋王朝的生命线，为实施放淤而短期停航，可见宋朝对放淤灌田何等重视。

　　开封府淤灌区的成功实践，为大范围推广积累了经验。灌区很快扩展到黄河、汴河沿岸各地。熙宁五年至熙宁八年（1072—1075年），河北洺州引漳河、洺水淤灌，沧州引黄河水淤灌种稻，深州、永静军开渠引黄淤田2.7万多顷，均收到了良好成效。

　　在山西南部与关中东端，另一个重点放淤灌田区也迅速发展起来。黄河东岸山西境内的河中府，引黄河水放淤，一次就淤灌2000多顷。黄河西岸的陕西同州

府，遥相呼应，引黄河、北洛河淤灌，相继展开。

据《宋史》记载，当时几个淤灌集中分布区，"沿汴淤泥溉田，为上腴者八万顷"，规模效益十分可观。王安石称赞说，这是"自秦以来，水利之功未有及此"。

与此前相比，北宋时期对引黄淤灌的规律有了更加深入的认识，放淤的技术也大为提高。一是更加注意对放淤区域的控制。在部分盐碱地得到改良的同时，避免淹浸良田。二是从研究黄河泥沙的成分变化入手，确定放淤时间，以达到更有效的改良土壤的目的。

在宋神宗、王安石君相的全力支持下，广大淤灌地区从盐碱不毛之地嬗变成为良田，耕地面积扩大，土地增值翻番，粮食产量大增。同时，北宋引黄放淤、改良土壤的实践，也为利用黄河泥沙资源开辟了一条新路，成为古代治河史上的一次重要事件。

天下黄河富河套

> 贺兰山下果园成，塞北江南旧有名。水木万家朱户暗，弓刀千队铁衣鸣。
>
> ——（唐）韦蟾《送卢潘尚书之灵武》

1. 历尽沧桑的宁夏古灌区

黄河流至宁夏，进入河套地区的西套，即宁夏平原。黄河纵贯全境397千米，山舒水缓，沃野千里。这里地处游牧文明与农耕文明交错带、多种文化交汇区，自古以来，依黄河而生存，享引水灌溉之利。丰美的黄河水，孕育了河套平原的农业文明。

宁夏引黄古灌区，南临萧关与关中平原，北接内蒙古河套平原，东界鄂尔多斯高原台地，西依贺兰山天然屏障。灌区沟渠阡陌，土地肥沃，谷稼殷积，物阜民丰，素有"天下黄河富宁夏"之称。

据史书记载，秦始皇统一全国后，宁夏平原被纳入版图。针对北方匈奴时常犯境为患，秦始皇派大将蒙恬率领30万大军

（左页）宁夏银川承天寺塔 *Ground and Aerial Views of China* 系列，系德国飞行员科斯特（J. P. Koster）1940 年前后拍摄 美国加州大学伯克利图书馆藏

宁夏中卫沙坡头旅游区，长城遗址背景上的古代水车模型

击败匈奴，收取宁夏和内蒙古河套地区，沿河筑城为塞。又令关中3万户居民移居河套地区，并将内地刑徒发配迁徙于此。随着移民戍边人口剧增，粮食给养不足问题凸显。从内地长途运输十分不便，且途中损耗很大。为此，秦始皇在宁夏河套地区开垦农田，开始了凿渠引水灌溉之举。

位于青铜峡东岸的秦渠，相传即始建于这一时期。后经历代修缮扩建，秦渠干渠全长60千米，灌溉面积16.1万亩。

西汉时期，汉武帝在拓疆扩土的同时，对河套地区的引黄灌溉也进行了较大规模开发。汉武帝元朔二年（公元前127年），武帝命大将军卫青统兵10万北伐匈奴，收复黄河以南地区，在此置朔方郡，沿河北阴山一带筑起城池，驻扎兵士。这些驻军，军情紧急时奉命征战，战事平息则以垦殖务农为主，称为军屯。与此同时，汉王朝从内地招募10万农民，出塞入套开荒种地，军屯与民屯共同开发汉代边地水利。后经历代疏浚建设，汉渠不断巩固发展。

进入唐代，随着社会生产力的提高，河套平原的引黄灌溉规模得到进一步发展。朝廷除了对汉代旧渠进行全面整修，又新建扩建了一批引黄灌渠。其中最负盛名的唐徕渠，建于武则天年间。该渠闸口开在青铜峡旁的一百零八塔下端，经永宁、银川、贺兰等地向北到平罗，全长322千米。从地势上看，唐徕渠灌区由河西阶地前缘向地势低洼的平原中部发展，表明唐代农田灌溉技术已发展到了相当高的水平。唐代诗人韦蟾"贺兰山下果园成，塞北江南旧有名"的诗句，就是对唐朝大力发展引黄灌区的形象描述。如今的唐徕渠，有大小渠道500多条，灌溉着120万亩农田，居银川平原十四大灌渠之首。

2. 元明清时期重修汉唐古渠

北宋之后多年的战乱，使黄河流域的灌溉设施遭到严重损坏。蒙古政权灭金后，北方局势渐趋稳定，为了解决赋税不足、军队给养乏用的迫切问题，元太宗十二年（1240年），窝阔台大汗命梁泰、郭时中率众整修三白渠，古老的引泾灌区得以初步恢复。

元世祖忽必烈即位后，当年诏告天下"国以民为本，民以衣食为本，衣食以桑农为本"，确立了重农的国策。宁夏河套地区的水利建设的恢复，受到元朝政府的高度重视。至元元年（1264年），忽必烈命郭守敬前去视察西夏的河渠水利。郭守敬沿着黄河两岸，对宁夏平原干支渠状况进行了实地勘查，深入了解当地地势、水情、灌溉历史和治水经验。在当地政府官员支持下，郭守敬主持的汉延渠修复工程正式拉开序幕。

郭守敬纪念邮票
1962年12月发行《中国古代科学家（第二组）》邮票，全套8枚。其中一枚采用郭守敬画像，反映了其科学实践活动在中国历史上的重要性

九旒冕 明 山东博物馆藏

　　对于渠道线路，当时很多人主张废弃旧渠，另开新渠。郭守敬经过调查认为，另开新渠费工费时，他主张将重点放在修复疏通旧有渠道上，据此提出了"因旧谋新，更立闸堰"的综合治理方案。

　　在郭守敬的具体指导下，元初的宁夏水利建设普遍采用新的工程技术，修筑渠、堰、陂、塘，大量采用了调节水量的闸堰，即水坝和斗门。在水坝和水闸控制调节下，干旱时开闸引水入田，以收灌溉之利；雨涝时则关闭闸门，以避泛滥之灾。整个灌溉区具有完备的引水灌溉和防洪排涝功能。譬如，在修复唐徕渠时，沿河渠道坝闸设计精细、质量坚固，从兴筑水渠到修建水坝和水闸以调控水量，是灌溉技术上的一大进步。

　　郭守敬经过数年的辛勤劳作，率宁夏屯田军民修复疏浚宁夏主干渠12条、支渠68条，汩汩渠水浇灌着千里沃野，9万余顷土地恢复灌溉。西夏故地外出逃难的人们陆续回到家乡，重建家园，宁夏黄河两岸重现"塞上江南"的繁华景象。

　　明朝时期，宁夏引黄灌溉工程被不断加以整修。明英宗正统四年（1439年），宁夏巡抚都御史金濂发动4万民夫，对沙州七星、汉伯、石灰3座引黄灌渠进行了疏浚，恢复灌溉田地1300余顷。明孝宗弘治七年（1494年），根据巡抚都御史王珣的建议，组织疏浚了黄河西岸、贺兰山旁的一条渠道，"长三百余里，广二十余丈"，并于灵州金积山河口开了新渠，扩大了灌溉面积。明神宗万历十九年（1591年），在河东汉渠、秦渠两渠修筑石坝，在渠外疏浚一条大渠，北达鸳鸯诸湖。明代宁夏灌渠基本稳定发挥了应有的作用，促进了当地的农业生产。

从清王朝建立到道光年间，由于统一时间长，社会比较安定，黄河流域农田水利事业得到了一定的发展。尤其是具有悠久历史的宁夏灌区，清代的开发利用达到了前所未有的水平。

康熙四十七年（1708年），为解决唐徕渠灌溉能力的不足，在黄河西岸贺兰山东麓新修了大清渠。雍正四年（1726年）及之后又增修了惠农渠、昌润渠。新建的三渠与唐徕渠、汉延渠合称"河西五大渠"，进一步发展了宁夏地区的水利事业。

斗转星移，时光荏苒。2017年10月国际灌排委员会执行大会表决通过，宁夏引黄古灌区被列入世界灌溉工程遗产名录。引黄古灌区以促进宁夏农耕文明发展的辉煌历史成就，载入世界文明发展史册。

3. 清道光年间的后套开渠新政

后套平原是黄河古老灌区，内蒙古的粮仓。远在战国时期，魏国和赵国就曾在这里的黄河两岸屯垦，秦汉时期多次向此地大规模移民。北魏时期，拓跋鲜卑在河套平原崛起，大力推进开渠兴农，养马兴牧，国力强盛，河套平原成为北魏王朝之后入主中原、巩固北疆边防的经济支柱。到唐代，河套平原经历了历史上又一次大规模农业开发，在今内蒙古五原县南部开挖咸应、永清等引黄灌溉沟渠，灌溉农田达数百顷。

> 黄河流过宁夏平原，急流北上，穿越贺兰山余脉，在浩瀚的沙漠与鄂尔多斯高原之间，缓缓流入内蒙古河套平原。河套平原分为两个部分，巴彦高勒至乌拉山之间，称为后套；乌拉山以东称为前套。

到了清代，统一的多民族国家进一步巩固，农耕文明与游牧文明的分野已成过去。清代在经济上

宁夏中卫沙漠驼铃 蔡恭杰摄

实行奖励垦荒、兴修水利等农业生产措施。河套平原引黄灌溉得到了空前发展。

　　清道光年间，因北方大地水旱灾害频发，冀、晋、陕等地人民陷入苦难深渊，无以为生，纷纷走进河套种地谋生，俗称"走西口"。随着进入河套的人数日益增多，耕地紧缺成为问题。为此，道光皇帝决定对河套开发政策进行重大调整，于道光八年（1828年），颁旨修改康熙时期禁令，准许开放河套境内"缠金地"，招商垦种。"缠金地"即临河地区，位于河套平原腹地，坐落在黄河"几"字弯上方，南与鄂尔多斯高原隔河相望，北依阴山，东与乌拉特草原紧密相连，经过历代开发，这里成为闻名遐迩的产粮区。新的垦种政策为开发河套水利大开了绿灯。"蒙利汉租，汉利蒙地"，商人包租垦荒成为合法活动。渠开到哪里，地就可以开垦到哪里。

　　当时，后套地区最早开挖的灌渠是地商甄玉、魏羊开凿的缠金渠。他们首先

对旧渠加以整理，就河引水，接着新开一条渠道。渠成放水之时，人们奔走相告赶来观看，看见河水奔涌而出流入灌溉渠道，不禁欢呼雀跃。

在道光河套开发新政的推动下，清朝后期河套平原上出现了地商竞相开渠的局面。人们利用无坝自流引水的优势，在实践中创造出一套相应的工程设施，布设了分水、交叉、防洪等工程设施。咸丰年间至清末的五六十年内，河套新垦土地"阡陌相望，年多一年"，新开挖干支渠近40道，大的渠道可灌溉千顷以上，小的也能灌溉几十顷至一百顷。

光绪年间，当地对缠金渠扩宽挖深，向西开出长45里的西大渠，向东开挖了退水渠，水流畅通，共灌田一万多顷，该渠改名为"永济渠"，成为后套灌渠之首。在一个历史时期内，后套临河地区的引黄灌区，誉满大河上下，名闻长城内外。

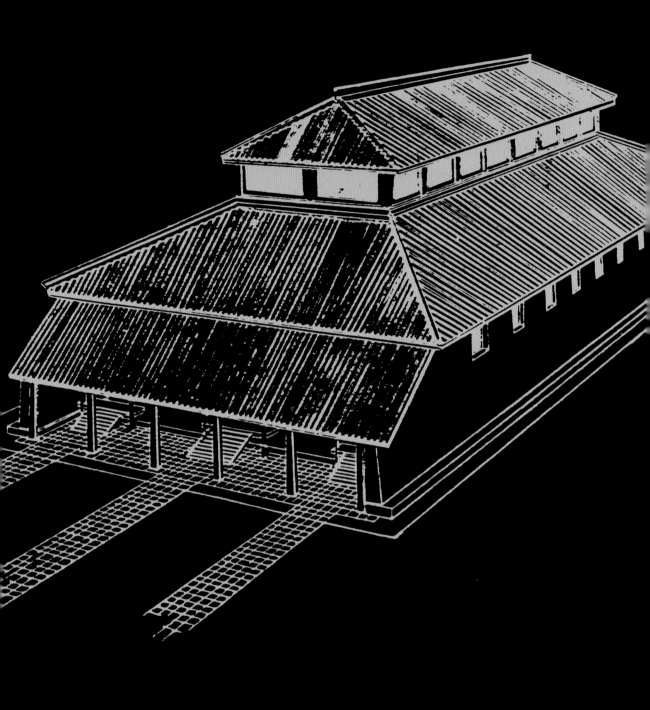

京师仓遗址一号仓复原鸟瞰图
陕西省考古研究所《西汉京师仓》
文物出版社 1990 年版

大河漕运，流水沧桑

尽道隋亡为此河，至今千里赖通波。若无水殿龙舟事，共禹论功不较多。

——（唐）皮日休《汴河怀古》

1. 源于先秦的黄河水运

黄河漕运是古代中国的一项重要国策，是历代王朝通过水道转运粮食与物资的经济命脉，对推动国家政治、经济和文化的发展产生了巨大作用。

华夏祖先利用黄河河道进行航运历史久远。据《易经》记载，黄帝、尧、舜"刳木为舟，剡木为楫，舟楫之利，以济不通"，可谓黄河流域水运的先声。

商代的甲骨文卜辞记载了帝乙、帝辛时代，商朝军队曾渡过淮河、黄河，南征方国，历时200余天。如此遥远的征程、旷日持久的征战和大规模军事运输，就是靠黄河水运完成的。周武王伐纣时，率45000人之众，挥师渡过黄河，直捣商朝陪都朝歌，说明商朝末期黄河已具备较强的水运能力。

春秋时期，黄河水运有了更大的发展。据《左传》记载，公元前647年著名的"泛舟之役"就是在黄河中游发生的。当时，晋惠公即位，晋国连年干旱，发生灾情，仓廪空虚，国民面临严重饥荒，于是晋国向秦国提出买粮的需求。因秦国与晋国有过节，秦国朝野对是否卖粮给晋国有争议。听了大臣议论，秦穆公思忖再三说："有负于我的是晋国国王，受饥荒威胁的却是晋国百姓。"最后决定卖粮给晋国。

秦国派出大量船只运载万斛粮食，由秦都雍城（今陕西凤翔南）出发，沿渭水自西向东走500里水路押运粮食，横渡黄河后，改经山西汾河水道漕运北上，直达晋都绛城。800里运粮路途，船帆首尾相连，络绎不绝。

不料，次年情况发生逆转。秦国灾荒严重，晋国粮食丰收，秦国转向晋国借粮。晋惠公不但不给秦国粮食，反而发兵攻打秦国。秦穆公大怒，率兵大举伐晋，晋军大败。泛舟之役，是中国历史上第一次有明确记载的重大黄河水运事件，晋惠公因借粮不知感恩而招致国难，留下了千秋话柄。

公元前486年—前482年，吴王夫差为北进争霸中原，开凿工程沟通江、淮、河、济水系，使位于济水与泗水交汇处的定陶成为黄河下游地区的军事要地。

进入战国时期，各诸侯国采用富国强兵之策，意图兼并天下。此间，群雄逐鹿、攻城略地的战争史剧在黄河两岸反复上演，加之谋士穿行其间、纵横捭阖，绘就了一幅幅云谲波诡的历史画卷。各国把开挖人工运河作为增强军事实力、沟通南北经济的新途径。由此，密集分布的天然水系和人工开挖的运河渠网，成为诸国军事征伐、纵横联盟和转运物资的争霸重器。

公元前391年，魏武侯联合韩、赵与楚国在大梁（今河南开封）一带展开激战，大败楚军，占据了大梁。魏惠王六年（公元前364年），魏国图霸中原，把都城从安邑（今山西南部夏县）迁至平原要地大梁。此处水源有限，为尽快发展水运，富国强兵，魏惠王决定开挖鸿沟水系。

《史记》记载，从鸿沟引出的黄河水，既可灌溉，又可行舟，大量来水分别进入荥泽和圃田泽，使之成为两座天然调节水库，既保证了航运水位，又能起到分减黄河洪水的作用。

鸿沟水系开挖后，千里水路，通行无阻，呈现出百舸争流的繁盛景象。大大加强了各诸侯国之间的政治、经济、文化交流，对战国时期全局形势产生了重大而深远的影响。自此以后，鸿沟也成为历朝历代兵家必争的古战场。

　　秦始皇统一中国后，充分利用鸿沟水系和济水等河流，把南方征集的大批粮食运往北方，并在鸿沟与黄河分流处兴建规模庞大的敖仓，作为转运站。秦末，楚汉相争时期，双方约定以鸿沟为界休战，鸿沟以西归汉，以东属楚。此即历史上著名的"楚汉相争，鸿沟为界"的由来。

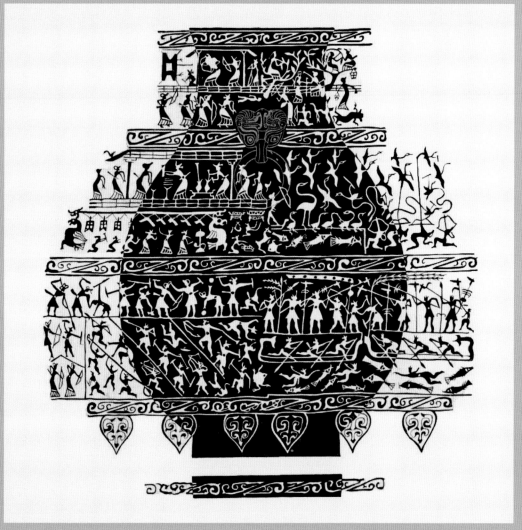

宴乐渔猎攻战纹图壶展示图　战国　故宫博物院网站
图壶现藏故宫博物院，纹饰内涵丰富，形象逼真，再现了古代社会生活的诸多场景

2. 两汉帝国的统治基础

西汉时期，漕运在国家政治、经济、军事格局中占有十分重要的地位。西汉建都关中，地处黄河腹地，千里沃野，条件优越，东有函谷关，攻守兼备。但作为全国政治、文化的中心，关中地区的经济资源则显得捉襟见肘。为了巩固朝廷统治，需将东部经济区的资源不断运往都城长安。因此，开凿漕渠、发展黄河航运就成为大汉王朝的重要举措。

汉高祖元年（公元前206年），朝廷在今潼关专门设置了管理黄河、渭河与汾河船库及水运事宜的机构"船司空"。4年后又设置了船司空县，它成为管理京城粮食、物资漕运，制造、储存船舶的县级地方行政机构，汉代黄河漕运就此拉开序幕。黄河受水情影响，水浅干涸或洪峰期间通航困难，西汉之初的漕运量并不大，每年不过数十万石。

西汉元鼎四年（公元前113年），汉武帝刘彻率领群臣乘龙舟自渭河出发经黄河到河东郡汾阳县祭祀后土。时值秋风萧瑟，鸿雁南归，汉武帝乘坐楼船泛舟汾河，饮宴中流，触景生情，感慨万千，写下了《秋风辞》。辞以景物起兴，写楼船中的歌舞盛宴场面，最后感叹人生易老，岁月流逝。全文比兴并用，情景交融，意境优美，音韵流畅，且适合传唱，成为中国文学史上"悲秋"佳作。

汉武帝时期，关中一带人口大量增长，加之北部边境戍边士卒的衣食所需甚多，粮食物资等耗用量急剧增加。于是汉武帝征发兵民数十万，令水工徐伯开凿关中漕渠。自长安城西北引渭水东流，至华阴县东北以西注入渭河，全长150多千米。并在黄渭交汇处的漕渠东段修建了一座大型粮仓，作为向都城长安转运粮食的中转基地，史称"华仓"，又称"京师仓"。黄河年漕运量猛增到400万石，最高年份达600万石。沿途水陆码头，车水马龙，络绎不绝；漕渠河面，百舸争流，往来如梭，呈现一派繁盛景象。

由于漕运的需要，西汉时期重整了黄河下游的鸿沟水系。自河南郡荥阳引黄河水东流分为两支——南支和东南支。南支为蒗荡渠，向东南入颍水继而注入淮河，东南支自陈留南分流至阳夏（今河南太康）入涡水。又在开封北的浚仪县疏浚汳水（汴水）为汴渠，流入泗水。这些漕渠在黄河、淮河之间构成扇形漕运水系，为联系中原与东南地区的漕运发挥了十分重要的作用。

东汉建都洛阳，供给都城的漕运不需要通过三门天险，避开了一个大难题。建武二十四年（48年），朝廷在洛阳城西开渠引洛河水一支绕城而东，接纳谷水、瀍河，至偃师复注洛河以通漕运，时称"阳渠"。它为东汉王朝输送粮食物资补给发挥了极大作用。

东汉时期黄河发生剧烈变化，出现黄河、济水、汴渠水系乱流的局面，黄河不断南侵，漕运航道淤塞。永平十二年（69年），汉明帝刘庄命水利专家王景主持黄河与汴渠的治理，修复荥阳以下千余里黄河大堤，整治汴渠河道。经过大规模的整治，维系黄淮间的漕运骨干水道得到了恢复与发展。

东汉末至三国时期，占据中国北方地区的曹魏政权先后在黄河两岸开凿了白沟、睢阳渠、平虏渠、泉州渠、新河、利漕渠等六条运河。一系列水运渠系的落成，使漕粮有济，为曹操扫平群雄，统一北方铺平了道路。

之后，曹魏政权陆续在黄淮之间开凿诸多运河，"每东南有事，大军出征，泛舟而下，达于江淮，资食有储，而无水害"。诸多运河的开凿，有力地推动了北方统一和社会经济的发展。

三国归晋后，司马氏政权为改善都城洛阳和关中水路运道，曾两次组织数千人力，整治黄河三门峡险滩，疏通运道。同时兴建了"凿陕南山，决河，东注洛以通运漕"的开河工程，使来往于洛阳和关中的船只避开三门天险，成为当时的一项壮举。

西晋灭亡后，大批中原人士逃往江南，建立东晋政权。太和四年（369年）桓温率水军溯泗水北伐前燕，命军士开渠300余里，南接菏水，北通巨野泽，引汶河水入该渠，使泗、汶、济三水相连，江淮船只可入黄河，西去陕洛。太元八年（383年），前秦80万大军借助这一水道，自长安出发，出动战船万艘，向东晋发起进攻，两军会战于淝水之滨，此即著名的"淝水之战"。前秦军能通过水路出动数十万大军，足见当时黄河水运的规模之大。

东汉初年杜笃在《论都赋》中描绘长安漕运说："鸿渭之流，径入于河；大船万艘，转漕相过；东综沧海，西纲流沙。"在诸多政治家、文学家心目中，黄河、渭河航运的畅通，就是关中的生命，是京都长安的命脉。

3. 隋唐盛世的国运中枢

隋朝的建立，结束了中国长期分裂的局面，社会生产力得到恢复和发展。隋文帝杨坚致力于推行均田制，扩大田租税源，减征赋税和徭役，国力迅速增强。这一时期，中国经济重心逐渐南移，江南地区成为重要粮食产地。京师长安所在的关中八百里秦川难以供给官民所需。为把江南地区的粮食物品运送至京都长安，隋文帝开始疏通水路，大力发展漕运。

开皇四年（584年），隋文帝杨坚命人开凿广通渠，自长安城西北引渭水，沿汉代漕渠故道向东，至潼关入黄河，全长150多千米，名为"广通渠"。三年后，又在今河南荥阳西北的河阴增筑了汴口堰，在扬州开凿了古运河山阳渎（亦称"邗沟"）。通过一系列工程建设，隋构建了崭新的漕运体系。至此，除孟津至陕州之间为避开三门天险采用陆路转运外，其余黄河、渭河河段皆可通航。

隋炀帝杨广登基后，为进一步改善黄河、淮河、长江之间的漕运交通，加强对东南地区的控制，于大业元年（605年）三月，动工开凿了通济渠，拉开了修建隋唐大运河的序幕。

开元十五年（727年），朝廷征发3万多人，对郑州附近的板渚口旧河进行大规模疏浚，漕运能力大幅提高。开元二十九年（741年），陕郡太守李齐物重提"变陆为水"的漕运方案，在三门峡人门左岸开凿一条新的人工运渠，史称"开元新河"。开元新河开通后，东来的货船不再靠陆路转运装卸，每年可省运力50万人。同时，避开了三门峡激流，航道大为改善，漕粮数量明显增多。

在短短六年间，隋炀帝相继开凿、改建了通济渠、山阳渎、永济渠与江南运河，连通长江、钱塘江、淮河、黄河、海河五大水系，形成了以洛阳为中心，西通长安，南至余杭，北抵涿郡的庞大水运交通线。这条大运河总长达2700多千米，水面宽30至70米，史称"隋唐大运河"。隋炀帝多次乘坐高大龙舟于运河之上，率领庞大船队往返于洛阳和扬州之间。

唐朝都城长安日益繁华，对漕运的需求越发迫切。唐朝继续沿用隋代的运河体系，沿线设立大量仓廪。唐时将通济渠改称汴渠，由于汴渠靠近渠首的河道经常淤塞，为保持漕运通畅，唐朝初期，每年都要征发附近民工对渠口进行清淤疏浚。

《历代帝王图卷》之杨广　唐　阎立本　美国波士顿美术博物馆藏

五牛图 唐 韩滉 故宫博物院藏

以牛入画是中国古代绘画的传统题材之一,体现了农业古国以农为本的主导思想。韩滉任职宰相期间,注重农业发展,
此图可能含有鼓励农耕的意义。《五牛图》是目前所见最早作于纸上的绘画,纸质为麻料,具有唐代纸张的特点。图画五牛,
形象不一,姿态各异,或行或立,或俯首,或昂头,动态十足。作品完全以牛为表现对象,无背景衬托,造型准确生动,
设色清淡古朴,浓淡渲染有别,画面层次丰富,达到了形神兼备之境界

一牛絡首四牛間
景高情想像間
齠訝惟誇曲肖
問喘識民艱
乾隆癸酉御題

大明宫图（局部）元 王振鹏 美国大都会艺术博物馆藏

　　天宝元年（742年），唐朝对关中漕渠故道进行了修整。在咸阳以西的渭河上筑堰分水，东流到潼关以西的永丰仓与渭水汇合。从此，江淮漕船可直抵长安，开创了隋唐大运河全程通运的新局面。据记载，天宝二年（743年）通过黄河与运河输送至关中的粮食达400万石，创造了唐朝漕运量的最高纪录。

　　唐朝的漕运辉煌局面持续了百年之久。安史之乱后，汴渠疏浚陷入停滞状态。唐代宗广德二年（764年），朝廷组织人力疏浚汴渠，对漕运体制进行了深度改革，使唐朝漕运再次呈现出一派繁盛局面，为大唐实现中兴、延续荣光奠定了基础。

　　唐朝末年，黄河、汴渠漕运多次因战乱而中断。唐德宗时期，叛将李希烈占据汴州，堵塞运河漕运，唐朝政权危在旦夕。幸而镇海军节度使兼浙江道观察使

韩滉将三万斛米运到陕州，唐德宗喜极而泣，对太子说："米已至陕，吾父子得生矣！"可见漕运已经重要到了影响唐王朝生死存亡的程度。

4. 北宋王朝的国家命脉

北宋建国之初，开国皇帝赵匡胤曾一度欲选洛阳作为京都。其弟赵光义则认为，洛阳由于连年战乱，屡遭破坏，早已失去昔日繁华。相比之下，开封具有极为优越的综合条件。这里平原广阔、河湖密布、水运便利，大批江南物资可直达开封。于是，赵匡胤决定在开封建都。

北宋一代，黄河、汴河漕运就被视为大宋王朝的立国之本和京城命脉。朝廷先后开凿疏浚了汴河、惠民河、广济渠、金水河等"漕运四渠"，建成了以开封为中心，辐射四周的水运交通网。开封成为当时中国最繁华的大都市，有着"汴京富丽天下无"的美誉。宋代画家张择端的著名画作《清明上河图》，真实展现了北宋东京的生活情景和社会风貌，生动地反映了当时开封城商店林立、市招高悬、屋宇雄壮、门面广阔、汴河通达、行人不绝的繁华景象。

　　在这个庞大的水运交通网中，汴河更像大宋王朝的输血管道一样，成为重中之重的国本。据《宋史》记载，淳化二年（991年）六月，汴河在浚仪决口，引发开封水灾。宋太宗赵光义乘步辇出城察看，为及时堵住决口，宋太宗一面命令禁军首领率步兵奋勇抢修，一面令人将自己所乘步辇推入洪水之中。护驾大臣极为震惊，纷纷跳入水中，参与抢险堵口。在皇帝驾临堵口现场的鼓舞下，缺口终于堵住了。对此，宋太宗沉声说道："东京养甲兵数十万，居人百万家，天下转漕，仰给在此一渠水，朕安得不顾？"

《景德四图卷》之舆驾观汴涨　北宋　台北"故宫博物院"藏
此为图卷第三部分，描绘了景德三年（1006年）宋真宗亲巡考察汴河河堤的修整

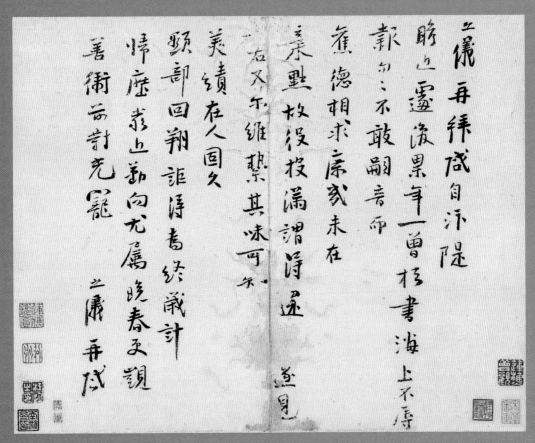

汴堤帖　北宋 李之仪　故宫博物院藏

　　汴河漕运的繁盛，与北宋致力推行的漕运制度有密切关系。朝廷对于京城的漕运路线、漕运租赋种类以及每年漕运量定额等都有明确的规定。为了保证汴河运输的畅达，北宋政府采取了三项措施：一是专门设立管理机构发运司，负责维护漕运秩序。二是组建纲船队伍，由政府拨出专项资金打造6000艘大型漕船，每10条船为一纲。这些纲船常年穿梭于江淮至京师的几千里运输线上，频繁往来，昼夜不息，把数百万石粮食从江淮运到开封。三是指定押纲人员。每组纲船派遣数名军官随船护送，称为"押纲"。这些漕船沿途不能住宿停泊，各地税务机关不得拦船收税。宋真宗大中祥符初年，汴河的年运粮量更猛增到700万石，远远超过了盛唐时期的漕运量。

开宝五年（972年），发运司制定了漕运转般法。在运河沿线的今安徽泗县及江苏淮安、仪征、扬州等地设立转般仓，东南六路的船只在这里卸载漕粮，卸下的漕粮由汴河的漕船转运至京师。同时规定漕船的八成运载量用于装载漕粮和货物，其余两成空间可以附载其他商品入汴，挣一些外快。这种办法，既能让朝廷与船主利益均沾，又可提高漕运的效率，实践证明是一项行之有效的措施，一直实施到北宋末年。

神宗时期，日本僧人成寻在东京汴梁大相国寺交流佛事，目睹了汴河繁忙的航运景象。他后来记述道："汴河两岸著船不可胜计，一万斛、七八千斛，多多庄严。大船不知其数，两日见过三四重著船千万也。"北宋参知政事张洎认为："唯汴水横亘中国，首承大河，漕引江湖，利尽南海，半天下之财赋，并山泽之百货，悉由此路而进。"

清明上河图（局部）北宋 张择端 故宫博物院藏
全卷采用鸟瞰式全景法，以"散点透视法"组织画面，生动描绘了都城汴梁东角子门内外和汴河两岸的繁华景象

从一定意义上讲，正是汴河这条黄金水道，支撑着北宋东京167年的繁盛无双。然而，汴河航运由于主要靠引黄作水源，就不可避免地要受到泥沙淤积的影响。疏浚汴河，保证漕运畅通，一直是宋王朝殚精竭虑下大功夫解决的问题。由于清淤投入过大，朝廷想尽办法使汴河避开黄河泥沙淤积的影响，以节约维持汴河漕运的成本。导洛通汴工程，就是神宗时期实施的又一重大举措。

元丰元年（1078年）五月，都水监丞范子渊奉诏进行实地勘测，他认为导洛通汴，西高东下，可以解决汴渠引黄的各种问题。只要汴渠能保证五尺的水深，纲船重载便可通行。如若虑洛水不足，还可渗取黄河水以补充。在工程技术上，可每百里置一木闸，以限水势。

这一工程不仅改变汴河水源，还涉及测量、开凿、置闸、防洪等治河技术的综合运用，充分体现了宋代发展和改善人工运河的重大成就。工程建成后，通航期得以延长，行船安全程度明显提高，汴渠淤积大为减缓，大大节约了维修费用，对改善汴渠航运起到了很大作用。

北宋末年靖康之变后，金人占据了黄河流域，南北成为敌国。汴河堤岸多处决口毁坏，漕运渠系被废弃，这条盛极一时的漕运大动脉，从此一蹶不振。

黄河地图（局部）清 法国国家图书馆藏

5. 元明两代的漕运中兴

元明两代，随着经济重心的不断南移，南粮北运成为关系国计民生的大事，漕运显得愈加重要。从元朝的漕运史来看，元代漕运以海运为主，大运河为辅。

1272年，元世祖忽必烈迁都大都，东移的政治中心迫切需要江南输送的钱粮物资。受到隋唐大运河走向的限制，物资须经多次水陆转载才能到达大都，运输效率低下。为此，必须对隋唐大运河进行升级改造。

至元十二年（1275年），郭守敬受命考察河北、山东山川地形，提出了拉直隋唐大运河的初步方案，并上报朝廷。

之后，元朝陆续完成了运河改道工程。工程以清江（今江苏淮安市境）为基点，在南北两岸分别施工。清江北岸开挖济州河和会通河，沿河的天然湖泊补充了巨额水量，船只可直航天津。同时，开凿大运河最北端的通惠河，从通州直通大都积水潭。清江南岸凿通邗沟和江南运河，抵达终点杭州。如此一来，京杭大运河初具雏形。至元三十年（1293年），大都至通州，南接白河的通惠河开通，至此京杭运河全线通航。

元朝后期，持续加剧的黄河北泛对漕运系统产生严重威胁。在此元朝政权风雨飘摇之际，河官贾鲁奉命开工治河，在数月内修北堤，堵决口，不但消除了黄河向北泛滥对京杭大运河的威胁，而且使南流所经的汴渠、泗水、淮水等水系均回复故道，实现了舟楫通畅。

为将国都由南京迁至北京，明成祖朱棣于永乐九年（1411年）诏令重开会通河。自此，明朝将京杭大运河视为经济命脉和维护统治的重要支柱，漕运成为明王朝重要的生命线。

此时，大运河两岸成为商品集散地，热闹繁华。一望无际的船队行驶于千里运河之上，船队停靠休息之处，大大小小的市集随之形成。小贩商队来往不息，马匹、骆驼络绎不绝。漕军船只中，除了装载供给京师的粮税，还可额外装载大豆、红枣、竹木等商品，南北商货交流盛况空前。

大运河促进了城市的崛起和繁荣，造就了明代漕运的辉煌，同时也孕育了沿河城镇与地域文化。

（右页）南薰殿旧藏《历代帝后像轴》之明永乐帝朱棣像 台北"故宫博物院"藏

星罗棋布的黄河古渡

历尽边山再渡河，沙平岸阔水无波。汤汤南去劳疏筑，唯此分渠利赖多。
——（清）爱新觉罗·玄烨《横城堡渡黄河》

1. 舟楫往来的商贸驿站

在古代，黄河是人们赖以生存的家园，也是难以逾越的天堑。因摆渡和漕运需要，人们在蜿蜒的黄河岸边修建了形态各异的渡口和码头。这些渡口和码头沟通着大河两岸的舟楫往来与商贸交流，形成了独具特色的黄河渡口文化。

由于黄河上下游河道形态、自然特征和历史地位的不同，各个河段的渡口分布、建造特点与船筏形制也各不相同。

黄河上游的西北地区，自古以来就是民族迁徙融合的必经之地。在历史的长河中，沿河人民伴随着惊涛骇浪，通过两岸渡口，突破天堑阻隔，实现了交往沟通与融合。唐朝文成公主远嫁吐蕃的扎陵湖渡口，自古贯通兴海与贵南的尕马羊曲渡口，丝绸之路西进南行分野处的临津古渡等，都是连接汉族与

（左页）黄河禹门口（局部）　何海霞　1959年　中国美术馆藏

少数民族的地理节点，也是黄河文化的鲜活载体。

黄河中游地区，在很长历史时期内是全国政治、经济、文化中心，尤其是陕西关中和山西晋南地区，环境优越，农业发达，历史上这里有过许多都城，故而该河段的渡口分布非常密集，规模也较大，如三门峡至蒲津渡一线的晋南古渡，是开发最早的黄河古渡航线，沿岸有许多重要津渡，它们往往兼具渡口和码头的双重功能，既沟通两岸渡河往来，又支撑着河道直航的货物流转，成为历代黄河漕运的重要驿站。

曾经有人把黄河渡口比喻为巨龙身上的鳞甲，这是很形象的。黄河沿岸的渡口，有以青色石头命名的青石渡，有以铁索桥取名的索桥渡，有因地处沙漠而得名的黄沙渡，还有吴王渡、龙门渡、茅津渡等，每个名字的背后，都有一段动人的传说故事。千姿百态的古渡口连同引人入胜的历史故事，给这条大河带来了盎然生机，孕育了丰富的黄河古渡文化。

古老的黄河渡口，起承连接着两岸通商的脉络，折射着历史久远的经济图景和人文活动。

喇嘛湾渡口御赐更名君子津

内蒙古清水河县喇嘛湾的君子津，传说一位随北魏桓帝来此的商人死在了这里，喇嘛湾古渡的津长将其埋葬。第二年，商人的儿子寻找父亲至此，津长将其带至父亲墓前，商人的儿子发现父亲随身携带的银两完好无损同父亲葬在一起，便大受感动，要将钱财全部赠送给这位大仁大义的津长，但津长分文不受。后来，此事上闻皇帝，喇嘛湾渡口便被命名为"君子津"。

茅津渡、龙门渡、风陵渡并称为黄河三大古渡。茅津渡，位于山西省平陆县，始建于商代。《平陆县志》记载："冠盖之络绎，商旅之辐辏，三晋运盐尤为孔道。"龙门渡，地处山西河津，为沟通晋陕的交通要津。黄河经此奔腾而下，悬崖绝壁相对而立，古有"禹门三级浪，平地一声雷"之说。风陵渡，位居晋、陕、豫三省通衢，素有"鸡叫鸣三省"之称。传说远古时黄帝战蚩尤，天降大雾，黄帝迷失方向被围困。黄帝借助大臣风后制造的指南车，得以辨明方向成功突围。风后死后葬于这里，风陵渡因而得名。西汉初年在此设航运管理机构，使之成为官渡。历史上商贾聚集，船来舟往，十分繁华。

碛口古渡位于山西省临县黄河岸边，晋商繁盛时期是一个大码头，来自各地的商号达400多家。每日数百只船筏往来停泊，大批西北特产经此渡口转运到太原、北京、天津等地。

2. 兵家必争的险隘要塞

自古以来，黄河天堑就是御敌屏藩的重要屏障和兵家必争之地，沿岸渡口位于黄河天险的战略要冲，在军事攻防布局中具有重要地位。

山西永济市蒲津渡，北临龙门峡隘，南界潼关险道，是中国历史上最早架设浮桥的渡口。战国时期秦昭襄王东征赵魏，汉高祖刘邦平定关中，三国时期曹操西征马超，隋文帝巡幸河东，都曾在此架设浮桥。

晋陕峡谷中的龙门渡口，为历史上兵家争夺的渡河点。396年，后秦姚兴攻取河东，西燕河东太守柳恭严守黄河，使姚兴无法渡河。后来，姚兴的部将薛强引兵偷渡龙门，进入蒲坂，终于迫使柳恭投降。

位于陕西省合阳县的夏阳古渡，古时西接秦地，东通晋、燕、赵，位置险要。汉高祖二年（公元前205年），魏王豹反汉，韩信领兵讨魏，在此用木罂横渡黄河，后韩信为淮阴侯，故该渡口又名淮阴渡。明朝诗人刘应卜《吟淮阴渡》诗曰："木罂飞渡笑艨艟，相拒蒲津让首功。坛上英雄随水去，涛声犹似战河

蒲津渡遗址的黄河大铁牛与铁人 万金红摄
蒲州城西的黄河古道两岸，有四尊铁牛与铁人，为稳固蒲津浮桥，于唐开元年间铸成

黄河兰州浮桥图 清 台北"故宫博物院"藏

中。"发出了凭吊怀古的感叹。

宁夏境内的横城渡口,是隋唐时期的塞上交通咽喉。唐代朔方军镇所需军粮常由北都(今山西太原)溯河而上。唐高祖李渊为防御突厥侵扰,在灵州置水师,横城古渡变成了军港。因横城之北有个地方名叫黄沙嘴,明代又改称"黄沙古渡"。1688年,清康熙皇帝亲征噶尔丹,战事结束返京时从黄沙古渡乘船走水路,共动用船只101艘。康熙对黄沙渡口的锁钥险要深有感慨,赋诗曰:"历尽边山再渡河,沙平岸阔水无波。汤汤南去劳疏筑,唯此分渠利赖多。"

位于甘肃省积石山县大河村的临津渡,也称积石渡,是黄河上游的重要渡口。汉武帝时期,它成为丝绸之路南道的必经之地。张骞两次出使西域,均自此渡过黄河。古往今来,多有使者、商队或军队经此渡河,到青海进行商贸活动。隋大业五年(公元609年),隋炀帝为征伐突厥和吐谷浑,率40万大军御驾亲征,从临津渡过黄河到西平(今青海西宁),吐谷浑部落10万余人降隋。从此,临津渡口名扬华夏。

3. 见证风雨沧桑的遗址圣地

黄河滔滔，大浪淘沙。几千年来，随着黄河游荡与社会发展，黄河古渡口历经了沧桑变迁。

白马津，秦汉时期黄河故道的著名渡口，扼居大河天险，固守南北要冲，历史上既是文人贩夫渡河往来重地，也是一处历经杀伐争夺的古战场。东汉末年关羽白马坡万军之中斩颜良，威震天下。随着黄河改道迁徙，渐行渐远，白马津沉寂在豫北平川沃野之中。

永和渡，是沟通秦晋商贸交易的天堑纽带，当年车水马龙，商贾如云。随着黄河大桥建成与沿黄公路开通，古老渡口失去了昔日的辉煌。只有留存的古城墙、烽火台、窑洞群等历史遗址，连同新时代开发的数千米风雅长廊，闪耀着新辉。

兰州黄河岸边的人们搬运行李上船　《哈里森·福尔曼的中国摄影集》（*Harrison Forman Collection-China. by Harrison Forman*）第一辑　1932　1944 年　美国威斯康星大学密尔沃基图书馆藏

黄河摆渡人 刘万鸣、裴书鸿等 2021 年

太阳渡，是明清时期联结陕、晋、豫、甘四省的商贸水路驿站。货栈店铺绵延数里，楼阁庙宇，极尽繁华。1843年，一场特大洪水将这里席卷一空，太阳渡从此销声匿迹，只留下一首令人惊悸的歌谣："道光二十三，黄河涨上天。冲走太阳渡，捎带万锦滩。"

位于河南兰考的铜瓦厢渡口，是明清时期的重要黄河险工。然而，清咸丰五年（1855年）黄河在这里决口改道，铜瓦厢被荡平，葬身滚滚波涛。也正是这次大改道，黄河长达600多年夺淮河入黄海的局面归于终结。

黄河沿岸的渡口，经历了古代繁华商贸、干戈玉帛的岁月洗礼，也记载着革命时期风云激荡的红色文化。

孤柏嘴渡口的传奇故事

传说孤柏嘴渡口有一棵老柏树，先后为两位未来的帝王遮风挡雨。"成皋圈解趋何急，孤柏兵旋避雨迟"，描述的是刘邦避雨的情景；"千岁灵根"，记述了唐初武德四年（621年）李世民领兵在孤柏嘴大柏树避雨，官兵战袍无一淋湿，李世民奋然疾呼"千岁灵根"。北宋熙宁时期，这里是江南通往陕西的最大水运驿站，商贾游船，百舸争流，盛极一时。后来，孤柏嘴渡口被黄河淹没。新中国成立后，在南水北调中线工程的建设中，孤柏嘴作为江水北引穿越黄河地下隧道之地，得以再度扬名，成为黄河文化旅游的一处重要地标。

夏阳渡，是抗日战争时期中日激烈争夺的重要关隘。1938年春日军多次强攻黄河天险，企图从夏阳渡口打开中国西部防线缺口。八路军部署兵力英勇阻击，同时采取迂回包抄战术沉重打击敌军，粉碎了日军这一战略企图。

孟津铁谢渡口，是西汉以来的著名黄河渡口，清康熙和乾隆两位皇帝曾在此渡河留下诗作。1940年5月，朱德总司令经此渡口登岸，与国民党第一战区司令长官卫立煌进行合作抗日谈判取得成功。途中，朱德总司令以充满同仇敌忾，夺取抗战胜利的信心，赋诗一首，在延安和各解放区广泛流传："群峰壁立太行头，天险黄河一望收。两岸烽烟红似火，此行当可慰同仇！"

孙口渡，位于河南省台前县黄河北岸。1947年6月，刘伯承、邓小平率领晋冀鲁豫野战军12万将士，从孙口等渡口一举突破黄河天险，发起鲁西南战役，千里挺进大别山，从而揭开了解放战争战略反攻的序幕。

1947 年 6 月 30 日夜，刘邓大军强渡黄河实施战略突破的情景

1947年8月，陈谢兵团遵照党中央的战略决策，在黄河北岸济源诸渡口强渡黄河，挺进中原，建立了豫陕鄂根据地。渡口处杜八联民兵和船工，冒着枪林弹雨运送大军渡河，充分展现了"军民一家"的英勇气概。

随着社会迅速发展，如今，星罗棋布的黄河古渡口已架起一座座凌空飞架的黄河桥梁，曾经的黄河"天堑"变为"通途"。曾创造过历史辉煌的黄河古渡口映衬着川流不息的现代化跨河交通，正在演绎新时代的锦绣繁华。

水润古都秀山河

州桥蹋月想山椒，回首哀湍未觉遥。今夜重闻旧呜咽，却看山月话州桥。

——（北宋）王安石《州桥》

1. 引排兼备古都城

在黄河流域古代都城建设中，古人很早就探索出了集防洪、排涝、供水于一体的水利系统，显示出了非凡的城市防洪智慧和才能。

河南偃师二里头遗址是我国早期王朝都城遗址。在这座缜密规划、布局严整的大型都邑遗址内，发现铺设有由排水管道、渠道以及石砌渗水井等组成的宫殿排水系统。早期宫殿建筑之间的通道下，有长逾百米的木结构排水暗渠。晚期宫殿建筑的院落内，发现了石板砌成的地下排水沟和陶排水管组成的地下排水设施。在距今3800年的历史条件下，这是难能可贵的。

在河南偃师的商王朝都邑，发现了规模更大、更为考究的

（左页）京畿瑞雪图纨扇（局部） 唐 （传）李思训 故宫博物院藏

排水设施。排水设施由宫城内的池苑经东城墙上的城门通向城外的城壕，排水暗道铺设于道路下，全长800余米。两侧壁采用木石混合结构，垒砌的石块间夹木柱以加固。与之相对的西城门下修建有引水渠，由西城壕引水入城并通向宫内池苑，组成完备的水循环系统。

已发掘的郑州商城遗址，具有军事防御和抵御洪水的双重功能。城墙现存夯土层，下部宽21.85米，残高5.3米，为红褐色黏土、黄沙土、灰土夯筑而成，土质坚硬。

西周至战国时期，古城的沟渠排水系统更加完备。齐临淄故城、燕下都城、曲阜鲁国故城等都有地下水管道、城内沟渠和城壕组成的城市排水系统，遇到暴雨或连绵降雨，可把城内的积水排到城外。

秦汉至五代时期，城市排水系统进一步发展。古城的水系设计，从最初的军事防卫和防御洪水，逐渐发展为兼顾给水、排水、交通、环境美化等多种功用，反映了古人在建设人水和谐居住环境中的巨大进步。尤其在政治、军事、经济等方面占据重要地位的历朝历代都城建设中，水系设计更为缜密，各项功能协同发挥的效果更加显著。

十三朝古都洛阳，西靠秦岭，东临嵩岳，南偎伏牛，北依太行，河山拱戴，形胜甲于天下，黄河依旁而过，伊河、洛河等蜿蜒其间，素有"八关都邑，四面环山，五水绕城"之誉。其中的汉魏洛阳城，历经东汉、曹魏、西晋、北魏四朝，作为都城的时间长达300多年。城内城外水系完备，水脉通畅，可蓄可泄，不竭不盈，可驱旱魃，可防雨潦。城内以城壕计

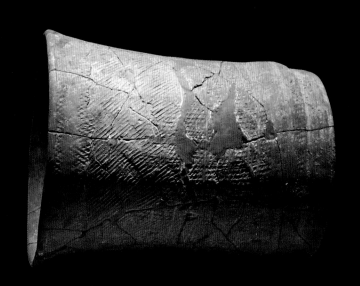

陶排水管道 新石器时期龙山文化
河南博物院藏

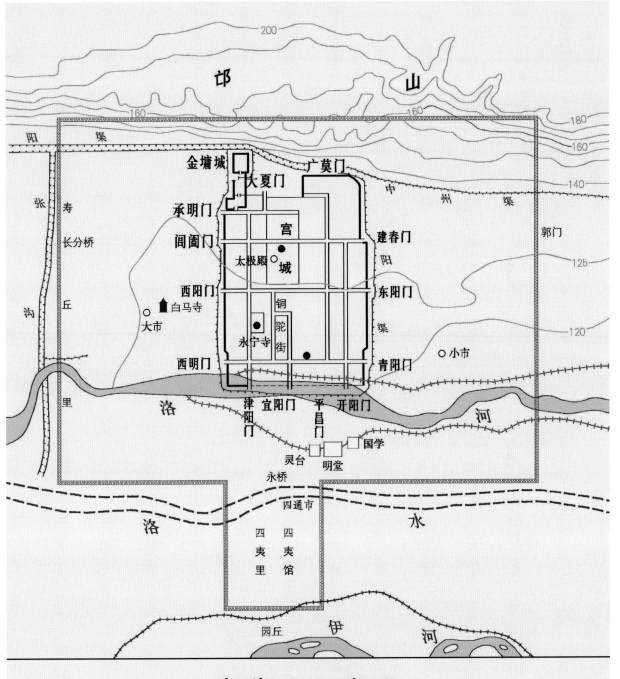

北魏洛阳城图

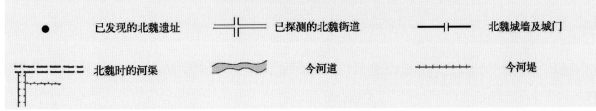

● 已发现的北魏遗址	已探测的北魏街道	北魏城墙及城门
北魏时的河渠	今河道	今河堤

北魏洛阳城平面图及河渠分布 据陈桥驿《中国六大古都》图重绘

上林图卷（局部）明（传）仇英 美国弗利尔美术馆藏

算的河道密度高达1.56千米/平方千米，且石工细密，沟渠工程质量很高。除沟渠系统外，还有鸿池陂等许多湖池以备蓄泄，兼有溉田灌圃、水产养殖、造园绿化和水上娱乐、改善城市环境等多种功用，从而成就了这座古都的山河秀色和繁华市井。当时，汉魏洛阳城西面建有一座引水坝，名曰"千金渠"，从谷水调节引水，供洛阳都城生活用水。

东晋咸和三年（328年）八月，前赵皇帝刘曜率军攻打后赵宗室石生，在汉魏洛阳城的外围金墉城，扒决千金渠围堰，采用水攻灌城。但洛阳城的城垣并未受到损毁，经受住了这场人为洪水的考验，可见城内防洪能力之强。

隋唐时期的洛阳城水系十分发达，河流众多。伊、洛、瀍、谷构成了洛阳城的自然水系。在城内以洛水为主干兴建了许多渠道，洛水北岸有漕渠、泄城渠，洛水南岸有通济渠、运渠等，并向南引伊水与运渠相通。隋炀帝开凿大运河期间，在所开四段运河中，有两段的衔接处均在洛阳，以洛阳为中心的漕运水网全面建立，给洛阳的社会经济发展带来了无限生机。

密布的河流水系和舟楫之利，使洛阳成为历史上的理想帝都。在漫长的历史中，滔滔河水把河洛文化带向四方，引领天下文潮，各地文人又乘舟船沿着河流会聚洛阳，源源不断地丰富着黄河文化的内涵。

白釉粮食加工作坊 隋 河南博物院藏

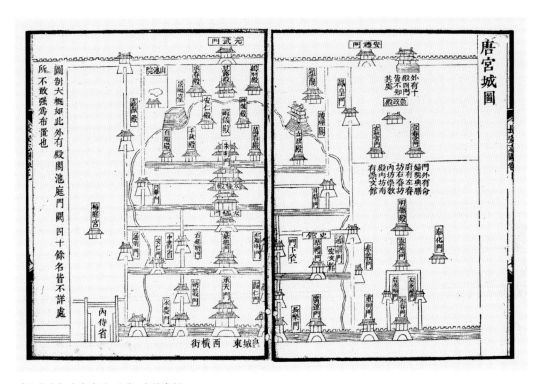

《长安志》唐宫城图 北宋 宋敏求撰
《长安志》成书于熙宁九年（1076年），记述汉代以来长安及其附属县的情况

2. 流水沧桑长安城

中国历史上，西汉长安城与隋唐长安城，两座盛世王朝都城，交相辉映，蔚为壮观。两座长安城的防洪排涝供水系统的设计建造尤其令人叹服。

西汉长安城由开国皇帝刘邦决策兴建，经过几代发展完善，长安城成为当时世界上最繁华的城市之一。《汉书·五行志》及有关记载显示，西汉长安城洪涝灾害很少，这与都城选址、城市规划和水系建设有很大关系。为了与引渭河城市供水渠系配套，汉长安城开凿了昆明池，"城下有池，周绕广三丈，深二丈"，既作为都城的蓄水库，又是水军的操练基地。城外设有宽8米、深3米的城壕，壕池总长度约26千米。由城壕和城内明渠组成的城市排水干渠总长约35千米，城内河道密度达1千米/平方千米，城内大道旁边有排水沟洫。

在考古发掘中，发现多处五角形或圆形的陶质排水管道以及砖砌涵道，城内随着长安城市规模扩大，人口倍增，物力支撑问题凸显，特别是遇到水旱灾荒水路运输受阻时，外地的粮食、物资运送不及，长安就会物价飞涨，乃至斗米千钱，百姓难以存活。为解决水运问题，西汉时期开挖关中漕渠，隋朝初年开掘广通渠，引渭水经大兴城东至潼关，并开挖龙首渠、永安渠、清明渠引沪水、滴水入城。唐天宝年间重修广通渠，大量物资由黄河、渭水漕运入长安，每年运粮多达400万石，于是"关中蓄积羡溢"，长安城经济进一步繁荣。

宫殿遗址外还有渗水井。排水管道、涵道、沟洫与壕池、明渠等排水干渠组成了完善的城市排水系统。

唐长安城的前身，是隋文帝杨坚开皇二年（582年）创建的大兴城，唐长安城沿用隋大兴城旧制，进行了大规模修建和扩建。无论城市规模、科技含量，还是历史文化厚重程度，隋唐长安城都是我国都城建筑史上的一座里程碑。

防御渭河洪水威胁，是隋唐长安城选址的主要原则。当时的长安，四周河流密集，"八水绕长安"，总面积达84平方千米，人口逾百万。对于这样一座特大城市而言，科学规划防洪排涝系统，是必须首先考虑的问题。

根据当时的"里坊制"都城建设思想，长安城内分布着南北11条大街、东西14条大街，全城划分为109个坊。排水系统遍布由"街""坊"组成的棋盘似的整个都市。城内街道两侧都修有水沟，均为明沟，外侧设人行道，城门下建有排水涵洞。当时长安城外修建的永安渠、清明渠和龙首渠，在流经城内的里坊和池苑后，注入渭河和沪河，除供应城市用水外，每到汛期也发挥了分洪的重要作用。

作为全国性的政治中心，隋唐长安城的给排水系统设计布局也很考究。大明宫太液池岸的排水渠道内设置有横向砖壁，可拦截较大的杂物。西内苑的排水暗渠为砖石结构，为防止渠道淤塞，分段安装有多道铁质闸门，闸门拆卸自如，疏通方便。整个都城的排水系统，规划合理，设计精细，发挥了显著的防洪排涝作用。

3. 汴河滋养的东京城

北宋的都城东京（今河南开封），又曾称汴京、汴梁。这里水路交通便利，唐朝五代时期已发展成为繁华的商业都市。

北宋东京城由外城、里城和宫城三重城墙组成，汴河、蔡河、五丈河、金水河四条河流穿城而过，河道筑有系统堤防，以防洪水为患。三重城墙外布设有城壕。城内街巷布设有明渠暗沟等排水设施，雨水、废水通过城墙下构筑的涵洞流向城壕。据推算，北宋东京城三重城壕和四条河流的调蓄容量为1852万立方米。拱卫内外的河道堤防与纵横全城的城市排水设施，组成了较为完备的排涝系统，具备巨大的防洪调蓄能力。

对于北宋王朝东京来说，富集的水系和便利的航运是这座大都市的生命线。其中，汴河的地位最为重要。据宋代张舜民《画墁集》记载，当时的货船"钱载二千万贯，米载一万二千石"，由此可见，宋时主要河流已经具有行驶大型货船的能力。东京城极为发达的水系，极大提高了生活环境的质量，造就了独具特色的生态景点。著名的"汴州八景"中，"金池过雨""州桥明月""汴水秋风""隋堤烟柳"等，皆因水而生。由此派生的水秋千、赛龙舟、水嬉和水傀儡等娱乐项目，成为东京人的休闲生活内容。

宋王朝对东京城河流水系的维护与管理非常重视。为保证河床航运深度和行洪断面宽度，朝廷每年拨出专款疏浚河道、疏导沟渠。开封府安排专人巡逻，严禁居民将废物倒入沟渠。正是这种周密设计和严格管理，使得东京城不仅成为全国政治、经济、文化的中心，也是世界上最繁荣的城市之一。北宋驸马都尉柴宗庆曾赋诗道："曾观大海难为水，除去梁园总是村。"梁园乃东京别称，其意思是说，与东京开封相比，其他城市都像村庄一样。诗意中，充满了对一代京都繁华的赞誉和自豪。

磁州窑虎纹瓷枕 北宋 甘肃省博物馆藏

大河史诗 徐惠君 2016 年 中国美术馆藏

第五章　千年忧患

历史上，黄河在哺育中华民族成长的同时，洪水频繁泛滥也给两岸人民带来了深重的灾难。每次决口改道，生灵涂炭，村庄房舍被淹，生态环境恶化久久难以恢复。千百年来，历代王朝都把治理黄河作为治国安邦的一件大事，人们世世代代同黄河洪水灾害进行了斗争。大禹治水三过家门而不入，汉武帝亲率众臣堵塞黄河决口，北宋朝堂围绕黄河治理方略展开激烈论战，明清时期为治理黄河、确保漕运实施一系列重大国策。漫漫时空中，水患与国难，治河与朝政，始终紧密交织。一部治河史，承载了一部治国史，一部中华民族奋斗史。

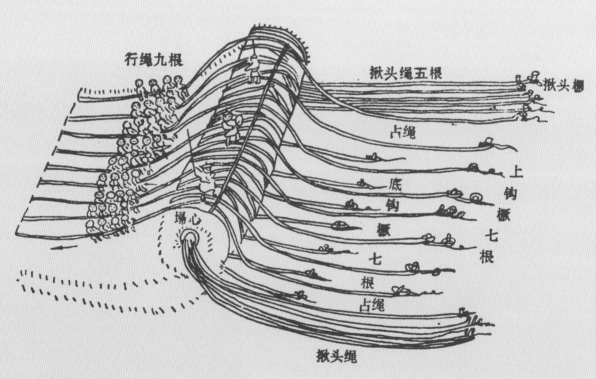

清代黄河堵口抢险埽坝工程之卷埽结构示意图
《黄河水利史述要》黄河水利出版社 1982 年版

三年两决口，百年一改道

汤汤洪水方割，荡荡怀山襄陵，浩浩滔天。

——《尚书·尧典》

1. 历史上的黄河重大改道

千万年来，黄河哺育了中华民族，孕育了光辉灿烂的黄河文化。但黄河频繁决口改道，洪水泛滥，也给两岸人民带来了深重的灾难。

黄河以"善淤、善决、善徙"著称。据统计，从周定王五年（公元前602年）至1938年的2540年间，黄河决口泛滥1593次，发生改道26次，平均三年两决口，百年一改道。洪水泛滥范围，北达天津，南抵江淮。每次决口改道，无不水沙俱下，生灵涂炭，良田沙化，生态环境久久难以恢复。

在有史籍记载的黄河26次改道中，重大的改道有6次。

第一次大改道发生在周定王五年（公元前602年）。黄河在黎阳宿胥口（今河南浚县）决徙，主流由北流改往偏东北方向，经今河南内黄、清丰、南乐，河北大名、馆陶、沧州，山

战国后期，黄河上中游植被破坏逐步加重，进入黄河的泥沙大大增加，黄河与许多重要支流变得浊浪滚滚，黄水滔滔。"黄河"这个名称始见于西汉初年，《汉书》记载汉高祖分封功臣时说："使黄河如带，泰山若厉，国以永存，爰及苗裔。"

东临清、平原等地，于黄骅市以北注入渤海。

西汉时期，黄河决口泛滥明显增多。自汉文帝十二年（公元前168年）到汉平帝时期的170多年间，黄河共决溢11次，特别是西汉中后期，平均7年就决口1次。王莽始建国三年（11年），黄河在魏郡（今河北南部）发生决口，经今河南南乐，山东阳谷、聊城、临清、惠民等地，至利津一带入海，形成了黄河第二次大改道。

黄河改道东流后，当时的王莽政权基本上是放任自流，洪水在清河郡（今河北清河）以东的平原上肆虐，大量耕地、房屋被冲毁，生灵涂炭，民不聊生。

这种状况持续了近60年，直到东汉明帝时期，王景主持治河，重新理顺河流渠系，开辟新河道，水患才得以平息。王景开辟的这条新河道，由西汉旧河道分出，经今山东省聊城、禹城等地，在山东利津县入海。此后，黄河相对安宁了800余年。

唐朝五代，河患频繁。到了北宋初期，地上悬河的形势愈加严峻，在今山东商河、惠民、滨州等市县境内，黄河甚至"高民屋殆逾丈"。

庆历八年（1048年），黄河在澶州（今河南濮阳）商胡埽发生大决口，决口口门宽达800多米。黄河改道北流，经今滏阳河与南运河之间，下游合御河（今南运河）、界河（今海河）至今天津入海，这是黄河第三次大改道。

商胡埽决口后的三四十年间，北宋王朝曾三次堵口回河东流，均以失败告终。与此同时，金军大举南侵。1127年，靖康之变爆发，北宋灭亡。

宋高宗建炎二年（1128年），东京府汴梁守将杜充为阻止金兵南下，在滑州（今河南滑县）扒开黄河大堤，黄河分为三支在黄淮平原上泛滥成灾。金明昌五年（1194年），黄河北流分支在阳武（今属原阳县）发生大决口，洪水向东经延津、长垣、东明、曹县等至徐州以南，由清江口云梯关入黄海，史称第四次黄河大改道。

这一时期，南下夺淮的黄河，经常决口，有时一年决口达几十处。大量泥沙

历史上黄河下游六次大改道

第一次大改道：周定王五年（公元前 602 年），在今河南省浚县宿胥口决口改道，由今河北省黄骅市入渤海。行河 613 年。

第二次大改道：王莽始建国三年（11 年），在今河北省大名县决口改道，由山东省利津县入渤海。行河 1037 年。

第三次大改道：北宋庆历八年（1048 年），在今河南省濮阳境内的商胡埽决口改道北流，由今天津入渤海。行河 146 年。

第四次大改道：金明昌五年（1194 年），在今河南省原阳县境决口改道，由江苏省清江口云梯关入黄海。行河 295 年。

第五次大改道：明弘治二年（1489 年），在今河南省开封市决口改道，经徐州，合泗水，入淮河。行河 366 年。

第六次大改道：清咸丰五年（1855 年），在河南省兰仪县（今兰考县）铜瓦厢决口改道，由山东省利津县入渤海。至今已行河 168 年。

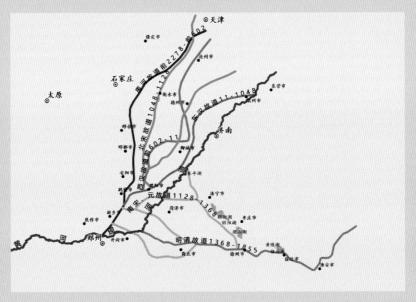

历史上的黄河改道示意图

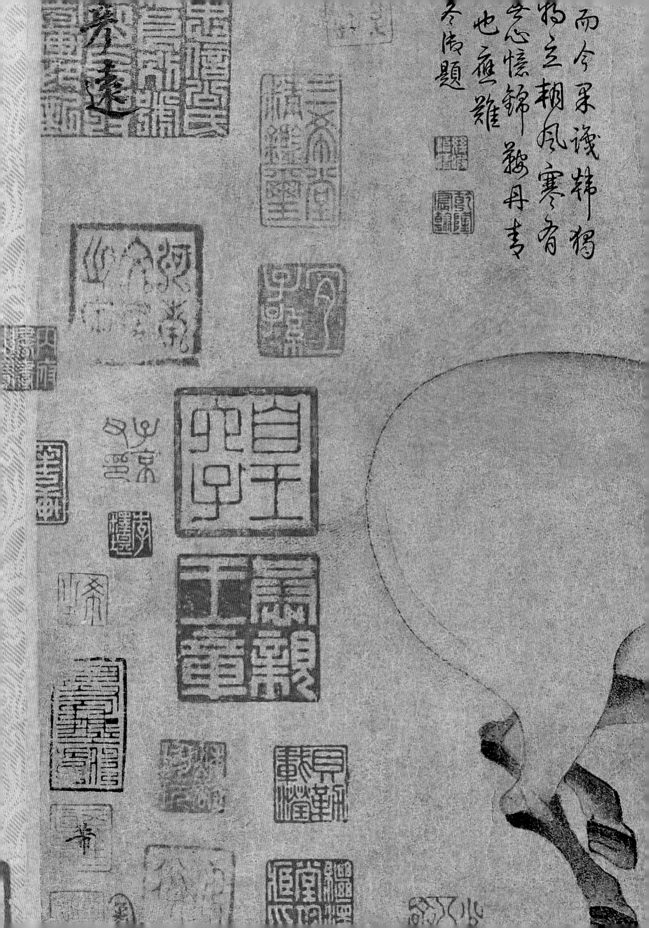

而今采諫䊮猶
物立翘風寒肖
念悵錦鞍丹青
也亟難
冬御題

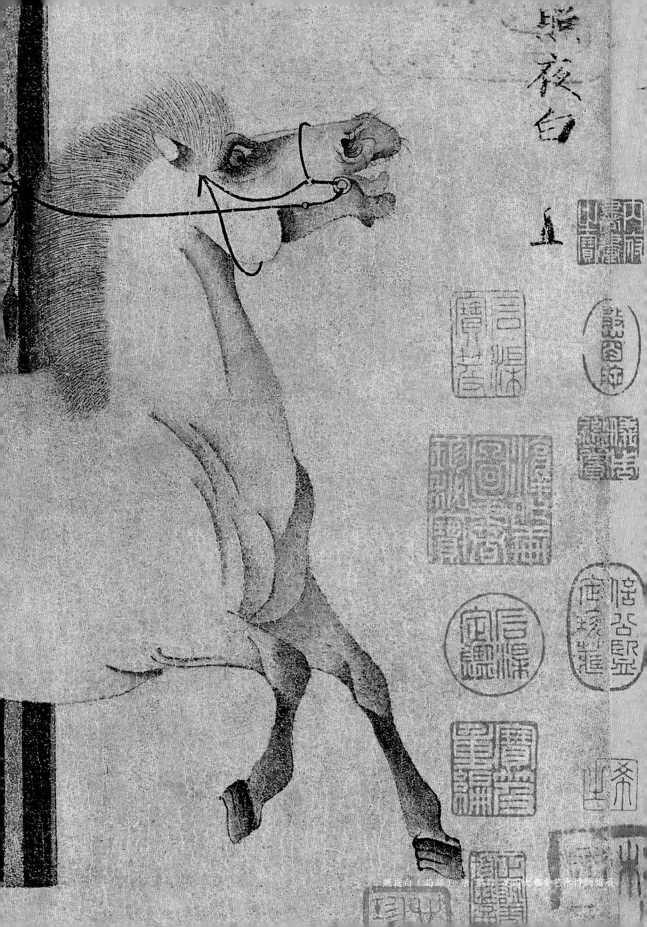

照夜白（局部） 唐 韓幹 美国大都会艺术博物馆藏

不断淤积抬高淮河下游水位，淮河水系排泄不畅，四处泛滥，致使原黄淮地区洪水灾害频繁。

在明代200多年里，黄河、运河、淮河错综交织，河道紊乱，严重的河患史不绝书。明朝初期，受元末战乱影响，黄河堤防年久失修，河道多支并流，经常决溢泛滥。明太祖朱元璋在位的31年间，黄河就有13年发生决口。

进入明朝中期，河南、山东境内黄河决溢愈加频繁，洪水四溢，特别是冲坏漕运河道，使京杭大运河严重受损。明孝宗弘治二年（1489年），黄河南北两岸接连发生10多处决口，20个府县遭受严重洪灾。南岸开封决口后，河水自中牟杨桥至祥符分三支入淮河；北岸封丘荆隆决口，河水冲入张秋运河，漕运受阻中断，这是黄河第五次大改道。

黄河改道后多股洪水四散漫流，黄河、漕运的形势愈演愈烈。嘉靖二十五年（1546年），经潘季驯主持治理黄河，河道基本固定下来。

清朝中后期，黄河下游河道淤积愈加严重。兰仪县以下河道纵比降变缓，水流缓慢，更加剧了河道淤积。河床普遍高出两岸地面七八米。洪水期间，河水高出堤外地面十几米，长河高悬，危如累卵。

咸丰五年（1855年），黄河在铜瓦厢发生了第六次大改道。铜瓦厢位于当时的兰仪县黄河北岸，是明清两代河防上的一

位于河南开封市龙亭区铁牛村的镇河铁犀，明代于谦为镇水而铸之

处重要险工。黄河在此转向东南，险象丛生，此前曾多次发生决口。

这年六月，洪水在铜瓦厢破堤而出，冲向西北，淹及封丘、祥符两县，继而折身转向东北，漫溢兰仪、考城、长垣等县，又经山东曹州府、东明县、濮州城，渐向东北，在张秋镇穿越运河，沿济南、济阳，夺大清河，由利津注入渤海。河南、山东、直隶（今河北）三省10府州40余县，受灾面积3万多平方千米，灾民达700万人。铜瓦厢更是首当其冲，被洪水荡平，沉于河底。至此，600多年黄河夺淮河入黄海的局面归于终结。

沿黄河有不少镇水灵物，其中开封铁犀最为有名。铁犀在开封城东北郊外，为明代政治家于谦督铸。明洪武二十年（1387年）和永乐八年（1410年），黄河在开封两次决口，大片地区受灾。于谦宣德年间起任地方巡抚期间治理黄河，于正统十一年（1446年）铸成铁犀，置于城堤并亲撰《镇河铁犀铭》铸在犀背。

2. 历史上著名的黄河决口

历史上，有关黄河决口的记载史不绝书，每次决口，洪水四溢，冲毁屋舍，淹没农田，生灵涂炭，给下游两岸人民带来了巨大灾难。

西汉武帝时期的瓠子堤决口，即为史载较为详细的一次重大黄河决口。汉武帝元光三年（公元前132年），黄河在东郡濮阳瓠子堤决口，滔滔洪水冲向山东巨野泽，夺泗入淮，淮泗十六郡沦为泽国，数百万人受灾，百姓流离失所，灾情十分严重。

接到奏报，汉武帝当即令汲黯、郑当时两位大臣率十万军民前往堵口抢险。经过数月奋战，堵住了决口。但时隔不久，黄河中游洪水卷土重来，刚刚堵复的口门又被冲毁。这时丞相田蚡上言："江河之决皆天事，未易以人力为强塞，强塞之未必应天。"意思是说，黄河决口是天意，不可以用人力改变。汉武帝听后，觉得有道理，加之当时正在持续进行对匈奴的战争，于是，便把黄河堵口之事搁置了起来。

此后20多年间，大汉王朝先后发动河东之战、漠南之战、漠北之战三大战役，在对匈奴的战争中取得重大胜利，基本解除了西汉边境的威胁。

元封二年（公元前109年），汉武帝前往泰山封禅，途经黄河洪泛区，目睹

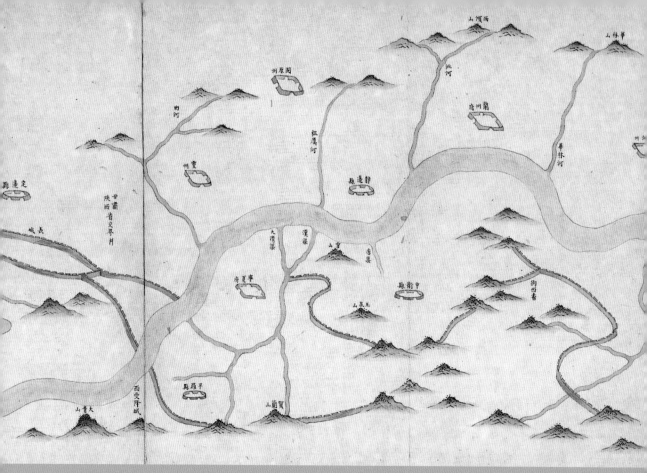

道光年间六省黄河埽坝河道全图（局部） 清 美国国会图书馆藏

灾区惨状，想到这些年来百姓所受的凄苦，深受触动，当即下令堵塞决口。汉武帝亲临现场坐镇指挥。由于当地堵口物料十分缺乏，汉武帝下令砍伐百里外淇园的竹子作为物料。为堵口顺利，他亲自将白马玉璧沉于河中祭祀河神，并赋诗《瓠子歌》二首，以示决心。经过连日苦战，堵口终于取得成功。为防止堵而复决，汉武帝命挖掘两条引河，将黄河向北导入故道。至此，泛滥23年的水患得以扼制，黄河洪泛区人民的生活恢复了安宁。

太史令司马迁当时也参加了这次黄河堵口。他在《史记·河渠书》中详细记载了瓠子堵口的全过程，文中感叹道："甚哉，水之为利害也！余从负薪塞宣房，悲《瓠子》之诗而作《河渠书》。"

自东汉王景治河，黄河安流800年，其间没有发生大的变迁。到了北宋，由于这条流路行水已久，淤积加重，游荡剧烈，河道极不稳定，决口洪患日益增多。从建隆元年（960年）到太平兴国九年（984年）的25年内，就有16年发生

过溃决泛滥。

  北宋时期黄河决口最严重的当数滑州。滑州地处黄河南岸，扼守南北要冲。太平兴国八年（983年）黄河在滑州大决，泛滥于今河南濮阳，山东菏泽、巨野等地，东南流至徐州，汇入淮河。天禧三年（1019年）滑州再次决口，洪水漫溢滑州城，经澶、濮、曹、郓等州，注入梁山泊，又合清水、古汴渠入淮河，沿途32个州县遭受洪水淹没。

  面对严重灾情，宋真宗赵恒遣派官员赴澶、濮、曹、郓等州，发兵夫9万，拨发大量物料堵塞决口，次年二月堵复。然而，4个月后，黄河又在滑州天台决口，夺淮水注入黄海。直到宋真宗驾崩，黄河也未安定下来。仁宗即位后，天圣五年（1027年）七月，征发5万军士民工，历经3个月堵口成功，黄河回归京东故道。

  元朝初期，黄河下游河道长期维持着三支并行的流路，水流散乱，洪水四溢，河患严重。这一时期发生的著名决口是白茅决口。

元顺帝至正四年（1344年）四月，黄河中下游一连下了20多天大雨，黄河暴溢，于五月在山东曹州白茅（今山东曹县）决堤。白茅决口宽400步，中流深三丈余，平地水深二丈。六月，黄河在北岸金堤又决口，泛滥达七年之久，"方数千里，民被其害"。鲁西南一带黄水与泥沙俱下，济宁、单州、砀山、丰县、沛县、定陶等十八州县，洪水滔滔，屋舍漂没，庄稼被席卷一空。沿河人民背井离乡，甚至出现卖儿卖女的悲惨局面。

水灾继续蔓延，向北侵入安山，延入会通河，威胁着京杭大运河的安危，朝廷上下震动。元王朝命贾鲁治河，投入大量财力物力人力，堵塞了白茅决口。

明代的黄河下游，河道紊乱，变迁频繁，忽南忽北，极不稳定。河南开封一带河患尤为严重。"平地成湖，一望弥漫"，"千村万落，漂没一空"，有关黄河决溢的记载充满史籍。

有清一代，黄河决口灾害更为频繁。乾隆二十六年（1761年），黄河中游发生了一场历史上罕见的大洪水，黄河大堤、沁河堤防全线偎水，几十处堤防漫溢冲决，数万户百姓陷入汪洋之灾。最为严重的中牟杨桥大堤决口后，大河主溜直趋贾鲁河，由涡河入于淮河，沿途淹没河南开封、陈州、商丘和安徽颍州、泗州等地民宅无数，良田数十万顷被毁，灾民哭号连天，尸骨遍野。

清朝末年，黄河下游悬河险状日趋恶化，决口不断发生。朝廷每年都要耗费巨额国库银两筑堵决口，加固堤防。但是总归堵不胜堵，已到了一筹莫展的境地。

清代埽工抢险场景图　黄河博物馆供图

流民图（局部）明 吴伟 大英博物馆藏

先秦至隋唐的治理黄河实践

俟河之清，人寿几何？

——《左传》

1. 春秋盟约"毋曲堤"

"俟河之清，人寿几何？"无尽的感伤，悲凉的叹息，道出了人们对黄河安澜的长久祈盼。

为了防御黄河水患，早在春秋时期，人们就开始了修筑黄河堤防，战国时期已具有相当规模。然而，在那个诸侯争霸的时代，"壅防百川，各以自利"，各诸侯国修筑堤防，我行我素，甚至以邻为壑，借修筑堤防把祸水引向邻国，以达称霸一方之图谋，致使下游河道水流壅滞不畅，洪水泛滥不断发生，严重威胁了有关地区人民的生存和发展。

正是在这种群雄争霸、治河无序的时代，诞生了古代中国第一部与黄河治理有关的诸侯盟约。

公元前657年，楚国侵犯宋、郑两国，"要宋田，夹塞两川，使水不得东流，东山之西，水深灭垢，四百里而后可田也"。大意是楚国在睢水上拦河筑坝，使河流上游泛滥成灾，淹没宋、郑两国田地四百里。

面对楚国的屡次进犯，宋、郑两国无力对抗，于是向齐国求助，请求齐桓公出兵干涉，让楚国拆除拦河坝。当时齐桓公拜管仲为相，推行军政合一、兵民合一的改革制度，齐国国力逐渐强盛。同时打出"尊王攘夷"旗号，维护邦国制度，多次会合诸侯，抗击游牧部落入侵，希望借以成为中原霸主。于是，齐桓公即应宋、郑两国之请，以楚国不尊周礼为由，率领中原齐、宋、陈、卫等八国军队，远征奔袭，陈兵于楚境。面对大军压境，楚国自感理亏，主动提出与联军协商讲和。

齐国不战而屈人之兵，觉得保全宋、郑之初衷已经达到，于是便同意讲和，与楚国在召陵（今河南漯河境内）举行了声势浩大的会盟。与会的国君与大臣代表各自国家签订了盟约，史称"召陵之盟"。

盟约规定：各诸侯国"毋贮粟，毋曲堤，无擅废嫡子，无置妾以为妻"等。其中的"毋曲堤"，即针对各国不合理修筑黄河堤防对邻国造成威胁的行为，作为一项约束性条款列入盟约，要求各诸侯国共同遵守，禁止以邻为壑，祸水他引。然而，单靠一纸盟约，显然不可能解决所有问题。随着诸侯国之间战争不断，无序筑堤、祸水外引的情况依然如故。

数年后，公元前651年，齐桓公以维护周礼为由，在葵丘（今河南省民权县境）再次召集诸侯会盟，参加会盟的有齐、鲁、宋、卫、郑、许、曹等国的国君，周襄王也派代表参加。这是齐桓公召集诸侯最盛大的一次会盟，史称"葵丘会盟"。会上，齐桓公向诸侯各国宣读了共同遵守的五条盟约，其中，重申了"无曲防"禁令，充分体现了对黄河修堤防洪问题的高度重视。以这次会盟为标志，齐桓公成为中原地区首位霸主。

2. 秦汉时期的黄河治理

秦朝统一六国后，诸侯各国分治黄河的局面宣告结束。鉴于黄河统一管理的重要性，秦始皇下令"决通川防，夷去险阻"，将黄河大堤进行加固整修后连接

乳钉铭文编钟　春秋
中国人民革命军事博物馆藏
钟，由铙发展而成，流行于商代至战国，有
甬钟、钮钟和镈钟之分。此钟有 36 个乳钉
作装饰，编钟上刻有标音、律名关系的铭文

起来，以保障黄河防洪安全。黄河堤防经过全面整治后，分散的河防走向统一，在一定程度上缓解了水灾。

　　据民间流传，秦始皇想要修一条大堤，取名"金堤"，即固若金汤之义。大堤在哪里修，修到哪里，并不明确。秦始皇想了个办法，骑马沿黄河奔跑，马蹄印就成了修金堤的线路，于是也就有了秦始皇"北修长城挡鞑兵，南修金堤挡洪水"的传说。

　　秦朝修建的黄河大堤一方面用于河防，另一方面也当作驰道，兼有防洪和交通的双重作用。明代万恭《治水筌蹄》中记载："始皇筑，以象天之二河。东人言，起咸阳迄登、莱，一以障河之南徙，一以为驰道，从咸阳至东海，求神仙，辇驰南堤，属车驰北堤。"这表明，秦始皇修建的黄河大堤绵延逶迤，宏伟壮观。《汉书·贾谊传》对此也有形象的描述："厚筑其外，隐以金椎，树以青松。"如今在河南濮阳、山东莘县等地仍然残留着秦代黄河金堤的遗迹。

西汉末期，黄河泛滥决口日益增多。绥和二年（公元前7年）汉哀帝继位不久，黄河在今河南浚县境内的黎阳白马决口，水患不绝，农田荒废。朝廷广求贤能良策，金马门属待诏贾让应诏上书，通过分析黄河河道历史变迁过程，提出了三种治理方案，史称"贾让治河三策"。

贾让提出的上策是人工改河。在今滑县西南的遮害亭一带掘堤扒口，使大河北去，穿过魏郡的中部，然后再转向东北入海。改河后的黄河河道，西濒太行山高地，东以旧黄河大堤作屏障，严重的黄河水患可以得到有效约束。

单腿鹰青铜蜡台 汉
中国人民革命军事博物馆藏
此件鹰口衔灯盘，腿竖为柱，爪立灯座，翘冠和尾以衡重心。为汉初诸侯王或汉宫廷使用物品

中策的主要思想，是在冀州区域内开渠建闸，引水分洪，发展引黄灌溉和航运。魏郡以下的黄河灾害不仅可以减轻，还可以使冀州的部分土地得到放淤改良，并有通漕和航运的便利。

下策是继续加高培厚堤防。贾让认为，现有堤防把河道束得太窄，已成为阻止洪水下泄的严重障碍。年年修堤徒费无穷，不会收到好的效果，故为下策。

贾让三策是我国保留至今最早的比较全面的治河文献。他不仅提出了防御黄河洪水的对策，还提出了放淤、改土、漕运通航等措施。贾让三策在2000多年前如此全面地规划黄河下游的治理，反映了当时技术水平的进步。

东汉时期，王景治河是历史上一次治理黄河的重大实践。当时黄河、济水、汴渠水系交织，加上黄河水灾愈演愈烈，黄淮地区经常蒙受水患。

汉明帝刘庄继位后，征发士卒民夫数十万人，任命王景主持开展了一场大规模的治理黄河工程。王景认真勘察，精确测算，制订了详细的治理计划。施工中，他率领士卒民夫疏浚淤积的河道，修筑从荥阳到千乘（今山东高青县高城镇北）入海口千余里的黄河两岸大堤。这是一条入海最近、水流最畅、输沙能力最强的行洪路线。

接着，他自上而下对黄河、汴渠进行治理。在汴口治理中，他创造性地采取了"十里立一水门"的措施，在黄河大堤与汴堤之间，约隔十里开凿一个引水口，实行多口分水，交替引河入汴，从而解决了多泥沙河流引水、分洪和减淤的三大难题。

一年后，规模宏大的黄河治理工程胜利完工，延续数十年的洪水灾害得以平息。王景因治河有功晋升为侍御史兼任河堤谒者，执掌全国治水事务。此后800多年间，少见关于黄河决口的记载，王景治河安流，青史留名。

3. 隋唐时期的黄河治理

隋唐时期，黄河下游河道流路大致和魏晋南北朝时相同，河道相对稳定，但水患依然频繁，造成人命伤亡与财物损失无数。

据记载，隋朝建国后，山东、河南一带共发生五次大的黄河洪水灾害，其中以大业十三年（617年）的洪灾最为严重。当时正在江都（今江苏扬州）巡游的隋炀帝接到奏报后，下诏打开滑州黎阳仓赈济灾民。但由于地方官吏腐败无能，灾民未能得到及时赈济，每日死者多达数万人，这激起人们对黑暗统治的极度怨恨。

是年农历七月，李渊起兵直趋关中，剥夺了隋炀帝杨广的皇位。次年，李渊在长安自立为帝，建国号为唐，隋朝即告灭亡。

初唐时期，国家进一步统一，政治清明，社会安定，虽黄河暴雨洪水时有发生，但总体上，黄河治理、农田灌溉和漕运事业蓬勃开展，取得了新的成就。

据记载，从贞观七年（633年）到咸通十四年（873年）的241年中，共有29年黄河发生大水，有记载的黄河决溢年份21年。开元十年（722年）六月，博州黄河堤防决口，洪水汹涌，势不可挡。唐玄宗李隆基急令按察使萧嵩总领博州、冀州、赵州三州刺史，火速组织人力前往抢险堵口。

安史之乱后，唐王朝致力于重建国家，试图恢复盛唐辉煌。但因藩镇兵变此起彼伏，加之朝廷朋党争斗，唐王朝被一步步推向灭亡的深渊。

唐宪宗为削平割据势力，对独立藩镇进行讨伐作战。正在这时，滑州境内因黄河河道狭窄，行洪不畅，险情频出。元和八年（813年），黄河洪水几乎淹没滑州城。时任郑滑节度使的薛平为削减黄河洪水，动员民工万余人，在毗邻的黎阳界古黄河道开出南北长14里、东西宽60步、深1丈7尺的河床，相当于今天的滞洪区。经过施工，滑州黄河河道加宽，洪水势头大为削减，不仅解决了当年水患，且使此后很长一段时间内滑州一带没有发生大的水患。薛平在滑州任职六年，后入朝为左金吾大将军，任义成军节度使。

唐懿宗咸通四年（863年），滑州北岸黄河大堤被冲垮，刺史萧仿奏请皇帝批准，采取人工改道的办法，使黄河北移四里远离滑州，暂时保证了安全。

然而，这不过是一时之功。天祐四年（907

开元十四年（726年）黄河发生大洪水，济州河防被冲毁，防洪形势十分危急。济州刺史裴耀卿为了不误抢险时机，在尚未得到朝廷诏令之际，主动担当，率众抢护堤防。抗洪修堤进行时，他接到朝廷旨令，调他迁任安徽宣州刺史。裴耀卿以黄河防洪大局为己任，担心离任后工程半途而废，便暂时压住调离消息，加紧督促赶工，直至修堤完成才领诏辞别济州而去。

《欽定授時通考》所繪農耕灌溉工具　清乾隆七年（1742年）武英殿刊本　香港中文大学图书馆藏

兵车行（局部）徐燕孙 1956年 中国美术馆藏

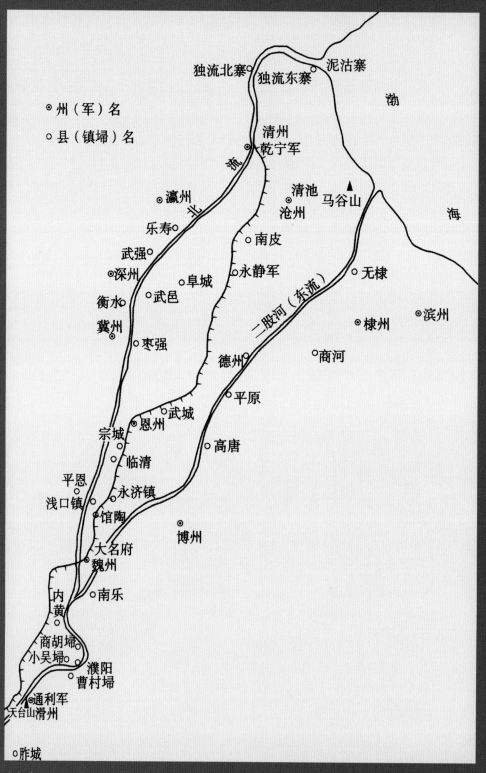

宋朝黄河北流、东流示意图　侯全亮《家国黄河》河南科学技术出版社 2022 年版

北宋时期的朝堂治河论战

> 此则百官有司之所，当务其大者，御边治
> 河，澄官冗而节财用，消水患而惠困穷。
>
> ——（北宋）晁补之《鸡肋集》

1. 东京繁华背后的黄河隐忧

960年，宋朝建立。宋代皇帝把"御边、治河、澄官冗"作为重要国策，在政治、军事和司法等方面采取了一系列改革。经过几代努力，北宋王朝经济腾飞，科技昌盛，文化繁荣，漕运与灌溉进一步发展，创下了东京汴梁的一代辉煌。

然而，在繁华气象的背后，黄河却很不太平。北宋初年，黄河下游河道河床淤积严重，河道变迁十分剧烈，堤防决溢与河道迁徙摆动，创造了有史以来的新纪录。频繁的河患洪灾大大超越前代。由于黄河水患与统治者的利益紧密相连，宋王朝对黄河治理相当重视，从皇帝到许多朝廷重臣，都投入了治河方略的争论，防洪修堤技术也有了很大的发展。

景祐元年（1034年）七月，黄河于澶州横陇埽（今河南濮

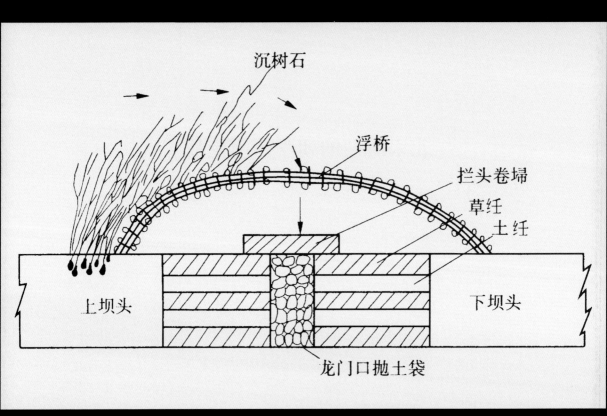

宋代黄河堵口合龙工程结构图

阳东）决口，冲出一条新河，史称"横陇故道"。由于这条新河水流缓慢，泥沙淤积严重，行水不畅，堤段普遍高出两岸，防洪情势危如累卵。

庆历八年（1048年），黄河在澶州商胡埽发生大决口，河水经今河北境内到天津以东入海。此次决口改道史称"商胡北流"。

当时的燕赵大地乃拱卫京城汴梁的前沿，黄河一再向北迁徙，不仅毁坏边境沟渠水系，而且打乱了北宋防御辽国的工事。为此，朝廷重臣与地方大吏接连上书，迫切要求治理黄河。在治河主张上，出现了两种截然不同的意见，一场旷日持久的朝廷治河之争由此开启。

朝臣首先围绕治河与不治出现严重分歧。河北转运使施昌言提出，亟须抓紧堵塞决口，使洪水泛滥区民众安定。而河东转运使崔峄、澶州军事将领张惟吉则认为，近年沿黄河各地多灾多难，民众生活本已十分贫困，不宜再加重劳役，主

黄河埽工的前世今生

黄河因其多泥沙的特殊属性，善淤善决。劳动人民在与黄河洪涝灾害的斗争中，发挥聪明才智，总结治水经验，创造了一种御水建筑物——黄河埽工。

埽，是用梢料分层铺匀，再压上土和碎石，推卷而成的埽捆或埽个的简称。埽工，就是若干个埽捆累积连接修筑成的护堤工程。由于埽工外层用料具有一定弹性，比单用石料修筑的水工建筑物更能缓和水流的冲击，因此常被用来抵御水流对河岸的冲刷，而且埽工便于就地取材，也常常用于堵复溃决的堤坝。

根据史书记载，埽工技艺的起源可追溯到黄河有堤防记载的汉代。《汉书·沟洫志》记载，汉建始四年（公元前29年），"河果决于馆陶及东郡金堤……以竹落长四丈，大九围，盛以小石，两船夹载而下之，三十六日河堤成"。薪柴与土石杂用，正是埽的捆扎原理，可见埽工这种御水技艺在汉代已经存在。

埽工的名称最早见于北宋时期，《宋史·河渠志》《河防通议》等文献对埽工的沿河布局和做法都有详细记载。当时这种埽工技艺已十分成熟，被普遍使用于防洪抢险的重点地段。每年的埽工修守费用，由中央政府按计划拨付，设置有专门管理埽工的官员，有详细的制埽程序。

金代建立了组织完善、制度严密的河兵队伍，专门负责黄河埽工的修守。据记载，当时管理埽工的河兵有12000人。明代黄河多支分流，决口频繁，埽工大量用于堵口工程。万历年间潘季驯主持高家堰大堤决口，用其他办法屡堵不成，最后还是采用卷埽堵住了决口。至清代，埽工修做方式发展成为沉厢式，这是埽工技术的一次重大进步，这种方法一直沿用至今。经过千百年的不断创造改进，埽工的结构愈加完善。如今，随着科技发展，一些大型机械也运用到埽工修建中，大大提高了工效。

黄河埽工这种古老治河技艺，见证了人们治理黄河水患的长期探索与艰辛实践，已成为黄河文化的一个组成部分。

张暂缓堵塞决口。

　　阅罢众人奏折，宋仁宗决定暂缓堵口。然而，皇祐三年（1051年），北流黄河河道壅塞不畅，沿河堤防不堪激流冲击，形势愈加危急。为此，大名府留守贾昌朝上疏奏称，为了内固京都、外御夷狄，建议堵塞商胡决口，修葺黄河旧堤，恢复京东故道。

　　另一位东流派人物，河渠司官员李仲昌也提出，引黄河入六塔河再进入横陇故道，分滞洪水，可望解决黄河问题。这个方案，得到了宰相富弼、吏部尚书文彦博等朝廷重臣的支持。

　　宋仁宗决定采纳这一方策，征民夫，兴大工，挽大河回归京东故道。

　　然而，另一派官员则极力反对这一治河方策。时任翰林院学士的欧阳修曾在滑州和河北路任职，对澶、滑、濮三州黄河决口泛滥感受至深。他秉笔上书千余言，力陈东流弊端，认为六塔河是一条宽不到50步的小河，根本承受不了暴涨的黄河洪水，如若发生决口，下游滨、棣、德、博、齐五州，将遭受巨大

南薰殿旧藏《宋代帝半身像册》之宋仁宗
台北"故宫博物院"藏

损失。从天时、民心、人力、水性、河道等方面看，回河东流，绝不可行。因此，他力请迅即停止六塔河河工，主张疏浚商胡北流河道，加固整修堤防，使河水畅流入海。

此时，在宰相富弼和吏部尚书文彦博的极力主张下，欧阳修等北流派的意见未能得到采纳，宋仁宗引黄河回归京东故道的圣意已决，决定实施六塔分流方案。

嘉祐元年（1056年）四月，数十万民夫集体上阵，将商胡北流决口堵塞，使黄河改道分流进入六塔河。结果，当年汛期六塔河堤防即决口，洪水横流，百姓死伤不计其数，整个河北路成为一片泽国。宋仁宗一怒之下，惩处有关治河官员，流放的流放，革职的革职。至此，第一次治河朝堂之争，以回河东流失败而告终。

回河东流的失利，极大地消耗了宋朝的国力，黄河依然北流。几年后，北流黄河又在河北大名府决口，向东分出一条支河，经马颊河入渤海，史称"二股河"。自此，黄河彻底脱离行河近千年的东汉河道。

（左页）《水图》之层波叠浪 南宋 马远 故宫博物院藏

2. 治河论战波澜再起

宋神宗赵顼熙宁元年（1068年），北流黄河在恩州、冀州、瀛州接连决口，形势极为严峻。神宗急召朝臣商议对策。由此，黄河北流与东流的论战再度掀起。

都水监丞李立之首先表示主张北流，建议在黄河北流各州修筑新堤，以防御洪水泛滥之患。另一位都水监丞宋昌言则持相反意见。他认为，若新修大堤千余里，国力民力消耗巨大，且近年冀州以下河道阻塞不畅，上下堤岸屡次决溢出险，修筑新堤终非良策，因此主张疏治六塔河、二股河，导河东流。

提举河渠王亚从军事屏障的角度，也坚决反对东流方案。他认为，北流黄河入海口处宽六七百步、深约八九丈，这是大宋王朝的一道绝佳天堑。若弃北流，于阻挡辽军南下极为不利。

两派大臣各执一词，争论激烈，相持不下。宋神宗命御史中丞司马光、宦官张茂则等赴黄河进行全面考察，权衡利害得失，再行定夺。

司马光等人奉旨考察后，认为宋昌言的二股河之策可行。为使导河东流更加稳妥，司马光还建议在二股河筑坝拦水，待水量占全河水量八成以上，河道冲刷宽阔，加固堤坝后，再将北流河道彻底闭塞。

深得宋神宗信任的王安石，也加入了治河之争。他主张，一步到位堵塞北流，使黄河走二股河东流入海。

宋神宗决定采纳司马光、王安石等人主张的黄河东流方案，即行动工。次年，北流河道堵塞，黄河水全部归入二股河。神宗闻奏，龙颜大悦，下旨奖励司马光等人，并命内侍送去御马、衣袍和金带。

岂料，当年黄河又在二股河许家港决口，河水泛滥于大名、恩州、德州、沧州等地，灾情严重。为此，朝廷急忙拨发45万石小米赈济灾民，并给予都水监丞宋昌言等降职处罚。

两年后，黄河又在大名府决口，澶州、卫州等地因漫溢被淹，二股河也被埋塞。东流回归9年间，黄河决溢7次。元丰四年（1081年）黄河在澶州小吴埽发生大决口，黄河全部恢复北流，东流再告失败。

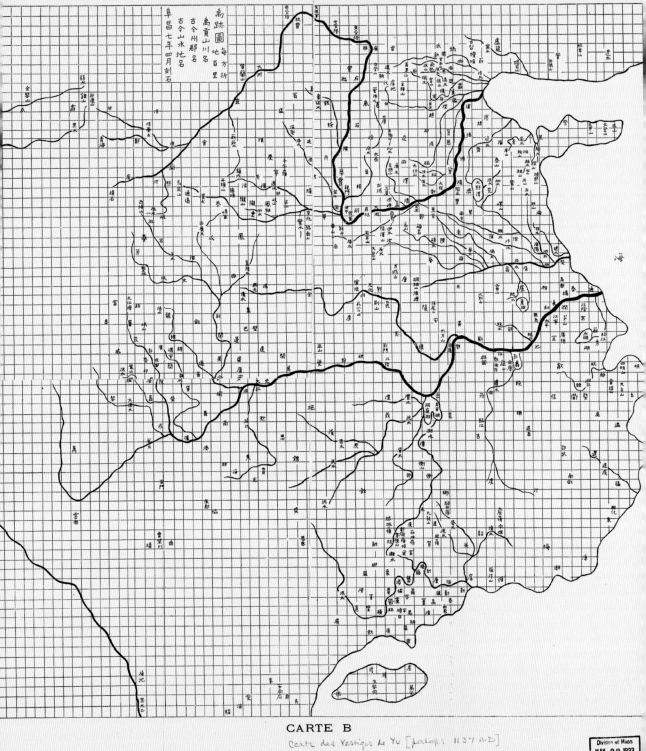

CARTE B

Carte des Vestiges de Yu [perhaps 1137 A.D.]

Original, engraved on stone, in

3. 哲宗时期的治河论战

宋神宗逝世后，年幼的哲宗即位，祖母高太后听政，废除王安石新法，任命守旧派代表司马光为宰相。当时，北流的黄河在大名府境内连年决溢成灾，百姓颠沛流离，食不果腹。于是，一场围绕黄河安流的朝堂大论战再度掀起。

以太师文彦博、中书侍郎吕大防、枢密院知事安焘、右司谏王觌、左司谏王岩叟等为代表的"东流派"大员，痛陈北流七害，坚决主张回河东流。他们认为：河不东归，则失中原之险，辽军一旦进犯，无险可守，势必长驱而入直抵京师，对大宋王朝形成极大威胁。

右丞相范纯仁、尚书左丞王存、礼部尚书胡宗愈、吏部侍郎范百禄等人针锋相对，主张维持北流。他们在上书奏议中认为：宋辽已久无战事，两国通好，东流天险已无必要，此时恢复东流，耗费人力财力，不啻劳民伤财之举。

时任户部侍郎的苏辙也加入了此次治河之争。他先后三次上疏，从维护漕运、发展河北地区农田水利、防御辽国的军事屏障等方面，逐一驳斥东流派论点，旗帜鲜明地反对黄河东流。

两派意见相争不下，朝廷一直举棋不定，时而大举兴工回河，时而下诏停工。直到元祐八年（1093年）五月，北流黄河再次决溢。宋哲宗决定采纳东流派建议，堵塞大

黑釉瓜棱执壶　北宋　甘肃省博物馆藏

名府北流口门，修筑新堤70余里，黄河水全部回归东河。

然而，恢复东流不过六年，元符二年（1099年）六月，黄河又在内黄发生决口，致使东流断绝，黄河复行北流。

几个月后，哲宗病逝，其弟宋徽宗赵佶即位。至此，历经仁宗、神宗、哲宗三朝回河东流的努力，均以失败告终。此后10余年间，黄河泛滥依旧。政和七年（1117年）瀛州、沧州黄河大决口，淹死百余万人，灾情惨重。此时的北宋王朝经济衰败、民生凋敝，再也无力治理黄河。其后，北方崛起的金兵大举南侵，1127年，北宋灭亡。

（左页）元祐党籍碑拓片（局部）北宋

宋代摩崖石刻，现存二块，均在广西。北宋徽宗时蔡京专权，把元祐、元符间司马光、文彦博、苏轼、苏辙、黄庭坚、秦观等309人列为"奸党"，将姓名刻石颁布天下，后徽宗下诏毁其碑

黄河图说碑拓片　明　西安碑林博物馆藏

这是中国现存最早的大型黄河水利图碑，全面反映了明代中期黄河分流时期的运河和黄河情形，总结了明代治理黄河和运河的方略

元明清三朝的治河与保漕

> 通漕于河，则治河即以治漕；会河于淮，
> 则治淮即以治河；合河、淮而同入于海，则治
> 河、淮即以治海。
>
> ——（明）潘季驯《河防一览》

1. 元朝贾鲁治河

1271年，忽必烈改国号为元，定都大都（今北京），1276年，攻占南宋都城临安，三年后消灭南宋残余势力，结束了南北对峙、民族政权并存的分裂局面。

元大都百万人口和京畿驻军的生活供给，须从南方运送，因此重建大运河成为元朝统治者的当务之急。为此，元世祖忽必烈任命郭守敬为都水监，对大运河进行了大规模整修和新建。整个工程历时10年，至元三十年（1293年），由通惠河、御河、会通河、邗沟（淮扬运河）、江南运河组成的南北大运河全线通航，史称"京杭大运河"。

元朝时期，黄河在经过开封之后河道向南，流入泗水与淮

河，再由淮河流入大海。而大运河正流经黄河和淮河的主干，一旦黄河泛滥，将严重影响大运河的航运。

元成宗大德元年（1297年）黄河在杞县蒲口决口后，分支淤积十分严重，大有向北迁徙之势。

至大二年（1309年），黄河在归德、封丘决口，大河主流愈加北趋。之后，黄河又在曹州楚丘县、开州濮阳县、卫辉路汲县、大名路长垣和东明、曹州济阴县等地连连决口，洪水灾害不断发生。到元末代皇帝顺帝时，黄河洪水泛滥愈加严重。至正四年（1344年）五月，黄河在山东曹州白茅决堤，六月在金堤决堤，济宁、单州、虞城、砀山、金乡、鱼台、丰县、沛县、定陶等18州县，城郭被淹，民舍漂没，洪水直逼会通河段，对大运河构成了严重威胁。

白茅决口后，元顺帝令都水监贾鲁着手治理水患。他经过数千里实地考察，初步掌握了河患的要害所在，亲手绘制了治河图纸，向朝廷呈上两套治河方案。第一套方案是耗费较省的小方案，即在新形成的河道北岸修筑堤防，遏制决堤洪水肆虐横流；第二套是规模宏大的大方案，即在堵塞决口的同时疏浚下游河道，疏塞并举，引黄河东行，挽河回故道。

这时由于朝纲混乱，贾鲁的治理黄河方案被束之高阁。此间，黄河在济阴、济宁、沛县接连发生决口，漕运司盐场被冲毁，京杭大运河岌岌可危。

至正十一年（1351年），在复任丞相的脱脱的极力坚持下，顺帝下诏命贾鲁担任工部尚书兼总治河防使，征发开封、大名等13路15万民工，调遣庐州（今安徽合肥）等18军2万兵役，开始了一项规模宏大的治理黄河工程，取得了成功。与此同时，贾鲁还从今郑州新密开凿了一条新河，连接起疏浚的汴河古水系，经荥阳、中牟、尉氏、扶沟、周口流入淮河，使

钧窑三足炉　元　山东博物馆藏

贾鲁治河有方

至正十一年（1351 年），贾鲁经过详细察看治河工地现场，制定了工程规划和部署，确定了采取疏、浚、塞并举，先疏浚后堵塞的总体方案。施工分三步走：第一步，从保护漕运出发，整治疏浚河道；第二步，先小后大堵塞缺口，培修加固堤防，以保证黄河回归故道后不致出险；第三步，堵复白茅决口，让黄河返回南流入淮。整个工程历时 200 天，堵塞了泛滥 7 年多的决河，挽黄河回归北河故道，南流汇合淮河入海。

院都事會詔修遼金宋三史召魯爲宋史局官書成選
魯燕南山東道奉使宣撫幕官考績居最遷中書省檢
校官上言十八河倉近歲淪沒官糧百三十萬斛其弊
由富民兼幷貧民流亡宜合先正經界然事體重大非
處置盡善不可輕發書累數萬言切中其弊俄拜監察
御史首言御史有封事宜專達聖聰不宜臺臣先有所
可否陞臺都事遷山北廉訪副使復召爲工部郎中言
考工一十九事至正四年河決白茅堤又決金堤並河
郡邑民居昏墊壯者流離帝甚患之遣使體驗仍督大
臣訪求治河方畧特命魯行都水監魯循行河道考察
地形往復數千里備得要害爲圖上進二策其一議脩
築北堤以制橫潰則用工省其一議疏塞並舉挽河東
行使復故道其功數倍會遷右司郎中議未及竟其在
右司言時政二十一事皆見舉行調都漕運使復以漕
事二十事言之朝廷取其八事一曰京畿和糴二曰優
恤漕司舊領漕戶三曰接連委官四曰通州總治豫定
委官五曰船戶困於壩夫海運壞於壩戶六曰疏濬運
河七曰臨清運糧萬戶府當隸漕司八曰宣忠船戶付
本司節制事未盡行既而河水北侵安山淪入運河延
袤濟南河間將壞兩漕司鹽場實妨國計九年太傅右
乾隆四年校刊

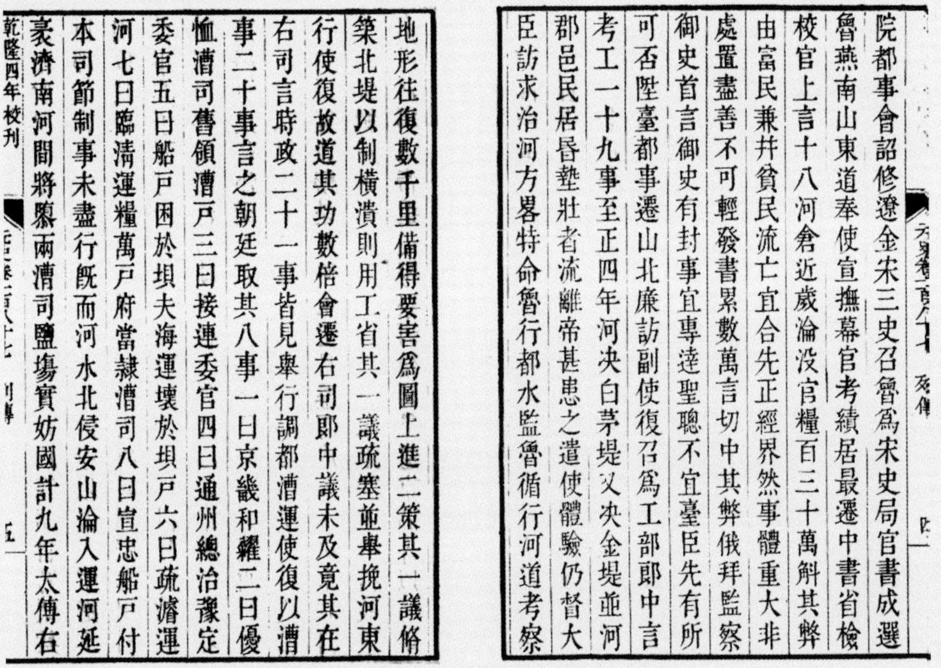

《元史·贾鲁传》对贾鲁治河的部分记载
清乾隆武英殿刊本
中国国家图书馆藏

淤废的古河漕运得以复兴，这条河因此得名"贾鲁河"。

然而，本次治河工程规模巨大，总计耗用中统元宝交钞184万多锭银两。为了筹措巨额的治河费用，朝廷大量制发新钞，导致通货膨胀，劳动人民不堪重负，加速了元朝经济的崩溃。对此，后世有诗曰："贾鲁治黄河，恩多怨亦多。百年千载后，恩在怨消磨。"

2. 明朝黄河与大运河复杂交织

明代有关黄河决溢成灾的记载史不绝书。据张含英著《明清治河概论》称，明代黄河决口456次；郑肇经主编的《中国水利史》称，明代黄河决口301次。事实上，由于黄河河道紊乱，忽南忽北，变迁频繁，往往是一场大水造成多处大小决口，要准确统计当时黄河决口的次数是十分困难的。

永乐十九年（1421年），明成祖朱棣迁都北京，京杭大运河成为明王朝南粮北运的交通大动脉。如何治理黄河水患，保持运河通畅，成为明王朝漕粮运输和政权稳定的关键。

当时黄河流经今郑州、开封、商丘、徐州、淮阴夺淮河入海，河道极不稳定，特别是其中徐州至淮阴段的黄河河道又是京杭大运河的运道，而运河自徐州而南，借用黄河故道即泗水通航，并在清口形成了黄河、淮河、运河交汇的局面，三条河流复杂交织，严重困扰着明王朝。

早在永乐九年（1411年），明成祖朱棣就下决心治理黄河，令工部侍郎张信前往决口处进行现场查勘。张信查勘发现，祥符县鱼王口以下20余里的黄河故道，河岸与新河水面齐平，若把黄河水分到故道一部分，则主河水势可大为削减。于是张信详细绘制图纸，连同治理计划一并呈上，得到永乐皇帝批准。经过紧张施工，当年七月黄河回归故道，基本恢复明初的东河局面。

在此期间，开展的另一项治河工程是疏浚漕运北段会通河。20年前的洪武二十四年（1391年），黄河在原武黑洋山大决口，河水一分为三。其中一支由山东曹州漫流，致使大运河会通河段全部淤塞。这次朝廷征调山东及徐州、应天、镇江30万民工，就是要对济宁至临清200千米的会通河进行全线疏浚修治。

河防一览图（局部） 明 潘季驯 中国国家博物馆藏

这项工程由工部尚书宋礼、刑部侍郎金纯督工进行，经过实地考察，宋礼认为"会通之源，必资汶水"，引汶济运，势在必行。由于汶上县南旺地段的河道高出济宁3米多，爬坡上行，时常干涸，加之河岸狭窄，难以通行重载船只，成为恢复漕运的一道难题。

为此，宋礼走访当地，寻求治水方略。在汶上县白家店，他采纳一位农民水利专家白英的建议，把南旺镇作为制高点，在戴村两山之间筑起一座拦河坝，拦截汶水南流，使水流集中于南旺，三分南注，七分北流，创造了戴村坝"七分朝天子，三分下江南"的分水创举。同时，利用天然地形，扩大会通河沿岸天然湖

河南登封启母阙大禹治水刻石拓片 汉 黄河博物馆供图

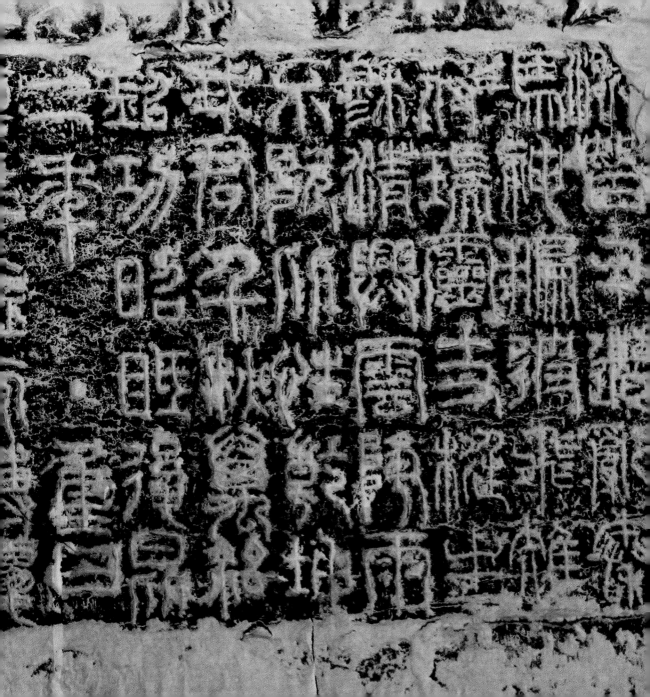

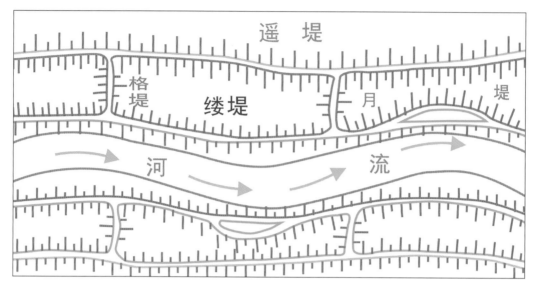

潘季驯治理河道示意图

泊，修成"水柜"，设置斗门，调蓄水量，把附近几百处泉水引入水柜。整个工程历时9年，汶上济宁段运河工程的完成，为会通河发掘了充足水源，蓄水深度满足通航要求，一道制约漕运的难题就此得解。

3. 治河保漕，北堵南疏

明宣宗年间，面对黄河与运河之间复杂紧密的关系，如何保持漕运河道畅通仍然是一个棘手的问题。

京杭大运河徐州至清河的交汇段，利用的是黄河河道。由于经常受黄河向北决口的干扰，运河时通时塞，漕运受到很大掣肘。明王朝既害怕黄河冲毁或淤塞运河，又想利用黄河水补充运河水量。为此，朝廷在治河策略上主要采取北岸筑堤、南岸分流的办法。根据这一治理策略，宣德六年（1431年），明宣宗下诏征发河南民工，对祥符至兰阳黄陵岗450里严重淤积河段进行了一次较大规模的疏浚整治，基本实现了防止黄河向北泛滥的目标。

明朝中期，河南境内黄河决溢愈加频繁，导致河道散乱，冲坏漕运河道，京杭大运河严重受损。正统十三年（1448年），黄河在陈留县、新乡和荥泽等地接连发生决口。河水分为三股，其中一股，自新乡八柳树，漫溢曹县、濮州，至东

（右页）戴村坝现状

昌溃决寿张沙湾，冲坏漕运河道。为此，明英宗先后派工部侍郎王永和、工部尚书石璞等前往寿张县沙湾河段进行治理，均未成功。

景泰四年（1453年）十月，明景帝任命徐有贞为佥都御史，专门治理沙湾。当时黄河决口已经5年。他经过实地详细勘查，向景帝呈上《言沙湾治河三策疏》，提出修建水门、开辟分水支河、疏浚运河水道的治河三策。该策得到朝廷批准后，工程即于当年开工，两年后全部竣工。从此山东河患平息，漕运得以恢复。

明孝宗年间，可谓多事之秋。朱祐樘在位18年，黄河发生洪灾54次，平均一年三决口，明王朝处于河患最为严重、漕运最为艰难的时期。

弘治二年（1489年）九月，明孝宗命户部侍郎白昂统领，对黄河决口及运河进行全面治理。白昂详细查勘水势，提出了"北堵南疏"方案，即疏浚南岸河道以削减水势，在北流所经七县新筑堤岸，以保障张秋漕运水道。明孝宗批准了这一方案，遂调集25万军民投入治河施工。

这是一项横跨四省及多个地区的庞大工程，工期紧迫，任务艰巨。白昂率众日夜赶工，堵塞决口36处。沿北岸阳武修筑长堤，阻止黄河水北上；引中牟决河

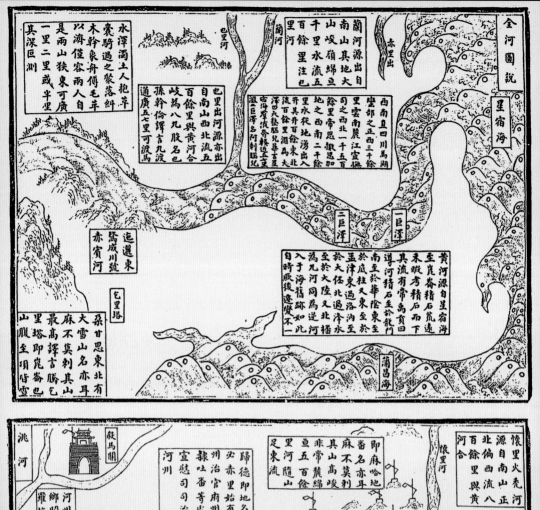
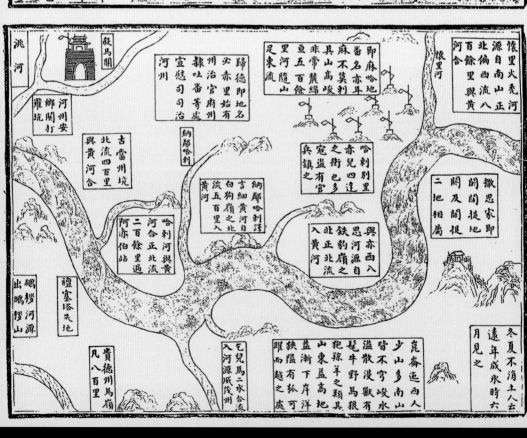

《河防一览》之全河图说（局部） 明 潘季驯
明万历十九年（1591年）刊本 日本内阁文库藏

之水出杨桥以达淮河，疏浚宿州古汴河入泗水，疏浚濉河至宿迁入漕运河道。通过疏堵结合，河流节节入淮，最终入海。

两年后，弘治五年（1492年），黄河又在祥符县孙家口、杨家口、车船口和兰阳（今河南兰考）铜瓦厢等多处决口，滔滔河水再次冲毁运道。弘治六年（1493年）二月，黄河春汛在即，河患加剧却屡治无功，堵口工作陷入停滞状态。经群臣举荐，明孝宗任命刘大夏为右副都御史，统领治河事宜。

接到诏书时，刘大夏已年近六旬。他深感使命重大，于是星夜兼程，赴任就职。到任后，他深入工地实地勘查，与当地官民研究治水方略，以《议疏黄河筑决口状》上书朝廷，提出通运、疏河、堵口、筑堤的"四部曲"治河计划，得到皇帝的高度赞赏。

潘季驯（1521—1595年），字时良，号印川，浙江乌程县槐溪村（今湖州吴兴环渚街道常溪村）人。明朝官员，水利专家。曾四次治理黄河。潘季驯所著《河防一览》，是中国古代重要的河工专著之一。全书共14卷，记录了潘季驯治理黄河、淮河、运河的基本思想和主要措施。包含敕谕、图说、河议辨惑、河防险要、修守事宜、河源河决考、前人治河之议与明代治河奏疏等内容。

接着，刘大夏率10余万军民在张秋决口西岸，开挖一条三里多长的运河，将大运河上下连通，使阻滞的漕船通过，缓解了漕运燃眉之急。继而修补两岸大堤，封住缺口，疏浚淤堵河道，将黄河大部水流引入淮河及其支流，成功堵住了大运河与黄河交汇处的巨大缺口。

"弘治中兴"之后，历经10余年剧烈动荡，明世宗嘉靖时期朝政安定下来，黄河水患却从未停息。嘉靖十三年（1534年），黄河在兰阳赵皮寨决口，又在夏邑大丘、回村决口，洪水骤然奔突，济宁至徐州数百里，运河全部淤塞，漕运阻绝。

次年，都察院右副都御史刘天和受任总理河道。他从疏浚黄河与运河、加高培厚堤防等方面，提出了一整套治理方案。在嘉靖皇帝的支持下，刘天和率领14万民工对汴河、南旺河下游进行综合疏浚整治，漕运河道复通，取得了显著成效。

4. 潘季驯四次总理河道

嘉靖后期，治河形势更加错综复杂。嘉靖四十四年（1565年）秋，黄河在沛

全景丝嵌宝石双凤纹分心　明　甘肃省博物馆藏

县大决口，南北分为14支，或横向断绝，或逆流入漕河，河势变化剧烈。

嘉靖四十五年（1566年），朝廷下诏委任朱衡为工部尚书兼右副都御史，负责自南阳镇至留城镇开凿新运河，疏浚留城镇至沛县南境山53里旧河河道。朱衡经过沿线全面巡视，认真分析河势现状，在给皇帝的奏疏中，从5个方面全面阐述了自己的治河主张。他明确提出，鱼台、沛县一线的旧河道已经淤积成为陆地，如要恢复行水河道，难度极大。因此旧河道不宜再恢复。只有开辟丰县东南的秦沟，使下游顺达，并修筑南岸长堤以防溃决，才能解除鱼台、沛县等地洪灾之困，并使漕运河道通畅。朱衡的意见得到了朝廷采纳。

一年后，朱衡主持的治河工程完工，开挖新运河140多里，引鲇鱼、薛沙诸水入新渠，修成南阳新河。这次治河，阻止了黄河洪水东侵，各漫流分支归为一流，漕运得以恢复畅通。

明穆宗隆庆三年（1569年），黄河在沛县决口，南直隶、山东、河南数百里范围内普遭水害，漕运阻断。次年秋，黄河又在徐州下游邳州决口，自睢宁至宿迁180里运河淤塞，漕运粮船再次受阻。隆庆五年（1571年）四月，黄河在徐州以南两岸决口达11处。

万历年间，随着张居正就任内阁首辅，一场改革大幕拉开。治理黄河，保证漕运，则是保证万历新政改革顺利进行的重要一环。

朝廷急诏潘季驯为都察院右都御史总理河道，着力解决"黄河害运"问题。到任后，潘季驯指挥5万余名民工，从应急疏浚漕运入手，经过3个月奋战，疏浚了河段，修筑起3万余丈缕堤。

然而运河通航后，数艘运粮船被激流卷走。为此，潘季驯以"渎职罪"遭到

黄河堤防险工

　　黄河大堤的最早修筑，至迟始于西周时期。随着黄河下游村落逐渐密集，为防御黄河洪水摆动，堤防开始出现。

　　春秋中期，黄河堤防初步形成，战国时期已具有相当规模。秦始皇统一中国后，决通堤防、移除险阻，各诸侯国修建的堤防得到统一。经过历代发展，堤防工程施工、管理和防守技术不断发展。明朝潘季驯创造性地把堤防工程分为遥堤、缕堤、格堤、月堤四种形式，因地制宜布置在黄河河道两岸，基本形成中国历史上第一个较为完善的黄河堤防体系。

　　由于历史上黄河多次发生改道，黄淮海平原上留下了许多古黄河堤防遗迹。濮阳秦皇堤流传着秦始皇跑马修金堤的民间传说。明代刘大夏治河主持修建的太行堤，西起太行山，东至长垣县，高七八丈，蜿蜒数百里。据《读史方舆纪要》注所引《河渠考》记载："又筑西长堤，起河南胙城，经滑、长垣、东明、曹、单诸县，下尽徐州，亘三百六十里，谓之太行堤，凡五旬而功毕。"开封林公堤，流传着林则徐以戴罪之身，临危受命堵口的故事。

　　坐落在黄河大堤上的险工，是抵御洪水冲击、保护堤防安全的重要防守阵地。黄河下游险工历史悠久，黑岗口险工、马渡险工、万滩险工和花园口险工距今已有250多年的历史。清代著名的铜瓦厢险工，1855年引黄河水势猛涨，险工破堤决口，洪水漫溢，明清黄河故道全线断流，自此，形成新的黄河河道，经东明、东阿，沿济南、济阳由利津入海。

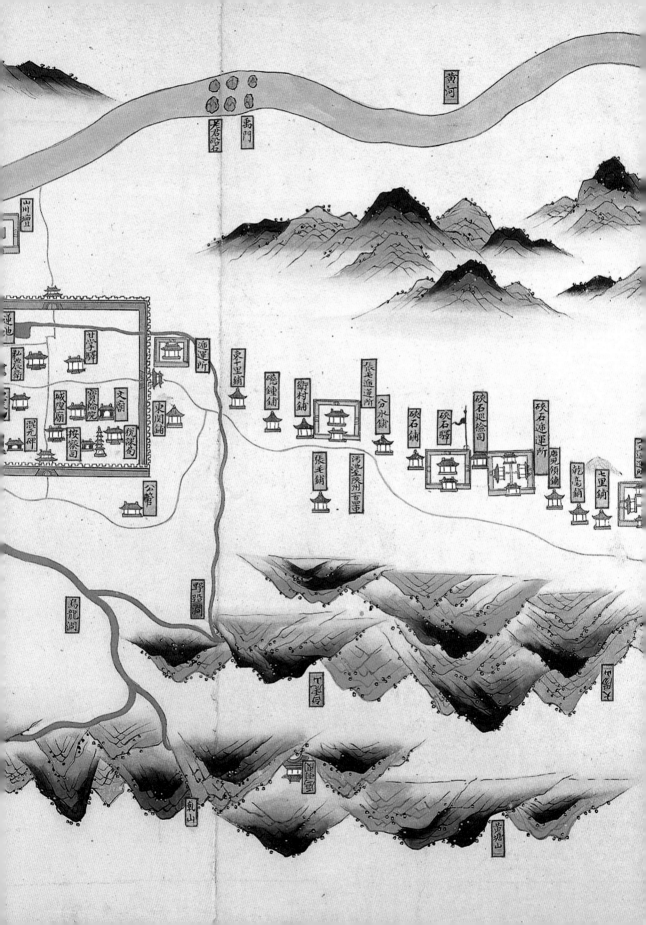

南京至甘肃驿铺图所绘禹门口等地 明正统三年至景泰七年彩绘纸本 台北"故宫博物院"藏

年），潘季驯受任都察院右都御史兼工部左侍郎，总理河漕兼提督军务，第三次赴任治河，在任上对黄河、漕运进行了大规模治理。

潘季驯在通盘考虑治黄、治淮、保运、保皇祖陵、救民生五大问题基础上，奔赴现场查看地形，基本摸清了黄河、淮河及大运河的运行规律，首次系统提出了"筑堤束水，以水攻沙"的全新治河理念。他在上奏朝廷的治理黄河、淮河的《两河经略疏》中，主张一方面要修筑堤防阻止黄河南侵洪泽湖，另一方面大筑高家堰，蓄淮河之水于洪泽湖，抬高洪泽湖水位，使之全出清口，以产生冲刷黄河泥沙之效。

首辅张居正全力支持潘季驯的整治黄淮工程计划。在潘季驯主持下，经过一年多艰苦施工，黄河大堤高筑，挽河归槽；筑起堰体3600余丈，堵塞大小决口130处；创造性地修建了遥堤、缕堤、格堤、月堤等新型堤防，形成一套完整的防御洪

水体系。同时，整修了洪泽湖东岸大堤，拦蓄淮水注入黄河，使黄淮汇为一体，集中水流冲刷淮河入海故道。万历七年（1579年）十月，整个工程告竣，工程发挥了显著作用。功成之后，潘季驯升任南京兵部尚书。

然而，朝政的风云变幻，常常令人猝不及防。万历十年（1582年）张居正去世后，潘季驯受连累被削职为民。

万历十六年（1588年），因黄河连年决口，朝廷再度告急。万历皇帝诏令68岁的潘季驯官复右都御史兼河道总督，第四次主持黄河与运河治理。但此次起复，潘季驯取得成果甚微。

潘季驯一生奉三朝诏命，先后四次总理河道。他总结提出"筑堤束水，以水攻沙""蓄淮刷黄保漕"的治黄治运方略，并大力付诸实践，编写的《河防一览》《两河管见》等著述，对后世治河产生了重要的影响。

> 明治河诸臣，推潘季驯为最，盖借黄以济运，又借淮以刷黄，固非束水攻沙不可也。（靳）辅八疏以浚下流为第一，节费不得已而议减水。成龙主治海口，及躬其任，仍不废减水策。鹏翮承上指，大通口工成，入海道始畅。然终不能用辅初议，大举浚治。世以开中河、培高家堰为辅功，孰知辅言固未尽用也。
>
> ——《清史稿》

5. 刻在大清金殿上的治河国事

清代的黄河，基本维持明末的河道，黄淮并流入海。有清一代，虽然黄河决溢甚为频繁，但人们在治理黄河斗争中，不断积累经验，防洪方略和治理技术都有了较大发展。

顺治元年（1644年）到康熙十六年（1677年）的30余年间，黄河下游决口多达45次。康熙皇帝亲政后，把"三藩、河务、漕运"三件重大国事，镌刻在金銮殿柱子上，时刻警醒自己。他先后启用靳辅、于成龙、张鹏翮等朝政要员担任河道总督，对黄河进行了大规模治理。

康熙十五年（1676年），黄、淮并涨，砀山以东黄河两岸决口21处，黄河河道在清口以下到河口300余里严重淤积，河道、运道均遭破坏。为了治理黄河、运河，康熙十六年（1677年），任靳辅为河道总督。靳辅赴任后，带着幕僚陈潢

（左页）《乾隆南巡图》所绘乾隆皇帝第一次下江南的场景　清　美国大都会艺术博物馆藏
全图共十二卷，其中第四卷"阅视黄淮河工"绘江苏淮安府（今江苏淮安）黄、淮交汇处之景，沃野千里，烟波万顷

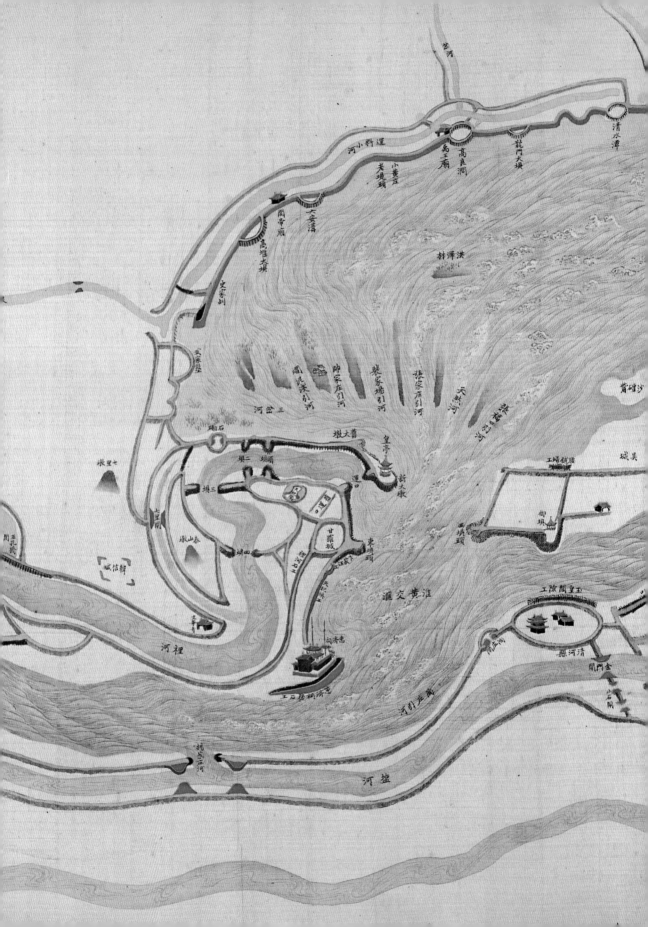

等深入实地，详细了解黄河、运河河道堤防工程情况与水患成因，对黄河、运河之间的利害关系有了较为深入的认识。

他认为，以往只注重漕运而不注重治理黄河，这样难以从根本上奏效，提出了"治河之道，必当审其全局，将河道运道为一体，彻首尾而合治之，而后可无弊也"的治河主张。随后他一日向康熙皇帝上八道奏章，即著名的《经理河工八疏》，该奏章系统提出治理黄、淮、运的全面规划，提出五项治理工程、六项保障措施，包括全面治理河道、协调三河水系关系、保证运河水位，就连治河官员选派、工程费用来源、如何遏制治河工程中的贪污浪费等，都作了详细论述。

在康熙皇帝的大力支持下，靳辅主持开始了一场大规模的治河活动。他从疏浚河道、堵塞决口、加固堤防、闸坝分洪、修守险工、疏浚海口等6个方面，着手进行综合整治。经过5年治理，漕运"飞挽迅利，而地方宁息，军民实庆永赖"。

为了实现黄运分立，康熙二十五年（1686年），靳辅主持在宿迁、桃源、清河三县的黄河北岸堤内创开中运河。经过治理，基本实现了黄河与运河的分离，使漕运、商船、民船"免黄河一百八十里之险"，由此奠定了徐淮之间京杭大运河的畅通格局。

康熙皇帝重用治河能臣的同时，率先垂范，悉心阅览治河典籍，先后六次南巡视察黄河、运河情形，就加强淮扬堤防、维护洪泽湖堤防险工、蓄水刷黄济运等问题，作出了许多重要决策，对清代推进黄河治理产生了重大影响。

6. 乾隆时期的河患与对策

雍正十三年（1735年），25岁的弘历即位，次年正月改元乾隆，大清王朝进入乾隆时代。

然而，乾隆帝初登皇位，黄河就给他来了个下马威。乾隆元年（1736年）四月，黄河水大涨，安徽砀山毛城铺闸口大堤多处被冲塌，黄河下游皖北萧县等地洪水泛滥，一片汪洋，灾情严重。更为紧要的是，黄河决口直接影响了漕运的正常通行。

为了尽快稳定局势，乾隆帝急诏南河总督高斌、两江总督赵弘恩、河南巡抚富德进京商议对策。

清初以来，由于黄河洪水威胁严重，治理黄河官员的品级得到提升。雍正时期，正二品河道总督另加兵部尚书兼右都御史衔，成为从一品，同时在原来河道总督基础上，又增设了南河总督、东河总督，分别驻守江苏淮安、山东济宁，再加上漕运总督，管理黄河与漕运的总督增加到四个。当时江苏、安徽、江西三省设置两江总督，两湖两广四省设湖广总督与两广总督，四川与陕甘三省仅设川陕总督一职，更可见大清王朝对于治理黄河与漕运的重视程度之高。

对于皖北黄河水患，南河总督高斌提出疏浚河道、开河建坝、开辟新运河口诸项措施。乾隆帝当即允准。经过几年整治，黄河水患终得平息。然而，好景不长，乾隆十八年（1753年），黄河接连在河南阳武、江苏铜山县决口，冲塌堤防200余丈，河水夺淮而下。黄河、淮河洪水叠加，淮扬运河受到严重威胁。针对这一严峻形势，乾隆帝决定重新起用先前已被革职的白钟山，授予其按察使职衔，命其紧急驰往黄淮地区，会同东河总督等官员，抓紧督办河务。

不料，乾隆二十六年（1761年）七月，黄河又发生一场罕见的超大型洪水。持续10余天的大范围暴雨，致使伊洛河、沁河及黄河干流同时涨水。据后来推算，此次黄河洪水，花园口洪峰流量达32000立方米每秒，属特大洪水。

洪水发生后，黄河大堤与重要支流沁河堤防全线偎水，多个县城遭受大水漫灌，荥泽、阳武、祥符、兰阳大堤漫溢冲决15处。险情最为严重的中牟县杨桥黄河大堤，冲毁260多丈。大河主溜直趋贾鲁河，由涡河入淮河，沿途淹没河南开封、陈州、商丘和安徽颍州、泗州等地民宅无数，良田数十万顷，灾民哭号连天，尸骨遍野。

一份份承载着洪水灾情、黄河堤防险情的奏章，飞马报至京城。乾隆帝极为震惊，急忙派钦差大臣、东阁大学士刘统勋，河南巡抚胡宝泉等一干官员，火速赶往杨桥，勘查洪水灾情，指挥堵塞决口。

刘统勋等人赶到杨桥决口现场时，决口宽达200多丈，倾泻如注，激流狂射。他们经过勘查地势，

民族英雄林则徐也是一位杰出的水利专家，他先后主持治理过长江、黄河、吴淞江、洪泽湖等水系。他将勾连条石的大铁扣都铸上"林工"二字，以示对其修筑的工程终身负责，体现了他"苟利国家生死以，岂因祸福避趋之"的为民情怀。

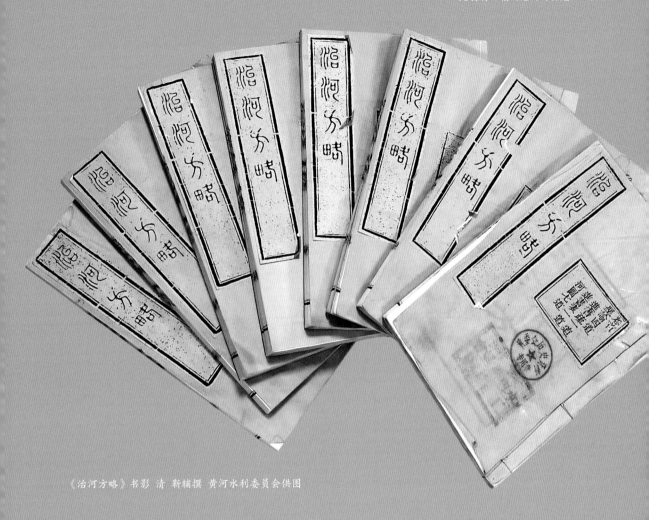

《治河方略》书影 清 靳辅撰 黄河水利委员会供图

决定采用"捆厢进占法"，从坝头两端相向捆埽进占，最后进行合龙。经过两个月拼力赶工，终于获得成功。

乾隆帝听闻黄河决口堵复，龙颜大悦，遂颁旨在堵口工地修建河神祠一座，并亲题《河神祠碑记》，作杨桥合龙御制诗三首，以贺治河成功。

翻开乾隆年间的史册，上起河南，下至山东、安徽及江苏，遍布着黄河决溢灾害的印记。乾隆帝在位60年，有记载的黄河决口年份就有18年，较大的决口22次，且常常是一年内多处决口泛滥。尤其是乾隆晚期，北堵南决，上堵下决，屡堵屡决，黄河连年决口，一刻也不得安宁。年迈的乾隆帝深感心力不足，这也成了他提前退位做起太上皇帝的诱因之一。

（上图）1933年黄河大洪水下游多处决口，灾情严重。图为山东省东明县受灾难民 中国第二历史档案馆供图

（下图）1935年黄河大水山东省鄄城县黄庄决口，图为洪水过后的堵口合龙施工现场 中国第一历史档案馆供图

民国时期的严重洪灾

> 民国二十二年，黄河洪水受灾面积山东2741平方公里，河北2620平方公里，河南998平方公里，共6359平方公里。淹没村庄4000处，毁房50万所，灾民约320万人。
>
> ——1933年《冀鲁豫三省黄河堵口计划》

1. 民国初期的黄河

1912年1月1日，中华民国临时政府在南京成立。中国历史上延续2000多年的封建帝制归于终结。民国初期，更多的西方现代科学技术逐步传入中国，为中国带来了明显变化。但由于时局动荡，军阀割据，战争连绵，经济凋敝，黄河得不到有效治理，河防工程年久失修，黄河决口频繁，两岸人民仍处于水深火热的苦难之中。

这一时期，孙中山辞去临时大总统之职后，在积极从事革命活动的同时，从实现中国现代化的理想出发，于1918年在上海完成了《建国方略》，完整构画了一部资产阶级共和国的政

1921 年 7 月山东省利津县宫家黄河决口情状

治经济发展蓝图。在《建国方略》的《实业计划》中，孙中山对黄河治理作出了详细的规划。他认为，治理黄河水害一直是贯穿中国古今的大事，为国计民生和社会发展计，必须下大力气治理黄河。为此，孙中山提出了治理开发黄河的总体构想，主要包括：干支流并治，修筑堤防，防御洪水；河口治理；开展黄河上中游水土保持；发展黄河航运以及覆盖全流域的铁路网；等等。孙中山的治理黄河计划，着眼于全流域统筹治理，主张利用现代科学技术治理黄河，是一部集黄河治理与发展流域经济于一体的综合计划。

　　但是，孙中山的治理黄河计划也具有很大的局限性，主要体现在把实施这一宏伟计划的立足点放在引进西方国家科学技术与资金上。当时正值第一次世界大战结束，27个战胜国将举行巴黎和会。孙中山想以《实业计划》为蓝本，在这次战后会议上游说西方国家，帮助中国实现现代化。显然，这种单纯依靠外国资金和技术治理开发黄河的设想，是不可能实现的。

　　这一时期，黄河先后发生了1921年山东宫家堤防决口、1923年长垣县堤段决口、1925年直隶省濮阳县李升屯与黄花寺决口、1926年汛期东明县刘庄决口。黄河频繁发生水患，引起了国内学界人士的强烈关注。中国近代水利科学的先驱李仪祉等结合西方现代理论技术与中国传统治河经验，提出一些新的治河理念和主张，大量开展勘测、设计、实验等实践活动，发表了一批重要黄河论著。一批水利学者到德国留学，学习西方先进技术，对推进中国水利建设和黄河治理，产生了重要影响。

　　在此期间，黄河水患与治理吸引了不少国外水利专家关注的目光。1917年，美国工程师费礼门受北洋政府聘请来中国研究黄河、运河治理问题。他在详细考察黄河下游河道后于1922年发表了《中国洪水问题》一文，主张在下游宽河道内修筑直线型堤坝，束窄河槽，使河槽逐渐刷深。

　　对此，德国德累斯顿工业大学恩格思教授在水工试验室进行黄河堤坝试验，却得出了与费礼门不同的结论。恩格思认为：黄河下游水患之病根不在于河道宽，而是缺乏固定的中水位河槽。

南京国民政府成立后，邀请恩格思教授来中国考察研究黄河治理与治导淮河方案。恩格思因年事已高不便远行，推荐其学生方修斯来华。

方修斯经过对黄河下游进行全面考察后回到德国，根据考察资料做了两次黄河模型试验。不过，方修斯的研究结论却与老师恩格思的观点截然相反。他认为，黄河为患的原因正是下游河床过宽，流向不定，导致堤防决口泛滥。因此主张束窄河道，塑造深水河槽。为此，师生二人围绕黄河治理问题展开了激烈的学术争论。

1931年7月，为验证两种治河方案的科学性，在中国水利专家李仪祉建议下，恩格思与方修斯分别在各自的模型试验基地开展了大比例尺黄河模型试验，两份试验结果依然是大相径庭，双方各持己见。

在此期间，黄河连年决口，特别是1933年的特大洪水，黄河全河堤防决口百余处，受灾情况极为惨重。举国上下呼吁加强黄河治理的声浪强烈。于是，南京国民政府决定由恩格思对宽窄两种河道再做一次大比例尺黄河模型试验，试验经费由冀、鲁、豫三省政府分摊，期望以此试验结论为制定治理黄河方略提供依据。

1934年4月，恩格思在德国大型露天水工模型试验基地，再次主持进行大比例尺黄河模型试验。这次试验的结论验证了他的"宽河行洪"理论是符合黄河防洪实际的，得到了中国方面的高度评价。

1934年，受中国南京国民政府经济委员会委托，德国河工模型专家恩格思做黄河大型模型试验情景
中国第一历史档案馆供图

2. 1933 年黄河特大洪水

1933年，黄河发生了一场罕见的特大洪水。这年汛期，黄河中游地区连降大到暴雨，致使黄河干流及渭、洛、汾各支流并涨。河南陕县水文站出现特大洪峰，流量达23000立方米每秒，这是黄河自1918年有实测资料记载以来的最大洪水。

在洪水到达前，长垣堤防就被人为破坏。当时的河北省河务局急忙派出抢险人员，和当地老百姓一起抢运物料，迁堵决口，奋战5天终于堵住了决口。

然而，堵口成功后，人们没有喘息之机，8月10日，汹涌的大洪峰接踵而至，很快冲开了黄河北岸刚刚堵合的堤坝。决口洪水四散横流，一些地方平地水深2米多。

黄河防洪抢险采用的柳石枕

此时，黄河南岸也接连发生决口险情。河南省兰封县堤防率先溃决，洪水进入考城，新筑堤埝全部溃决。接着，山东曹县堤防决口宽达30多米，溃决洪水一路向南，侵入安徽砀山、亳县、涡阳，进入江苏丰县，东趋徐州。继而，山东东河县洪水倒灌大清河，冲毁民埝，进入东阿县城，水势汹涌，堵防无效，数百村庄尽成泽国。

一场空前的洪水灾难发生了。据统计，此次大洪水导致黄河全线堤防决溢百余处，陕西、绥远、河南、河北、山东、江苏等多县被淹，受灾面积34600平方千米，灾民300万人，死亡1.8万人，财产损失超过2亿元（银圆）。

受灾最严重的长垣县，黄河堤段共决口33处。据《长垣县志》记载，黄河在石头庄一带决口后，洪水全部夺口门而出。"洪流所经之处，万脉奔腾，房屋倒塌，牲畜漂没，人民多半淹死，财产被水洗劫一空。县城垂危，积水一丈深，泥沙淤积一二尺至七八尺不等。洪水来临时，人们被逼得爬到高树或屋顶上躲避，当时有一棵大树上竟然攀援了60多个灾民。脚下是汹涌的洪水，人们只能眼睁睁地看着自己的房屋倒塌和家园被毁。"

这场洪水前后历时8个月。洪水退去后，人们缺粮少食，饿死者不计其数。有的地方泥沙淤积高达两米多，农田已经无法耕种，人们只得背井离乡，逃荒要饭。无数人流离失所，死于非命，可谓哀鸿遍野，饿殍遍地。

3. 一场看不见硝烟的战争

抗日战争期间，日本为了长期控制中国，加紧掠夺中国经济资源，在铁蹄践踏中国大地的同时，将战略目光聚焦在了黄河。从1935年开始，日本就对黄河中下游至入海口进行航空摄影，编制了《黄河线集成写真》地形地貌图。

1939年3月，日本东亚研究所成立了以黄河为研究对象的第二调查（黄河）委员会。在这个庞大的机构中，设有3个委员会，分别负责调查黄河上中游、下游现状与黄河文献整理，下设16个专门部会。其成员集合了日本国内各方面的专家学者多达289人。研究内容包括政治经济、治水防洪、农林渔业、水力发电、交通航运等与黄河相关的14个专业。

从该委员会成立至1944年的5年间，从宁蒙河段到晋陕峡谷，从豫西山区到下游两岸，从禹门口、三门峡到小浪底，黄河中下游两岸处处留下了他们的足迹。对攫夺黄河资源的谋划与侵华军事战争同步进行，整理出文献汇编、调查报告、设计规划193件，发表研究成果1400多万字，形成了一部综合性的《第二调查（黄河）委员会综合报告书》，对于黄河流域治理，特别是下游防洪、航运交通、开发水力发电、农业、渔业等进行了多方面分析研究。

开发掠夺黄河水力发电资源，是日本侵略者研究的重点。他们在《黄河治理开发梯级方案》中，选择了碛口、禹门口、三门峡、八里胡同、小浪底等20余

兰州黄河卖水者 韩乐然 1947年 中国美术馆藏

处干流水电开发坝址。其中的《黄河三门峡发电计划》提出了分两期开发的计划，总装机112万千瓦，年发电量54亿千瓦时，并编制了《三门峡堰坝筑造计划概要》。更为荒谬的是，1942年9月日本内阁"兴亚院"竟然将"治理黄河的对策"提上该院议事日程，决定将建设黄河三门峡水坝作为日本未来的一项重要建设规划。由此，日本侵略者妄图长期侵占中国的狼子野心可见一斑。

然而，直至二战结束，日本侵略者的黄河研究计划也未能全部完成。1945年8月15日，日本宣布无条件投降。随着抗日战争的胜利，日军以狂暴激情编织的"黄河开发梦"也彻底破灭了。

以水代兵酿成洪水惨剧

崇祯十五年秋九月，河南巡抚高名衡等议决朱家寨口河灌李自成农民军，农民军亦决马家口河欲灌开封城。"天大雨，二口并决，声如雷，溃北门入，穿东南门出，注涡水。城中百万户皆没，得脱者惟周王、妃、世子及抚按以下不及二万人。"农民军亦漂没万余，乃拔营西南去。

1. 割据战争中的人为决河

历史上，黄河两岸人民在饱受黄河自然决溢灾害之苦的同时，也深受人为决溢造成的巨大灾难之苦，一幕幕惨剧给中华民族留下了悲怆的伤痛记忆。

打开黄河史册，在群雄逐鹿的割据战争中，以水代兵的战例多有记载。战国时期，黄河流域著名的以水代兵战例是王贲水攻大梁城。秦王政二十二年（公元前225年），嬴政派王贲率领秦军十万，进攻楚国后，挥师北上突袭魏国，很快包围了

（左页）国民党最高军事当局决策扒决的花园口黄河大堤，如今已建设成为坚固的黄河堤防险工　侯全亮供图

魏国都城大梁。魏军坚守城池，秦军久攻不下，伤亡十分惨重。

王贲经对大梁周围地形进行观察，发现这里地势低洼，水系环绕，于是决定实施水攻。他命人在大梁城外开渠，引黄河之水入鸿沟，筑起土坝壅水。

时值春汛时节，水势急剧上涨，待壅水到达一定高度时，王贲下令决堤。顿时，黄河水倾泻而下，大梁城周围一片汪洋，田园村舍尽成泽国。决堤溃水深度几乎与城墙齐平。三个月后，大梁城墙在洪水长期浸泡下轰然倒塌，满城惨叫哭号声不绝于耳。秦军乘着木排斗船杀入城中。

此役，大梁城中魏国军民死伤数十万，房屋庐舍荡然无存，一度繁华的大梁城成了一座死城，魏国就此灭亡。

当初魏国迁都大梁，意图享舟楫水运之利，没想到因此也埋下了惨遭水攻而亡国之祸根，最终是"黄河水灌梁王宫，户口十万化沙尘"。

秦军引水攻城，是开封城经历的第一次毁灭性水灾。此后，这座古城历经多次黄河决口淹浸和人为扒口灌城。毁而复建，建而复毁。城摞城、路摞路、门摞门，开封如同一部王朝更替史的"活化石"，给予后人深刻的警示。

唐末五代期间，曾发生三次黄河人为决堤泛滥。唐乾宁三年（896年），当时镇压黄巢起义有功的朱温，被封为东平王，驻守滑州。这年四月黄河春汛水位暴涨，朱温为保护滑州城，悍然决定扒开黄河，让黄河分成两道水流。此举虽然保住了滑州城，却淹没了周围大片土地，给人民带来巨大危害。

古代中国大分裂时期，以水代兵的决口事件更是时有发生。统治阶级为了争权夺利，悍然扒堤决河，给广大人民带来斑斑血泪。

第二次人为扒决黄河，发生在晋王李存勖与后梁争战时期。后梁末帝朱友贞即位后，在战事上屡屡被劲敌李存勖击败。贞明三年（917年），李存勖占领黄河以北，夺取了魏州通向郓州的重要渡口杨刘城（今山东东阿杨柳镇）。次年二月，梁将谢彦章率军数万迎战，意图夺回杨刘城。为阻止李存勖部队，谢彦章部扒开黄河大堤，致使洪水淹没曹州、濮阳大片地区。

后梁龙德三年（923年），晋王李存勖称帝，建立后唐。唐军在郓州（今山东东平）一带对后梁军队发起攻势。后梁大将段凝率兵10万阻击唐军，在酸枣（今河南延津）附近扒决黄河，洪水泛滥肆虐，淹没曹州、濮州大片土地。然而此举并未能挽救后梁覆灭的命运，同年，后唐军攻破开封，梁末帝自杀。

2. 以水代兵伴随朝代更替

在中国历史上，利用黄河以水代兵，制造人为决口的行为，常常伴随朝代更替。

北宋灭亡后，金人继续大举南侵。赵构称帝，定都临安（今浙江杭州），史称南宋。黄河流域及北方广大地区成为金国统治区，南北再度出现对峙局面。

彩绘武士骑马俑　北魏　陕西历史博物馆藏

宋高宗建炎二年（1128年），金兵从山东、河南向南大举进犯。为阻挡金兵推进，东京留守杜充在滑州西南扒开黄河大堤，致使黄河水肆意漫流，自泗水入淮河。这造成了黄河大改道，形成了黄河长期南泛入淮的局面。

汹涌的洪水吞噬了今河南、山东、安徽、江苏范围内的黄淮平原地区，20多万人被淹死，数百万人流离失所。洪水泛滥，瘟疫蔓延，无数难民无家可归，忍受饥饿和疾病带来的无穷痛苦。

此次人为决河，并未能阻止金兵南进。次年十月，金兵南下渡过长江，一路烧杀抢掠，给中原及江南地区人民带来了极大的灾难。在南宋军民的顽强抗击下，金兵被迫退回北方。绍兴二年（1132年），高宗返回临安，维持了偏安南隅的局面。

　　匪夷所思的是，杜充扒开黄河后弃城而逃，南宋朝廷不但没有将其治罪，反而以守卫开封有功对其加官晋爵。然而杜充早已生叛逆之心，金兵渡江不久，镇守建康的杜充便投降了金国。

　　金国统治北方时期，黄河决口泛滥，田地荒芜，人民生活困苦不堪。金哀宗天兴元年（1232年），蒙古铁骑发兵南下，联合南宋军队对金兵大举宣战，金哀宗南逃。蒙古军围攻归德（今河南商丘），金兵企图扒开黄河水淹蒙古军队，结果扒堤部队被蒙军全歼。蒙古军后又为攻城扒开黄河大堤。天兴三年（1234年），在宋蒙联合攻击下，金国兵败灭亡。

　　然而，宋蒙双方，一个旨在光复故土的农耕文明王朝，一个如狂飙般崛起的游牧民族政权，联合灭金注定只是暂时的同盟。很快两国开战，硝烟再起。

　　宋理宗端平元年（1234年），南宋出兵收复中原地区开封、洛阳、商丘三城。蒙古军为了阻挡南宋进军，在开封北寸金淀掘开黄河大堤，水灌宋军。黄河水夺涡河入淮河，洪水漫溢，黄淮之间成为大范围黄泛区。南宋军队伤亡巨大，

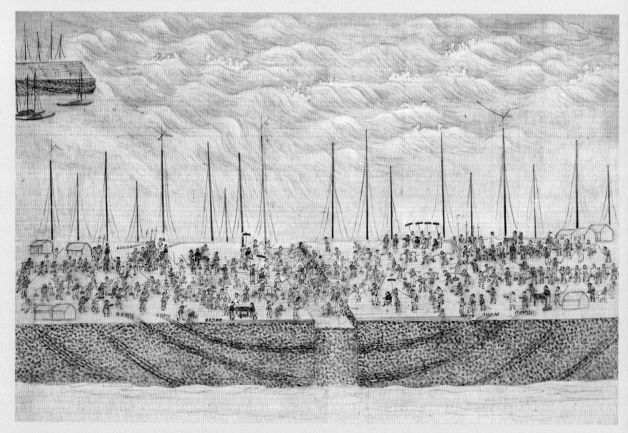

黄河筑堤图　清　中国国家博物馆藏

运粮队伍陷入泥潭，后勤补给线遭到严重破坏。蒙古军趁机进兵，在洛阳与宋军展开决战，南宋王朝遭受了沉重打击，史称"端平入洛之战"。1276年，元军攻占南宋都城临安，其后于1279年崖山海战中消灭了南宋最后的抵抗势力，南宋全境纳入元朝版图。

> 自寿春至汴，道路水深有至腰及颈处，行役良苦，幸前无敌并，所以能尽进至此。
>
> ——《齐东野语·端平入洛》

历史常常有惊人的相似之处。明朝末年，闯王李自成率领的农民起义军攻打开封城，持续围困百余日。当时驻守开封城的明朝将领不甘坐以待毙，密谋策划，在开封朱家寨扒决黄河大堤，水淹农民起义军。李自成农民军亦以水攻反击，扒决开封城马家口大堤。两处决口相距不过30里，适值天降大雨，决口口门迅速扩大，两股洪水巨流汇为一股，从开封城穿城而过，全城瞬间尽成泽国。

此次大水，开封城被破坏殆尽。在自然决口和人为扒决的双重摧残下，曾创造一代东京繁华的百万人大都市就此落幕。

3. 1938年花园口掘堤决口惨剧

在中国现代史上，黄河花园口扒口决堤惨剧，惨绝人寰，举世震惊。

1938年，日军继续全面侵华，中国大地，山河破碎。豫东战场上，中国军队徐州保卫战失利。日军占领徐州后，集结精锐部队沿陇海铁路迅速西进，直逼开封、郑州。如若郑州失守，平汉铁路被日军控制，中国军事统帅部所在地武汉将危在旦夕。

1938年6月初，面对严峻的战争局势，为了阻止日军西进，国民党最高军事统帅部在武昌珞珈山通过"决黄河之水以制敌方案"。6月5日，日军发动猛烈进攻，很快占领开封、中牟，近在咫尺的郑州告急。蒋介石在亲自签署的一封急电中称："为了阻敌西犯，确保武汉……决于赵口和花园口两处施行黄河决口，构成平汉铁路东侧地区间的对东泛滥……限两日完成。"

根据最高军事统帅部的决堤指令，国民党军队连夜轮番作业，炸开花园口黄

（下页）裹挟着泥沙奔腾的黄河

盘点黄河典型大洪水

古往今来，黄河洪水频发。其中，有明确记载和水文数据的，有以下几场典型的大洪水。

1761年大洪水，是一场罕见的特大洪水，持续10余天的大范围暴雨，致使黄河干流及支流伊洛河、沁河同时涨水，据后来推算，花园口断面洪峰流量高达32000立方米每秒，12天洪水水量达120亿立方米。河南省52个州县受灾，中牟杨桥决口坍塌至宽260多丈，中牟县城及附近村镇顿成泽国。为此，乾隆皇帝派钦差大臣、东阁大学士刘统勋等到杨桥决口处组织堵口，最终采用"捆厢进占法"成功合龙。

1843年大洪水，黄河干流潼关至小浪底河段出现千年来的最高洪水位，陕县洪峰流量为36000立方米每秒。黄河下游多处漫溢决口，沿河房屋、农田冲毁不计其数。黄河两岸居民对这次洪水灾害的记忆充满了惊悸，歌谣"道光二十三，黄河涨上天，冲走太阳渡，捎带万锦滩"，即为人们对这场大洪水的形象写照。

1933年大洪水，是20世纪以来最严重的一次黄河洪灾，暴雨中心遍布中游大部分区域，陕县水文站出现洪峰流量23000立方米每秒的洪水，5日洪水量达51.8亿立方米。暴雨区绝大部分是黄土丘陵沟壑区，水土冲刷严重，导致洪水含沙量剧增，最大12天沙量达21.1亿吨。洪水灾区涉及陕西、河南、河北、山东、江苏等6省，被称为"百年之奇变""空前之大灾"。

1958年大洪水，是1919年有实测水文资料以来黄河下游发生的最大洪水。其特点是黄河中下游普降大到暴雨，干支流洪水在花园口汇流叠加，花园口站洪峰流量达22300立方米每秒，兰考东坝头以下大堤全线临水，水深高达5—6米。在中央统一部署和指挥下，河南、山东两省200万军民全力以赴，抗洪抢险，战胜了洪水，确保了黄河安澜。

黄河泛滥的几种景象 1938年摄 地点大致位于河南中牟
《哈里森·福尔曼的中国摄影集》（*Harrison Forman Collection-China. by Harrison Forman*）第一辑 1932—1944年
美国威斯康星大学密尔沃基图书馆藏

河大堤。此时正逢黄河中游突降暴雨，下游河水猛涨，激流翻滚，洪水夺路而出，直向东南狂奔而去。陇海铁路被冲断，豫东大地一片汪洋。

日军被突如其来的洪水切断去路，被迫放弃沿平汉铁路进攻武汉的计划，改从长江北岸西犯。

然而，花园口人为决口改道，带给广大民众的是一场巨大灾难。

黄河决口改道后，洪水分两股狂奔漫泄。西路的主流，经河南省新郑、中牟、尉氏、鄢陵、周口，沿颍河进入淮河，由安徽省阜阳直至正阳关。东路的洪水，经开封朱仙镇、陈留，注入涡河。两股洪水进入淮河后，一路下泄至洪泽湖、高宝湖，导致苏北地区漫溢。洪水所到之处，千里沃野顿成泽国，河南、安徽、江苏三省广大范围内形成了黄泛区。

黄河洪水过后灾区房屋被泥沙湮埋境况 中国第一历史档案馆供图

据国民政府行政院灾后统计，此次花园口掘堤改道，洪泛波及豫、皖、苏3省44个县市，5.4万平方千米范围。受灾人口达1250万，89万人因洪水淹没、饥饿而死亡，390万人背井离乡，四处逃难。黄河夺淮河入海，泥沙淤塞淮河水系。长时期内洪水漫溢横流，黄泛区人民挣扎在死亡线上。

首当其冲的河南省，47万多人死亡，900多万亩耕地被淹，灾害涉及21个县市，造成了大片无人区。民国时期出版的《豫省灾况纪实》，记述了当时河南省黄泛区的灾难惨状："堤防骤溃，洪流踵至，一泻千里，席卷而下，人畜无由逃避，尽逐波臣；财物田庐，悉付流水。当时澎湃动地，呼号震天，其悲骇惨痛之状，实有未忍溯想。间多有攀树登屋，浮木乘舟，以侥幸不死，因而仅保余生者，大都缺衣乏食，魄荡魂惊。其辗转外徙者，又以饥馁煎迫，疾病侵寻，往往横尸道路，填委沟壑，为数不知凡几。幸而勉能逃出，得适彼岸，亦皆九死一生，艰苦备历，不为溺鬼，尽成流民。"洪灾凄惨情状，透穿史册，令人发指！

无数历史事实证明，不论出于怎样的军事战略考量，以水代兵、人为决溢造成的洪水都将给人民的生命和财产带来无可估量的损失，成为人们心头难以磨灭的苦难记忆。

历史上的以水代兵

公元前 358 年　楚国出师伐魏，决黄河水灌长垣。

公元前 332 年　齐魏联合攻打赵国，赵"决河水灌之"，齐魏退兵。

公元前 281 年　赵国派军队至魏国东阳，"决河水，伐魏氏"。

公元前 225 年　秦将王贲"引河沟灌大梁，大梁城坏"。

759 年　唐河南守将李铣于禹城决河，水淹史思明叛军。

896 年　"夏四月，辛酉，河涨，将毁滑州城"，朱温决其堤，成为二河，把滑州城夹在二河之中，为害甚重。

918 年　后梁谢彦章率军与后晋军战于杨柳，谢彦章"决河水，弥漫数里"。

923 年　后梁段凝自酸枣决河以阻后唐军，因口门扩大，危害至曹州、濮州。

1128 年　南宋东京留守杜充为阻金兵，于滑州决河，形成大改道。

1234 年　蒙古兵决黄河寸金淀，以淹南宋军，形成大改道。

1642 年　李自成军决河，水淹开封，全城覆没。

1832 年　清监生陈瑞、生员陈堂等纠众决十三堡大堤，放淤肥田，造成决口。

1933 年　土匪姚兆丰等 400 余人，扒长垣石头庄大堤，造成巨灾。

1938 年　国民党军队为阻止日军西进，扒决花园口黄河大堤。

绞丝龙型玉佩 战国
美国大都会艺术博物馆藏

黄河在前进（局部） 谢瑞阶 1973年
中国美术馆藏

第六章

沧桑巨变

"中国大宁" 瑞兽博局纹鎏金铜镜 西汉 中国国家博物馆藏

　　1946年，在黄河回归故道的重大事件中，中国共产党领导的人民治理黄河事业在战火硝烟中拉开序幕。中华人民共和国成立后，党和国家领导人民对黄河进行了大规模建设，在除害兴利的方针指引下，依靠黄河防洪工程体系和人民群众严密防守，彻底扭转了历史上黄河频繁决口改道的险恶局面，创造了黄河岁岁安澜的伟大奇迹。黄河水利水电资源得到开发利用，为国家经济社会发展提供了宝贵水源和强大动力。坚持不懈开展黄土高原水土流失治理，流域生产条件和生态环境大为改观。针对黄河水资源供需矛盾尖锐等新问题，统筹各方用水需求，实施水资源统一管理与调度的工作取得重大进展。中华民族的母亲河历经沧桑巨变，黄河治理开发在新时代取得了举世瞩目的成就。

人民治理黄河事业的开端

> 俱往矣，数风流人物，还看今朝。
>
> ——毛泽东《沁园春·雪》

1. 黄河回归故道

抗战胜利后，1946年年初，南京国民政府在联合国善后救济总署帮助下，着手战后经济重建。其中，堵复1938年花园口决口口门，引黄河回归故道，为国际社会密切关注，被列为一项重大工程。

黄河回归故道，事关重大。此时的黄河故道下游两岸，大部分为中国共产党领导的解放区。花园口决口改道后的8年间，故道两岸堤防残破不堪，已失去抵御洪水的能力。在尚未浚河复堤的情况下，实施花园口堵口，引黄河回归故道，一旦再次决口泛滥，将给人民带来严重灾难。

对此，中共中央在延安明确指出，从国家全局考虑，同意黄河回归故道，但必须坚持先修复堤防险工而后堵口。而在国民党当局看来，实施花园口堵口工程，不仅可洗雪战争期间扒

1946年花园口堵口工程现场 黄河博物馆供图

口之前耻，从战后国内军事布局状况考虑，对国民党也很有利。于是，国民党开始紧锣密鼓进行堵口前期准备工作，国民党的各大媒体也为此大造舆论。

这种不顾故道人民安危的行径，引起了中国共产党和黄河两岸解放区人民的坚决反对。为此，在当时战后军事调停背景下，国共双方围绕黄河回归故道开展了一场针锋相对的谈判斗争。

在中共首席代表周恩来直接领导下，解放区与国民政府及联合国善后救济总署先后进行了邯郸会谈、菏泽谈判、开封谈判、南京谈判、上海会谈。中共方面坚持"先复堤，后堵口"的原则立场，并以大量事实揭露国民党企图把黄河作为内战工具的阴谋。经过谈判，双方签订了《南京协议》、上海黄河问题《协定备忘录》等谈判成果。内容包括：复堤工程先期完成，国民政府与联合国善后救济总署为解放区黄河复堤工程提供工料费，等等。

然而，国民党当局置历次谈判协议于不顾，在下游复堤尚未进行之际，加紧花园口堵口进程。尤其是1946年6月内战全面爆发后，国民党当局为配合进攻解放区的军事行动，接连发出严令，要求花园口堵口工程务必限期合龙。甚至提出，宁停军运，不停河运，频频增发专列为堵口工程赶运器材料物，极力加快黄河堵口归故步伐。其借黄河归故为内战服务的企图已昭然若揭。

面对黄河回归故道的严峻形势，中共中央指示冀鲁豫解放区、渤海解放区筹建解放区治河机构，组织黄河沿岸群众抓紧展开堤防修复工作。由此，拉开了中国共产党领导人民治理黄河事业的序幕。

　　1946年春，冀鲁豫解放区黄河水利委员会成立，由王化云担任主任，沿河各地相继成立了治河组织。为了争取治河防洪主动，保卫红色家园，解放区政府把保证黄河不决口作为一项神圣任务，要求各地以复堤整险为中心，与洪水争速度，抢时间。冀鲁豫解放区和渤海解放区共发动43万民工，在几百千米的黄河堤防上摆开战场。分得土地的翻身农民，怀着誓死保卫黄河、捍卫解放区斗争成果的激情，自带工具赶赴工地，展开了轰轰烈烈的复堤整险斗争。残破不堪的黄河大堤和险工坝岸得到了初步修复。

　　1947年3月15日，花园口堵复合龙，决口八年多的黄河回归故道。当年汛期，解放区军民严密巡堤查水，奋勇抢险堵漏，全力迎战洪水，赢得了黄河归故后首场安澜的胜利。

　　1948年汛期，黄河接连发生坝基坍塌、埽坝冲毁等重大险情。此时

民国三十六年（1947年）黄河花园口堵口合龙纪念册
黄河博物馆藏

"决不能让黄河决口的历史悲剧重演！"在新中国即将诞生的庄严时刻，黄河儿女心中升腾起一种巨大的历史使命感。

国民党军队却频频派出飞机对黄河堤防进行猛烈轰炸，致使黄河险情急剧恶化。面对万分危急的防洪形势，解放区政府领导人民群众，以誓与黄河大堤共存亡的英勇气概，冒着枪林弹雨，一手拿枪，一手拿锨，车推肩扛，献砖献石，赶运料物，抢修堤坝，堵塞漏洞，不屈不挠，连续作战。在极其险恶的战争环境下，人们经过数十昼夜的艰苦奋战，终使黄河转危为安。

2. 战胜 1949 年黄河大洪水

1949年4月，伴随着渡江战役的胜利，中国人民解放战争取得全国胜利已指日可待。

这时，黄河持续猛涨，险情不断，给人们带来一场新的严峻考验。

一入汛期，黄河北岸封丘贯台险工首先出现险情，西大坝的坝顶塌去大半，解放区紧急动员附近4个县的人力赶运物料，日夜抢护，方化险为夷。在随后的两个多月内，洪峰接二连三，水位居高不下，9月14日花园口出现流量为12300立方米每秒的最大洪峰，黄河防汛斗争面临着巨大的压力。

大河上下把确保黄河安全作为最紧迫的任务，迅速组织起40万抗洪大军，开赴黄河大堤，全线防守。省、地、县主要负责人坐镇一线，靠前指挥。

连日来，淫雨连绵，狂风鼓浪，背河渗水，堤顶塌陷，大河上下险情接连不断。面对日趋紧张的抗洪局面，人们日夜坚守阵地，逢漏抢堵，遇渗加宽，埽坝坍陷加紧抢护，险工垮了突击重修，一分一秒地跟洪水争夺时间，一寸一尺地同浪涛争夺阵地。

9月16日深夜，风雨交加，山东济阳县一处堤岸出现漏洞，碗口粗的水柱喷射而出，情况万分危急。沿堤查险的工程队员戴令德来到这里，他奋不顾身跳进汹涌洪水之中，用自己的身体紧紧堵住洞口。湍急的水流随时都会把他吸入洞内，但他以坚定的信念，一直坚持到后续抢险队员赶来。他们紧张投入到抢险工作中，堵住漏洞，避免了险情的急剧发展。

　　抗洪军民经过40多个日夜的英勇拼搏，终使黄河安澜入海。1949年10月1日，毛泽东主席在天安门广场向全世界庄严宣告：中华人民共和国成立了！中国人民从此站起来了！

　　千里之外，黄河大堤上数十万抗洪军民以确保黄河安澜的伟大胜利，为新中国的诞生献上了一份厚礼。

1949 年抗御黄河大洪水，沿河群众紧急运送防汛秸料 黄河档案馆供图

除害兴利新纪元

> 我们要彻底征服黄河，改造黄河流域的自然条件，以便从根本上改变黄河流域的经济面貌，满足现在的社会主义建设时代和将来的共产主义建设时代整个国民经济对于黄河资源的要求。
>
> ——1955年国务院《关于根治黄河水害和开发黄河水利的综合规划的报告》

1. 治理黄河方针的历史性变化

中华人民共和国成立后，古老的黄河从此进入历史新纪元。新中国面临的是一个十分落后的基础，生产萎缩，交通梗阻，民生贫困。如何使新生的人民共和国政权稳定、经济恢复，百端待举。在国际上，对中国共产党能否解决中国人的吃饭问题，能否解决好黄河水患问题，也存在很大质疑。

1949年8月，美国国务院发表题为《美国与中国的关系》的白皮书称：到现在为止，每个中国政府都面临着人民的吃饭

(左页) 1952年4月12日人民胜利渠建成通水现场 黄河博物馆供图

征服黄河 李桦 1959 年 中国美术馆藏

问题，没有一个能成功解决。此间，在印度召开的世界防洪会议上，一些资本主义国家学者也给黄河下了悲观的结论，认为要不了多长时间，华北平原将成为一片沙漠。

因此，面对江河堤防年久失修、水患严重的现状和西方国家的质疑，如何从根本上解决中国大江大河的水患问题，让千古忧患的黄河走出频繁决口改道的历史怪圈，使之变害为利，为中国人民造福，成为执政的中国共产党人思考的重大问题。

为此，开国大典一个多月后的11月8日，中央人民政府就在北京召开各解放区水利联席会议，将兴修水利作为新中国一项重要工作研究部署。会上， 政务院总理周恩来深刻指出：我们是一个农业大国，新中国成立了，要恢复经济，发展生产，就要大兴水利。他还用大禹治水的故事，殷切鼓励水利工作者要下定决心，治理好大江大河，为人民除害造福。

这次会议确定水利建设基本方针是：防止水患，兴修水利，发展生产。黄河治理确定了两项重点工作：一是继续加强黄河堤防建设；二是把引黄灌溉济卫工程作为"有极大收益的重要工程"之一，深入开展论证等工作。

这次会议之后，1950年至1952年三年间，在当时全国经济极为困难的情况下，国家投入大量物力财力，对黄河防洪工程进行了大规模建设。

然而，对于引黄灌溉济卫工程的兴建，在论证阶段即出现了一场激烈争论。

持反对意见者认为，开国伊始，当务之急是集中力量加强下游防洪工程建设，确保黄河不决口。而在大堤上开口建闸，从地上悬河里引水灌溉，具有很大风险。支持者认为，让黄河变害为利，是建设新中国的迫切需要，引黄灌溉济卫工程具有较好的前期工作基础，应积极推进，尽快兴建。

经过认真研究论证，1950年10月政务院批准兴建这一工程。

1951年3月，引黄灌溉济卫工程正式开工。参加施工的万余名职工热情高涨，掀起如火如荼的"红旗运动"。工地与工地，班组与班组，发起劳动竞赛，大大加快了工程建设进度。一年后，引黄灌溉济卫一期工程胜利竣工。

引黄灌溉济卫工程开闸放水这天，方圆几十里的群众赶到现场，见证那激动人心的时刻。当引黄闸门徐徐提起，滚滚黄河水涌入总干渠时，现场一片欢腾。正是在这次开闸典礼盛会上，该工程正式更名为"人民胜利渠"。

1953年人民胜利渠经过扩建全面竣工，当年就灌溉农田28万亩，发挥了显著的粮食增收作用，作为下游引黄灌溉的旗帜，被誉为"新中国引黄第一渠"。

在人民胜利渠示范带动下，黄河引黄灌溉事业方兴未艾，迈开了长足发展的步伐。高于两岸地面的悬河虽然增大了黄河防洪的负担，但在兴利灌溉上，如同一条巨型输水总干渠，为自流灌溉提供了得天独厚的有利条件。

在黄河水滋润浇灌下，历史上饱受黄河泛滥之苦的下游两岸人民，开始分享黄河水灌溉之利，昔日寸草不生的盐碱荒地，逐步变为高产稳产田。灌区内粮食、棉花平均单产分别比开灌前提高10倍和5倍。沿黄地区生态环境和农耕条件得到根本改善，农村面貌由此发生巨大变化。此后，黄河下游沿河地区引黄工程迅速发展到100多个，成为我国最大的连片自流灌溉区和国家重要商品粮基地。

2. 毛泽东主席视察黄河

黄河安危，事关国家大局。在中央政府抓紧考虑根治黄河、除害兴利的同时，1952年10月，毛泽东主席决定亲自视察黄河。

这是毛泽东主席首次出京视察。他首先来到山东济南泺口，视察了黄河重要险工堤段。之后，乘专列抵达徐州，登上云龙山，眺望明清黄河故道。

毛泽东对黄河有着特殊的感情。1948年3月23日，他率领中共中央机关东渡黄河，将革命指挥中心迁往河北省西柏坡。乘船行至黄河中心，毛泽东语重心长地说，黄河是中华民族的摇篮，可以藐视一切，但不能藐视黄河。藐视黄河，就是藐视我们这个民族。如今，中国革命胜利了，黄河洪水还没有被驯服。作为新中国的人民领袖，他胸中一直激荡着为黄河除害兴利的强烈愿望。

他从徐州沿陇海线一路向西，赴河南视察黄河现行河道。位于今河南省兰考县境的黄河东坝头险工，是清朝咸丰五年（1855年）铜瓦厢决口改道之处，也是毛泽东此行视察的重点。在这里，他认真察看了近年新修的险工石坝，边看边问：像这样的大堤和石坝一共修了多少？陪同的黄河水利委员会主任王化云回答说，目前黄河下游共修大堤1800多公里，修石坝近5000道。毛泽东又问，今后继续把大堤和坝埽修好，黄河会不会决口？王化云回答说，近几年没有遇到异常洪水，如果遇到大洪水，还有相当大的危险。王化云接着说起1843年黄河发生特大洪水陕县一带流传的民谣："道光二十三，黄河涨上天，冲走太阳渡，捎带万锦滩。"听到这里，毛泽东问，黄河涨上天怎么办？王化云说，不修大水库，光靠这些堤坝挡不住。毛泽东站在险工大坝上，望着波涛滚滚的河水，沉思良久，指出修建大水库能解决水患，还能为灌溉、发电、通航提供条件，是应该研究的。

毛泽东主席1952年10月视察黄河之后，又于1953年、1954年、1955年，连续几次专门听取黄河治理情况的汇报，听取汇报时，他还打开地图，对照着黄河规划的一系列水库坝址，仔细进行审视。对于南水北调工程问题，他明确指出：南方水多，北方水少，如有可能，借一点来是可以的。对于解决黄土高原水土流失问题，他说：要修几万个、几十万个这样的拦泥库才能解决吧！毛主席还借用希腊神话中安泰的故事告诫大家：不要骄傲，不要脱离群众。在中国革命取得成功的新形势下，要把几千年来没能解决的黄河问题解决好。毛泽东高度重视根治黄河水害、开发利用黄河水利的巨大精神力量，一直鼓舞着中国人民为实现黄河长治久安而不懈奋斗。

1952 年 10 月毛泽东主席视察黄河期间的陪同者、黄河水利委员会主任王化云写的《毛主席视察黄河记》手稿 黄河档案馆供图

　　在开封柳园口，毛泽东察看悬河形势，登上专列来到郑州黄河南岸的邙山。在山顶，他极目眺望着滚滚流淌的黄河，凝视着黄河京广铁路大桥，思绪绵绵。

　　乘专列渡过黄河，毛泽东来到黄河北岸的人民胜利渠渠首闸，详细询问了工程的建设情况和灌溉效果，并亲自和大家摇动启闭机摇把。看到黄河水通过闸门涌动着流入干渠，毛泽东兴致勃勃地问："水里这么多泥沙怎么办？"闸管所人员回答说："离这里不远有沉沙池，经过沉淀后再送水到农田。今年浇过的庄稼，都获得了大丰收。"毛泽东听了十分满意，指出水利是农业的命脉，希望沿

（下页）1954 年冬，黄河查勘团在刘家峡水库坝址查勘 黄河博物馆供图

第一次黄河大修堤施工中，人们高喊着黄河号子打夯加固堤防 黄河博物馆供图

黄河每个县都有一座这样的水渠，并形象地比喻说，渠灌是阵地战，井灌是游击战。

一路上，毛泽东察看防洪工程，询问治本方略，展望除害兴利前景，宏阔的思维一刻也没有离开黄河。视察结束时，毛泽东对王化云和河南省委负责同志嘱咐道："要把黄河的事情办好。"这既是党和人民领袖的深情嘱托，也是代表党和国家对治理黄河事业发出的伟大号召。

当时，毛泽东主席视察黄河的陪同者、黄河水利委员会主任王化云在《毛主席视察黄河记》一文中深情写道："这天夜里，我激动的心怦怦直跳，怎么也不能入睡，几天来毛主席视察黄河的情况在我脑子里过了一遍又一遍。我想，毛主席对黄河流域千百万人民是何等关怀啊！"

3. 一部划时代的国家宣言

在新中国历史上，1955年全国人民代表大会第二次会议通过了关于根治黄河水害和开发黄河水利的综合规划的决议，这是一个具有划时代意义的重大事件。

新中国成立之初，为寻求根治黄河水害、开发黄河水利的方略，黄河水利委员会与国家有关部门多次组织黄河大查勘，做了大量准备工作。

根据全面查勘掌握的情况，黄河水利委员会经过深入研究提出：要跳出几千年来黄河下游洪水屡治屡决的怪圈，应着力在黄河中游拦蓄泥沙和洪水，蓄水拦沙，进行综合治理开发。这一治河思想突破了历史上单靠堤防防洪的局限，得到了党和国家领导人的赞同和支持。

这时，编制黄河综合治理开发规划被列为苏联援建中国的156个重大项目之一。为此，苏联政府专门派阵容强大的专家组来华。经过大规模流域查勘和反复论证，形成了《黄河综合利用规划技术经济报告》，中共中央政治局会议研究后，决定由国务院提交第一届全国人民代表大会第二次会议审议。

1955年7月，第一届全国人民代表大会第二次会议在北京隆重开幕。国务院副总理邓子恢代表国务院在会上作了《关于根治黄河水害和开发黄河水利的综

第一届全国人大代表举手表决《关于根治黄河水害和开发黄河水利的综合规划的报告》 黄河博物馆供图

大雪后的宁夏青铜峡黄河大峡谷

合规划的报告》，报告介绍了黄河的自然概况，历史上黄河频繁决口改道给人民生命财产带来的惨重灾害，提出了社会主义建设时代黄河治理开发的重要任务。

报告深刻指出：我们治理黄河的方针不是像历史上要把水和泥沙送走，而是对水和泥沙加以控制利用。我们的任务是不但要从根本上治理黄河水害，而且要充分开发利用黄河水资源，来促进农业、工业和社会发展，满足国民经济对于黄河资源的要求。

报告还对黄河综合利用规划及其第一期工程的各项内容作了详细介绍，提出：从青藏高原到黄河入海口，万里黄河上将修建起46座拦河大坝，滚滚黄河水发出强大电流，输送往西北、华北各地。黄河水经过调蓄，农田灌溉面积将扩大到1亿1600万亩。黄土高原大力开展水土保持，泥沙淤积与洪水泛滥问题将得到

彻底解决，让黄河永远不决口、不改道！

邓子恢副总理最后说："国务院根据中共中央和毛泽东同志的提议，请求全国人民代表大会采纳黄河规划的原则和基本内容，并通过决议，要求政府各有关部门和全国人民，特别是黄河流域的人民，一致努力，保证它黄河综合规划的第一期工程计划实现。"

话音刚落，怀仁堂会议大厅顿时发出雷鸣般的掌声。全体人大代表沉浸在极度振奋之中，许多人喜极而泣。经过认真审议，大会一致通过了关于根治黄河水害和开发黄河水利的综合规划的决议。

这是中国历史上第一部全面系统治理开发黄河的宏伟蓝图。它将中华民族世世代代的理想，在神州大地上铺写开来。

岁岁安澜创造历史奇迹

> 望三门，门不在，明日要看水闸开。责令
> 李白改诗句："黄河之水'手中'来！"
> ——贺敬之《三门峡——梳妆台》

1. 战胜 1958 年大洪水

20世纪50年代，黄河处于丰水期。当时干支流拦洪水库尚未兴建，下游悬河防洪仍主要靠加固堤防。采取有效措施，确保黄河防洪安全，是一项十分紧迫而艰巨的任务。

1950年至1957年，根据"宽河固堤"防洪方略，国家安排专项资金，实施了历时8年的第一次黄河大修堤。这次大修堤的主要工程包括加高加固堤防、险工石化改造、消除堤身隐患等内容。当时正值社会主义革命和建设时期，在党和政府领导下，参加施工的广大民工热烈响应国家号召，焕发出了高涨的劳动热情，涌现出一大批推土英雄和修堤模范，充分体现了国家主人翁的责任感和使命感。

经过几年施工建设，下游河道行洪能力和堤防抗洪能力有

（左页）黄河下游控导工程 黄宝林摄

1958年黄河下游抗洪抢险现场 黄河博物馆供图

了显著增强，为迎战洪水奠定了物质基础。

第一次大修堤刚竣工，一场罕见的黄河大洪水即不期而至。

1958年7月17日，花园口水文站洪峰流量高达22300立方米每秒，10000立方米每秒以上的洪水持续89个小时之久，而且集流快、来势猛，对下游防洪形成了极为严重的威胁。按照国家批准的防洪预案，当花园口洪峰流量达到这个关键指标时，为保证黄河大堤不决口，需要使用北金堤滞洪区分洪。

然而，分洪是在万不得已情况下采取的非常措施。当时北金堤滞洪区内有100万人口、200万亩耕地，如果进行分洪，短时间内实施百万人的迁移，绝非轻易之举，而且将造成经济损失4亿多元。

不分洪，就要承担更大的防洪风险。一旦下游堤防顶不住洪水的猛烈冲击，导致黄河决口，将打乱国家经济建设总体部署，给国家和人民带来不可估量的损失。

分洪与不分洪，一字之差，重若千钧。在此两难抉择的紧要关头，黄河防汛总指挥部连日密集召开紧急会商会议，对后期降雨与洪水演进形势、堤防抗洪能力、群众防汛队伍组织等多种因素综合分析判断，最终向中央提出了"不分洪，加强防守，战胜洪水"的防洪建议方案。

该建议得到中央批准，国务院总理周恩来中断上海的会议，立即乘飞机抵临黄河，部署指挥抗洪斗争。河南、山东两省党政军民紧急动员，迅速组织起200万人的抗洪大军。千里堤防线上，广大军民众志成城，以"人在堤在，誓与大堤共存亡"的坚强意志，突击加高堤顶子埝，奋力抢险堵漏，同这场历史罕见的黄河洪水展开了斗争。

中共中央、国务院高度重视黄河抗洪斗争，采取一系列重大措施，统筹全国力量为黄河抗洪抢险提供坚强支撑。人民解放军出动陆海空多兵种部队，调集飞机、橡皮艇和救生工具，投入到守堤抢险和救护滩区群众中。铁道部紧急调度货运列车，全国各地紧急调拨防汛抢险料物，赶运黄河抗洪抢险一线。

1958年7月27日，黄河洪水安澜入海。这场有实测记录以来的黄河最大洪水，中国人民在未运用滞洪区分洪的情况下，保证了黄河防洪安全，避免了分洪的重大损失，取得了这场抗洪斗争的全面胜利！

同日，中央防汛总指挥部通过新华社发表重要讲话指出：历史上黄河频繁决口泛滥，给两岸人民带来了深重灾难。1933年黄河大水，仅黄河下游河南段就溃堤决溢62处，灾害极其惨重。而1958年这次黄河大水，洪峰达22300立方米每秒，没分洪，没决口。全面战胜了这次洪水，这是新中国人民创造的又一个伟大的奇迹。

2. 三门峡工程的兴建与改建

1957年4月13日，根据第一届全国人民代表大会第二次会议关于黄河治理开发综合规划的决议，三门峡水利枢纽工程动工兴建。

（下页）黄河三门峡·中流砥柱 吴作人 1956 年 中国美术馆藏
画家以舒畅嘹亮、充满信心的基调，表现出万古黄河无限生命力的洪荒境界和对祖国未来的憧憬

改建后的三门峡工程

　　这是黄河干流上兴建的第一座高坝大库，被称为"万里黄河第一坝"。根据最初设计，三门峡水利枢纽工程的拦河大坝高106米，长908米，须破除神门、鬼门、人门之间的石岛作为坝体基础。整个工程需要开挖岩石和浇筑混凝土350多万立方米，挖填土方1200万立方米，安装各种动力设施及金属构件5万多吨，是当时中国规模最大、技术最复杂、机械化施工水平最高的水利水电工程。

　　黄河三门峡工程建设受到举国关注。时任中共中央总书记的邓小平签发中央通知，要求国家计委、水利部、电力工业部、铁道部、交通部等部委与河南省、山东省、湖北省、上海市，抽调2900多名干部支援三门峡工程建设。一批精干施工队伍从各地转战三门峡。《人民日报》发表社论，号召全国人民支援三门峡工程。建设期间，周恩来、刘少奇、朱德、邓小平、李先念、习仲勋等党和国家领导人相继来此视察，现场研究解决工程建设问题。

　　经过4年艰苦奋战，1961年4月，三门峡水利枢纽主体工程竣工，汹涌河水被巍峨的大坝拦腰截断，峡谷出现了平湖。

按常规，一项水利工程的兴建这时就已接近尾声。然而，对三门峡工程来说，它的建成却是曲折历程的开端。

三门峡水库下闸蓄水后，库区出现了严重淤积，且速度大大超出事先预计。泥沙严重淤积，在渭河进入黄河入口处形成拦门沙，致使渭河泄洪能力迅速降低，两岸地下水位抬高，农田盐碱化面积增大，对三门峡库区和渭河下游两岸人民群众的生产生活带来了严重影响，继续发展下去将威胁到西安防洪安全。

有鉴于此，1962年国务院组织专家研究，决定将三门峡水库由"蓄水拦沙"改为"滞洪排沙"，汛期闸门全部打开敞泄。于是，库区淤积有所减缓，但仍未遏制住渭河下游的淤积发展。为此，在第一届全国人大三次会议上，陕西代表团请求国务院尽快采取对策，切实减少三门峡库区淤积，保证库区和渭河下游两岸居民生产生活安全。

三门峡工程出现问题后，引起了社会广泛关注，一时间议论纷纷。1964年12月，周恩来总理在北京主持召开国务院治理黄河会议，广开言路，征求各方面意见。会上，各种观点和主张争论十分激烈。

黄河水利委员会认为：三门峡工程出现的问题，主要是对中游水土流失治理速度的估计过于乐观，对水库淤积的严重性认识不足，过分强调了水库蓄水拦沙，而忽视了下游河道排洪排沙。因此建议对三门峡工程进行改建，增建泄洪排沙设施。

陕西省的与会代表反应强烈，提出立即改建三门峡工程，恢复向下游河道排洪排沙，抓紧解决渭河泄洪能力降低、两岸农田盐碱化严重的急迫问题。

还有专家提出，黄土泥沙下泄，是黄河的自然规律和必然趋势，非人为力量所能改变，因此主张炸掉三门峡大坝，恢复黄河原始形态，最终让黄河下游自然改道。

另一种意见则截然相反，认为三门峡工程的修建是黄河治理的革命性变化。如果改建三门峡工程，恢复向下游泄洪排沙，势必重新走上黄河下游决口改道的老路。因此坚决主张维持三门峡水库蓄水拦沙方案不变。

接连几天，激烈的争论到了白热化的程度。最后，周恩来总理统筹各方意见，经过客观分析，决定对三门峡工程进行改建，增建泄沙设施，恢复下游排洪

历代治河方略

远古传说中治河的堵与疏，最早是共工的"壅防百川，堕高堙庳"。尧舜时期鲧照搬共工的方法，"鲧障洪水""鲧作城"，没能制服洪水。鲧治水失败后，大禹从鲧治水的经历中吸取教训，改用以"疏"为主、疏堵结合的方法，"疏川导滞"，经过艰苦斗争，终于消除了水患，完成治水大业。

历朝历代治水围绕"疏"和"堵"，在不同时期衍生出了各种治河主张。西汉时期著名的"贾让治河三策"提出：上策改道，中策分洪，下策修堤。东汉王景治河，采取"十里立一水门，令更相洄注，无复溃漏之患"的措施，顺泛滥主流修渠筑堤，完善黄河下游千余里的堤防系统。元代贾鲁治河，采用疏、浚、塞三法并举，"疏塞并举，挽河东行，使复故道"，最后实现黄河回复故道，创造了汛期堵口的历史奇迹。

针对黄河水少沙多，泥沙堵塞河道的难题，明朝潘季驯提出"束水攻沙"的治河方略，将防洪与减淤相结合，这是治河方略和认识上的一个重大转变。清康熙年间，靳辅、陈潢治理黄河，实施疏浚筑堤，开辟了中河工程，使黄河、运河分离，既消除了黄河决溢对运河河道的影响，也减少了运河漕运对黄河治理的牵制。

民国时期，李仪祉、张含英等治理黄河的先驱，注重借鉴引进西方的现代科学技术，主张黄河上中下游统一治理。李仪祉认为黄河的症结是泥沙，提出防洪、航运、灌溉和水电兼顾，治理开发并重，改变了几千年来单纯着眼于黄河下游的治水思想，至今仍具有现实的指导意义。

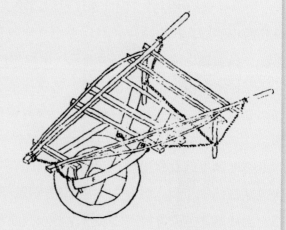

《河工器具图说》所绘土车 清 完颜麟庆 纂辑

排沙能力。

1968年，三门峡工程改建完成，水库排沙泄洪能力初步得到恢复，对缓解库区淤积发挥了一定作用。此后，又陆续经过几次改建，基本控制了库区泥沙淤积，在较长时间内，三门峡工程一直承担着削减黄河洪峰的防洪任务。

三门峡工程的建设和运用实践，使人们对黄河的认识产生了一次重大飞跃，为下一步修建黄河水利枢纽工程积累了极为宝贵的经验。

3. 第三次大修堤与1982年大洪水

黄河复杂难治，在于形势多变和矛盾错综交织。20世纪70年代初，三门峡工程改建后集中排沙，带来了下游主河槽严重淤积、河势游荡剧烈、堤防重大险情增多等新的问题。

1973年汛期，花园口水文站洪峰流量仅有5890立方米每秒，但下游河道水位

热火朝天的黄河大修堤施工场面 王新民摄

普遍比1958年洪峰流量22300立方米每秒的水位还高。当年汛期，山东省东明县黄河滩区生产堤决口，造成黄河大堤多处发生险情。周恩来总理连夜指示有关部门组成工作组赴实地调查，抓紧研究解决黄河下游出现的新问题。

经过深入调查研究分析，制定了《黄河下游治理十年规划》，报请国务院批准，由此开始了黄河第三次大修堤。

这次黄河大修堤，工程建设方式发生了改革。在技术创新方面，采用了放淤固堤，通过吸泥船、挖泥船等设施，把河道内高含沙量洪水抽到大堤背面，经过落淤沉沙，加厚堤防，人们形象地称之为"黄河为自己修堤"。在施工体制方面，创建了治黄专业机械化施工队伍，在降低施工成本、提高施工效率和保证工

程质量等方面，取得了显著成效。

从1973年至1985年，第三次黄河大修堤历时10余年，长达1267千米的两岸堤防平均加高2.15米，堤顶宽度扩大到7—12米。险工坝岸全部得到加高改建，大大提升了堤防防洪能力。

就在此次大修堤即将全面完工之际，1982年8月黄河发生了花园口水文站洪峰流量达15300立方米每秒的大洪水。这是新中国成立后仅次于1958年的大洪水，洪水汇流快、来势猛、水量大、历时长，防汛形势十分严峻。

黄河两岸的黄淮海平原，人口众多，交通线密集，是我国重要的粮棉生产基地。如果黄河防洪出现问题，将对国家经济社会造成不可估量的损失，严重影响改革开放的总体部署。在此形势下，党和政府肩负着确保黄河安澜这一特殊而重大的使命。

对此，黄河防汛总指挥部及时作出迎战大洪水的部署。河南、山东两省迅速组织群众上堤防守，沿黄各级党政主要负责人奔赴黄河第一线，指挥防洪斗争。为使黄河顺利行洪，河道内滩区群众顾全大局，按要求破除了生产堤。同时，紧急调度陆浑水库拦蓄洪水，将支流伊河的最大流量从4400立方米每秒削减为820立方米每秒。为确保黄河防洪万无一失，中央防汛总指挥部分析防洪形势，确定运用山东东平湖分洪，发挥了显著的削减洪峰作用。洪水演进期间，黄河下游大堤险工出现管涌、裂缝、根石坍塌等重大险情1100多处。30万军民的艰苦奋战，终于使这场洪水安全入海。

1982年9月，党的十二大在北京召开，大会确立了新时期的总任务，国家改革开放和现代化建设迈进新征程。黄河抗洪斗争的胜利，有力保障了黄淮海大平原人民生命财产安全，保证了党和国家改革开放总体部署的顺利实施。

4. 风云激荡小浪底

1991年9月，在改革开放向纵深发展的形势下，黄河小浪底水利枢纽工程经过反复深入论证，开始动工建设。这是一项利用世界银行贷款、引入国外先进技术和管理经验、全方位与国际惯例接轨的大型水利工程。

根据国际惯例，小浪底主体工程必须进行国际招标。在激烈竞争中，意大利英波吉罗公司、德国旭普林公司、法国杜美思公司分别中标拦河大坝、泄洪排沙洞群、引水发电系统三大主体工程。

令人始料未及的是，进入建设阶段，工程建设管理与国际接轨的碰撞和挑战，竟然发展到了十分严峻的程度。

按照国际建设工程管理规定，各方的关系均以国际"菲迪克"合同条款为准则，用国外承包商的话说，如果小浪底工程建设工地有一部"圣经"，它就是"菲迪克"合同。当时的情况是，国外承包商中标后，将部分项目以工程和劳务分包的形式转包给中国公司。于是在施工现场，形成了建设管理方、工程承包商

中外专家研究小浪底工程施工问题   黄河勘测规划设计研究院有限公司供图

和分包商相互交织的管理关系。

在20世纪90年代，中国工程建设管理对国际上这种"菲迪克"模式还很不适应，尤其是对"施工索赔"概念更为陌生。因此，主体工程开工不久，当一份份索赔报告蜂拥而来时，我国建设管理方和国内分包单位感到茫然无措。

一家中国隧道工程局分包了德国旭普林公司中标的一段泄洪洞，由于洞子直径挖大了一点，德国承包商依照合同条款向这家隧道工程局进行索赔，得到的赔偿金额比分包合同的全部劳务费用还多。这家隧道工程局3000多人干了9个月，不仅没拿到一分钱，还得倒贴。无奈之下，只好撤离工地。

另一家中国分包商与外国承包商签订合同时，由于在"泄洪洞允许平均超挖"条款中，忽略了"平均"二字，施工中被索赔100多万元。此外，几分钱一颗的小铁钉，从采购到投用有10余个环节，如果中国分包单位使用超过规定数量，又要被外国承包商扣除相当数目的劳务费。

据统计，在小浪底工程开工建设的两年多时间内，外国承包商发出的索赔信函

小浪底水利枢纽全景 殷鹤仙摄

达1000多封。依据合同进行索赔，甚至成为外商获取工程利润的一种重要手段。

更为严重的是，1995年5月，三条导流洞因地质问题接连发生塌方，工程施工因此受阻。德国承包商一面强令全面停止掘进施工，一面要求中国建设管理方推迟工期11个月，并向中方提出索赔8818万马克（当时约合5亿元人民币）的要求。

消息传出，引起国内震惊。开挖泄洪导流洞是小浪底工程的控制性工程，如果拖后11个月，就等于将小浪底大坝截流和竣工目标推迟一年。当时把两年后的香港回归祖国、黄河小浪底工程截流、长江三峡工程截流称为1997年中国三大盛事。如果小浪底工程截流推迟一年，如何向全国人民交代？由此造成的巨额损失如何挽回？

中国建设管理方和分包施工单位，感到一种从未有过的焦灼和酸楚。难道国际招标就是要这样被动挨打吗？面对国际"菲迪克"条款，怎样才能杀出一条中国特色工程建设之路？

中国建设管理方经过痛苦的思考和研究，毅然决定实施"反弹琵琶"战略，"师夷之长技以制夷"，原定小浪底工程截流目标决不改变！

经世界银行调停，中国建设管理方与德国承包商以"菲迪克"原则进行谈判，签订《谅解备忘录》，确定由中国工程联营体以分包形式从德国承包商手中赎回泄洪导流洞施工权。3支中国水电施工队伍临危受命，从千里之外迅速会师小浪底，组成一支联营体，接过了泄洪导流洞施工这项沉甸甸的任务。

小浪底工程建设管理方在研究"菲迪克"条款的同时，建立起具有中国特色的建设管理机制，在不同文化背景的碰撞与交融中，掌握了与国际合同接轨的本领。

在施工现场，取得施工权的中国联营体，以受雇于外国承包商的身份，行国家主人之大义，勇战塌方，优化方案，与岩石展开对抗，奋力追赶被耽误的时间，创造了中国水利水电工程建设的一个个奇迹。

1996年10月，三条导流洞按计划全线贯通，按期截流已成定局，曾经笼罩在小浪底工地上的"索赔"阴云，一扫而空。

1997年10月28日，小浪底工程截流成功。1999年10月，小浪底水利枢纽下

1997年10月28日小浪底大坝成功截流时的情景 小浪底水利枢纽管理中心供图

闸蓄水开始防洪运用。2000年1月，首台机组并网发电。2001年12月，小浪底工程拦河大坝告竣，三大主体工程国际标全部完成。

小浪底水利枢纽投入运用以来，在黄河防洪减淤、防止下游河道断流、调水调沙、供水、灌溉、发电等方面发挥了巨大作用，成为黄河水利工程建设史上的里程碑。

进入21世纪，黄河下游进行了第四次大修堤，建成了标准化堤防。至此，由干支流拦洪水库、下游堤防及河道整治、分滞洪工程组成的"上拦下排、两岸分滞"下游防洪工程体系基本形成。

新中国成立70多年来，依靠逐步完善的防洪工程体系和广大军民严密防守，战胜了12次超过10000立方米每秒流量的洪水，彻底扭转了历史上黄河频繁决口改道的险恶局面。

事实雄辩地证明，只有中国共产党领导下的社会主义新中国，才能创造出黄河岁岁安澜的伟大历史奇迹。

黄泛区变成大粮仓

> 百里不见炊烟起，唯有黄沙扑空城。无径荒草狐兔跑，泽国芦苇蛤蟆鸣。
>
> ——南豫见《黄泛区咏叹调》

1938年国民党当局在花园口扒开黄河大堤，酿成决口改道的惨重灾难。滔滔黄河一路四散漫流进入淮河，豫皖苏三省大范围受灾，到处是"冬春白茫茫，夏秋水汪汪"的沼泽盐碱地。从此，出现了"黄泛区"这一象征苦难的历史地理名词。

新中国成立后，黄泛区悲惨的历史宣告终结。1950年2月，党和国家决定组建黄泛区复兴委员会，经过几代人的治理改造，昔日黄泛区的满目疮痍得到全面治理，呈现出一派繁荣兴旺的崭新面貌。

当年黄河决口首当其冲的花园口，修建了四座引黄闸和提灌工程，淤平了1938年掘堤决口遗留的巨大潭坑，含有肥沃泥土的黄河水引到沙荒盐碱洼地，数万亩土地改造成良田，如今粮食亩产量过千斤，成为闻名的"鱼米之乡"，生态环境大为改善，2020年成为国家级水利风景区。

（左页）河南郑州黄河边麦田成熟联合收割机收获场景

1938年黄河花园口决口后黄泛区灾民背井离乡，涉水逃难 黄河档案馆供图

　　地处黄泛区腹地的河南省西华县，是当年黄河改道的重灾区。流经该县境内的几条河流经过疏浚整修，修建了一批拦河闸、提水闸等水利工程，配套灌溉渠道，结束了"大雨大灾，小雨小灾，无雨旱灾"的苦难历史。

　　贯穿黄泛区的贾鲁河，当年黄河决口改道时，河道从几十米被冲成几百米宽，沿岸农田遭受严重破坏。经过综合治理，改良土壤，发展灌溉，植树造林，河流面貌发生了根本变化。

　　河南省最大的引黄灌区赵口灌区，自20世纪70年代以来，建成干支渠200条，闸涵等水利设施2310座，灌溉面积达到587万亩，成为全国第四大灌区。

　　地跨西华、扶沟两县的黄泛区农场，新中国成立之初还是一片沼泽荒原和沙地。为了开垦这片区域，国家组建了国营黄泛区农场，一大批创业者来到这里，开始了改造黄泛区的奋斗征程。经过几代人治理改造，黄泛区农场成为河南省最大的农作物良种繁育基地、果蔬贮藏基地、生猪出口基地。当地农民还到天津、河北、新疆等地承包土地，生产加工的粮棉产品销往国外。黄泛区农场从沼泽荒原到麦海良田，成为著名大粮仓。

　　地处豫东平原的兰考县，黄河多次在这里决口改道，是历史上的老牌"黄泛区"。风沙、盐碱、内涝三大自然灾害肆虐，形成了40多万亩的连绵沙丘。在焦裕禄精神鼓舞下，全县人民持之以恒地防沙治沙，引领林业生态建设发展，共完成防沙治沙面积10万亩，生态廊道绿化建设396条，植树造林4.2万亩。座座沙丘变成了片片绿洲，挺拔的泡桐树成为兰考人民脱贫致富的"绿色银行"。兰考县在全国第一批率先脱贫，走出了一条有时代特色的发展之路。

安徽省颍上县八里河颍河节制闸
颍上县曾是黄泛区重灾区之一。新中国成立后，经过综合治理，颍河两岸郁郁葱葱，水利设施与生态环境显著改善《世纪黄河》黄河水利出版社 2001年版

为了黄河生生不息

行动起来，拯救黄河。

——1998年163位两院院士联名呼吁

1. 世纪之交的黄河断流危机

2000年，人类历史又一个新千年将要到来。然而，在这千年相接的时候，万古奔流的黄河正经历着断流之痛。

有资料显示，自1972年首次断流到1999年的28年间，有22年黄河出现断流。特别是20世纪90年代，黄河不仅年年断流，而且断流的月份不断提前，断流时段和河段持续加长。在最为严重的1997年，黄河下游断流多达226天，断流河段长达780千米。

频繁的黄河断流，给两岸工农业生产和人民生活造成了严重危机。1992年断流持续两个多月，使山东滨州、东营两地的农田无法播种，夏苗干枯死亡。1996年胜利油田因缺水造成许多油井被迫关闭，直接经济损失高达3亿多元。

（左页）黄河纤夫 殷鹤仙摄（于陕西吴堡）

甘肃省白银市黄河石林

黄河多年平均天然径流量为580亿立方米，由于黄河来水偏枯，到2000年仅有380亿立方米。一方面来水持续减少，另一方面沿岸用水却在急剧增加。加上黄河来水时空分布极不均衡，即使把黄河水全部引完，也满足不了各方用水需求。

万里长河的黄河源也自顾不暇。1999年，扎陵湖、鄂陵湖两大自然湖泊水位已下降2米，扎陵湖出水量只有0.001立方米每秒，8000长的河床完全裸露。湖面萎缩，草场退化，当地居民与牲畜断绝了饮水之源。青海省玛多县4077个湖泊，干涸得所剩不足一半。

愈演愈烈的黄河断流之痛，给黄河两岸人民生活、工农业生产和生态环境带来了严重影响。

一条哺育中华民族、创造华夏辉煌的奔腾大河，难道会从此告别大海退缩为内陆河吗？黄河断流的症结何在？我们还能有第二条黄河吗？一连串时代的考问，使一种深深的忧患意识，在全国乃至海外华人中拓延开来。

1998年年初，中国科学院和中国工程院的163位院士，发出一份联合呼吁书：行动起来，拯救黄河。

呼吁书写道："黄河，由滔天之水变成涓涓细流，继而只留下龟裂的河床。黄河已成为一条季节河。照此下去，不久将变为内陆河。黄河断流，意味着整个黄河流域生态环境正在继续恶化。黄河断流造成下游土地严重荒漠化，生物多样性丧失。黄河断流直接威胁着下游经济的发展、民众的生存。黄河断流，还将对中华文化、民族心理产生不可估量的影响。"只要每一位中华儿女行动起来，那么，赤地变青山之时，便是黄河流碧水之日，伟大的母亲河黄河一定能重焕昔日光彩；那么，今天的中华儿女，将无愧于时代，将无愧于后人！

面对母亲河失去奔腾浩荡的风采，中华儿女心灵深处受到了强烈震撼。解除黄河断流危机，迫在眉睫，刻不容缓！

解决黄河下游断流的对策

涵养水源，加强上游水土保持；

实施水资源统一管理与水量统一调度；

节约优先，发展节水型农业；

加强水污染治理，促进水资源循环利用；

兴建南水北调西线工程。

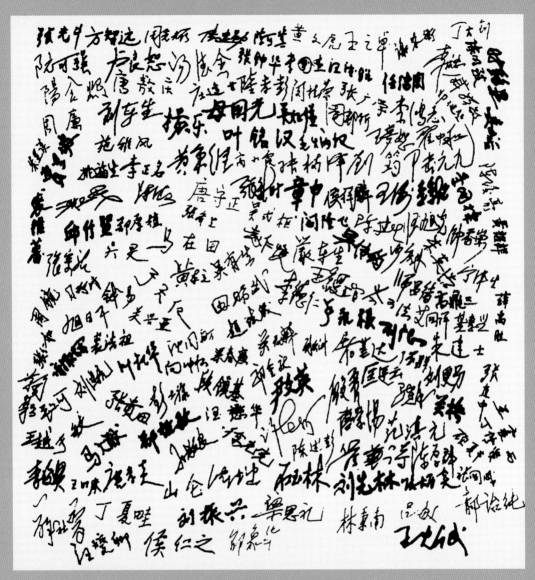

2. 黄河统一调度的绿色颂歌

　　黄河频繁断流问题受到了党和国家的高度重视。国务院领导组织有关部委接连召开黄河断流专题研讨会，深入分析原因，研究部署对策。研究认为，造成黄

（下页）广袤的黄河口湿地如千里红毯 董保华摄

河断流的主要原因，一是黄河水资源严重不足，而且黄河来水时空分布极不均衡；二是随着经济社会发展，沿岸用水急剧增加；三是缺乏统一管理调度和优化配置，水资源浪费严重，加剧了日益尖锐的黄河水资源供需矛盾，致使黄河断流频繁发生。

针对黄河频繁断流和水资源供需矛盾日益尖锐问题，1998年12月，国家颁布实施《黄河水量调度管理办法》。1999年3月起，黄河水利委员会经国务院授权，对黄河水资源实行统一管理和水量统一调度。这是中国首次对大江大河实行水资源统一调度，经过实施，当年断流天数比之前几年同期减少了118天，黄河水量统一调度初战告捷。

2000年，又是一个特枯干旱之年，黄河全年来水比正常年份偏少56%，中游潼关水文站出现了自1934年有实测资料以来的最小流量。为确保黄河不断流，黄河水利委员会进一步加强水资源配置与调度。国家计委利用水价杠杆作用，适时推出提高黄河水价政策。小浪底水库连续74天停止发电，以向下游送水。通过上下联动，各方协力，当年黄河实现了10年来首次全年不断流。

这年，地处河西走廊的黑河成功实施分水调度，沙尘暴来源地内蒙古额济纳初现生机，新疆塔里木河尾端收到来自上游远距离送水，干涸近30年的台特玛湖波涌重现。"三河大调水"，调水线路总长2000多千米，涉及国土面积近200万平方千米。一曲绿色的颂歌，成为新千年来临前中国的一个显耀亮点。

2001年主汛期，黄河来水仍在锐减。中游潼关水文站所测来水量比多年同期偏少92%，7月22日流量仅为0.95立方米每秒，黄河几乎断流。在此紧急关头，黄河防总启动应急响应，关闭上游所有引黄闸门，全力以赴，确保黄河水一路下行，从而成功解除了又一场黄河断流危机。

2002年黄河水量形势更为严峻。中下游潼关、花园口、利津水文站来水，分别比多年平均偏枯六至八成。黄河干流五大水库蓄水量创下有记录以来的最小值。下游山东省遭受了百年不遇的特大干旱，1760万亩禾苗遭遇旱魔，792万人饮水困难。天津市生活用水告急，向黄河伸来求援之手。大河上下，特枯奇旱，狭路相逢。黄河可调度水量仅有35亿立方米，却要确保黄河自身不断流。这条河注定

河南省济源市黄河三峡风光

要为中华民族付出更深沉的母爱！

于是，一场涉及近万千米的大跨度应急接力调水，成为黄河水量调度压倒一切的中心任务。经过精心调度，同心协力，奋力拼搏，绿色的颂歌再次奏响。

2006年8月1日，国务院颁布《黄河水量调度条例》。这是我国第一部河流水量调度法规，条例规定了黄河水量分配原则及分配方案的主体与程序，明确了正常调度和应急调度措施，在法制层面为黄河水量统一调度提供了有力保障。

2008年，黄河水利委员会对黄河口三角洲自然保护区实施生态补水。曾因断

历代治河机构

相传舜帝时期，命大禹为司空负责治水，学界认为此为古代中国专设水利官员之始。春秋战国时期，沿黄河的诸侯国增设水官、都匠水工等，负责治河、开渠事宜，治河机构逐渐扩大。秦汉两朝，中央设立了都水长、丞，掌理国家水政。汉代，在太常、少府、司农、水衡都尉等属下，都设有都水官。唐代除在尚书省工部下设水部郎中、员外郎以外，又设置都水监。北宋河患加剧，统治者更加重视黄河，治河机构也更加扩大，黄河下游形成了专职河官与地方河官相结合的河防体系。金代效仿宋制，设都水监，并在尚书省下设工部，置侍郎、郎中。元代工部设侍郎、员外郎、都水监，掌管治理河梁和堤防、水利、桥梁以及闸堰，另设河道提举司，专管治理黄河。

明代治理黄河兼治运河，永乐年间令漕运都督兼理河道。成化七年（1471 年），朝廷任命王恕为总理河道，此为黄河设立总理河道之肇始。至此，黄河治河机构形成了垂直管理系统。沿河各省巡抚及以下地方官都负有治河职责，治河机构和修防管理制度愈见完备。清代治河机构在明代体制上又有很大加强。为管理黄河、运河设 4 个总督，即河道总督、东河总督、南河总督、漕运总督。体制虽隶属工部，但可直接受命于朝廷。咸丰五年（1855 年），黄河铜瓦厢改道后，河务与治理改由各省巡抚兼理，下游直、鲁、豫三省设河防局。

民国时期，黄河下游三省河务局由各省政府直接领导。1933 年南京国民政府成立黄河水利委员会，直属国民政府，掌管黄河干流及渭、洛等支流的兴利防患以及施工。这是黄河史上第一次成立的流域管理机构，自此治河机构归于统一。

中华人民共和国成立后，黄河水利委员会成为国家的流域机构，负责统筹管理黄河流域治理开发，黄河中下游山西、陕西、河南、山东四省依行政区划设置黄河管理机构，由黄河水利委员会垂直管理，并先后增设负责黄河上中游治理、干流枢纽工程管理、规划设计、科学研究等职能的相应机构。

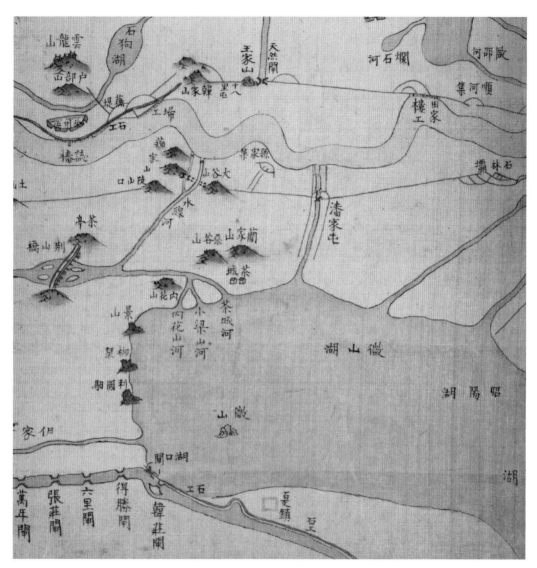

《黄运湖河全图》中的山东济宁微山湖等处　清　美国国会图书馆藏

流严重萎缩的三角洲湿地面积由15%恢复到60%，鸟类增加到368种，千余只东方白鹳在此栖息，久违的洄游鱼类故地重游，生态美景重现人间。

　　自1999年以来，黄河实行最严格的水资源管理与水量统一调度，实现连年不断流，保障了流域供水安全与河流生态系统良性运行，为世界河流治理保护和绿色发展提供了中国范例。

综合治理的辉煌成就

> 我望着那月下的海波，想到了上古时代的洪
> 水……我若不把洪水治平，我怎奈天下的苍生?
> ——郭沫若《洪水时代》

1. 黄河治理方略的演变

黄河是一条多泥沙河流。水少沙多，水沙异源，水沙关系不协调，是黄河复杂难治的症结所在。新中国成立后，根据黄河客观形势变化和经济社会发展，黄河治理方略也在不断演变。

黄河治理方略的第一阶段是"蓄水拦沙"，充分体现在1955年第一届全国人民代表大会第二次会议通过的根治黄河水害和开发黄河水利的综合规划中，基本思路为，将黄河泥沙和水拦蓄在黄土高原上的干支流水库，同时全面开发黄河流域水利电力资源，为社会主义建设服务。

第二阶段是"上拦下排"。20世纪60年代初，三门峡水库出现严重淤积后，人们认识到，黄河水少沙多，设想用淹没大

（左页）鸟瞰蜿蜒曲折的黄河中游河道

黄河小浪底工程调水调沙场景航拍图

片良田换取库容的办法来修建干支流拦洪拦沙水库，以有限的库容对付无限的来沙，其结果必然是使水库成为一座座泥库。因此必须在拦蓄的同时，加强下排措施，充分利用下游河道的排沙能力，同时大力加强水土保持工作，上拦下排，才能有效地解决泥沙问题。

第三阶段是"上拦下排，两岸分滞"。20世纪70年代的淮河特大暴雨洪水，为黄河防洪敲响了警钟，催生了"上拦下排，两岸分滞"下游防洪方略的形成。在这一方略指导下，致力于完善的由干支流水库、两岸堤防与分滞洪区组成的下游防洪体系。该体系在历年防洪斗争中发挥了重要作用。

第四阶段是"拦、排、放、调、挖"。2002年7月，国务院批复《黄河近期重点治理开发规划》，将"拦、排、放、调、挖"作为处理和利用黄河泥沙的方略。其中，"拦"是利用水库的死库容拦截泥沙；"排"是利用河道排沙入海；"放"是在下游两岸引黄河水放淤固堤；"调"就是通过调度大型水库，对来水来沙进行控制与调节，改善水沙组合关系，变水沙不平衡为相适应，把河道内的泥沙更多地输送入海，冲刷下游主河槽，提高过洪能力；"挖"是挖沙淤背，加固黄河大堤。

　　黄河调水调沙是新时期在多泥沙河流上调控水沙关系的重要治河实践。实施中，综合运用物理模型试验、数学模型演算、全球定位系统、卫星遥感、地理信息系统、远程监控、实时传输等高科技手段，是对现代河流治理与生态保护技术系统应用的一场大检阅。

黄河小浪底工程建成后，调水调沙从理论走向现实。2002年，调水调沙首开破冰之举，经运用现代化设备和进行物理模型试验，确定了"人造洪峰"的最大流量。实施中，根据情况发展变化，及时调整方案，精心调度，使这场大规模调水调沙获得成功。

接下来，历年的调水调沙试验，条件不同、河段不同、水沙级配模式不同、水库调度组合不同，无不是充满了艰辛的探索。

2003年，黄河遭遇长历时的罕见的"华西秋雨"，小浪底水库突破汛限水位。在极其艰难的条件下，利用小浪底水库把中游洪水调控为含沙量较高的浑水，用支流清水与浑水在花园口对接，实现

山西忻州万家寨引黄工程

了三门峡、陆浑、故县、小浪底四座水库的大尺度空间调度。

2004年，调水调沙实现万家寨、三门峡、小浪底水库联合调度和人工扰动，在小浪底库区成功塑造人工异重流，冲刷水库淤积，在世界上率先掌握了水库异重流的机制和规律。

20年来，黄河调水调沙为小浪底水库调出44亿立方米库容，累计入海总沙量近30亿吨，下游河道主槽平均刷深2米多，过洪流量由原来的1800立方米每秒增加到5000立方米每秒。黄河调水调沙，为黄河下游防洪安全提供了新的保障，也为世界多泥沙河流水库运用赋予了新的内涵。

2. 黄土高原生态建设与黄河口治理

据实测统计，黄河年均输沙量为16亿吨。而这些黄河泥沙，90%来自黄土高原。黄土高原土壤结构疏松，抗冲抗蚀能力差，加上人类不合理的开发利用，成为我国乃至世界上水土流失面积最广、侵蚀强度最大的地区。

新中国成立后，为了治理黄土高原严重的水土流失，国家组织人民群众开展了大规模的水土保持工作。但由于黄土高原水土流失区区域辽阔，千沟万壑，地广人稀，全面治理很难在短期内奏效。

为了集中治理使黄河下游淤积最严重的粗泥沙，长期以来，泥沙专家们进行了艰辛的探索。20世纪80年代根据现场调查和资料分析，首次提出黄河中游多沙粗沙来源区面积为10万平方千米，应作为水土保持的重点，这被认为是治理黄河认识上的重大突破。

2000年，随着研究深入，多沙粗泥沙来源区缩小到7.86万平方千米。此后，经过多部门协同攻关，确定中游1.88万平方千米为更高一级粗泥沙集中来源区，从而进一步锁定了黄河泥沙集中治理的核心。

陕西的土壤流失总量占到全国的1/5，省内黄河流域输沙量占到黄河流域总输沙量的60%以上。因此，陕西成为控制黄土高原水土流失与减少入黄泥沙的重点。

历史上榆林城曾因风沙侵袭三次被迫南迁。从20世纪50年代开始，当地群众采取修建防风林带等方法大规模治沙，沙化土地治理率达93.24%。党的十八大以来，陕西沙区植被平均覆盖率达到60%。绿进沙退，昔日寸草不生的沙地，变成了林草地和良田。

米脂县高西沟村地处黄土高原丘陵沟壑区，曾经植被稀少、土地瘠薄，百姓生活艰难。通过山上缓坡修梯田，沟里新建淤地坝，荒坡陡处搞绿化，治理水土流失，恢复生态环境等措施，高西沟村几十年如一日地综合治理，如今水土流失治理程度达到78%，被称为"黄土高原生态治理的样板"。

在黄土高原的沟壑中，筑起一座座淤地坝，形成一道道人工屏障，将泥沙就地拦蓄，将荒沟变成高产稳产的基本农田，是黄土高原地区群众的一项发明。

（左页）黄土高原梯田航拍

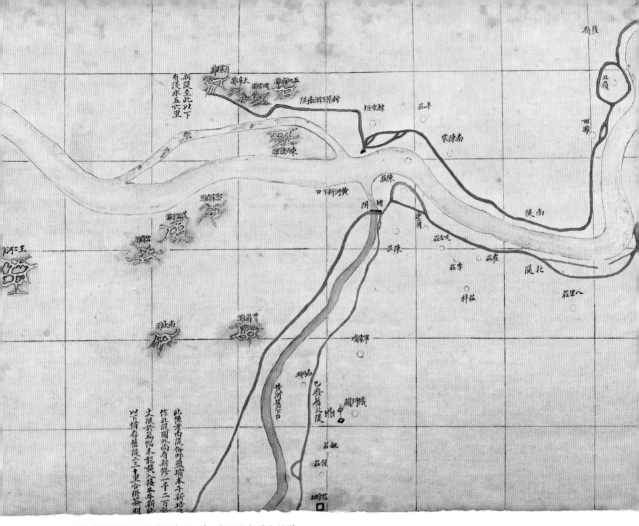

山东黄河下游全图（局部） 清 美国国会图书馆藏

　　1974年陕西延川县梁家河村兴建的知青淤地坝，经过40多年的风雨洗礼，坚固依旧，淤成的大片坝田，平整有序，绿意盈盈。多年来，这个村坚持利用淤地坝增加耕地面积、发展农业生产，共完成水土流失治理面积4.89平方千米，治沟造地面积1605亩，粮食亩产由300公斤增至800公斤。截至2019年，陕西省共建有淤地坝33910座，占全国淤地坝的一半以上，取得了有效减少入黄泥沙、拦泥淤地、灌溉增产等多重效益。

　　在黄河中游晋陕蒙接壤区，分布有一种砒砂岩区，寸草不生，极易风化水蚀，被称为"地球生态癌症"。该区仅占黄河流域面积的2%，每年向黄河输入的粗泥沙却有1亿吨左右，占黄河下游河道年平均淤积量的25%。为了攻克这座"堡垒"，水土保持专家通过进行沙棘种植，控制砒砂岩水土流失，以小流域为单元，进行综合治理，减少泥沙90%，产生了明显的效果。

从1999年起，国家对黄土高原生态脆弱地区实施退耕还林政策。黄河泥沙治理在战略上，从工程治理转向生态修复治理，累计退耕还林还草5.08亿亩，黄土高原泛起绿色，生态状况有了显著改善。

进入21世纪以来，黄土高原生态治理成效卓著，通过水土保持综合措施，水土流失面积由1990年的45万平方千米减至2020年的23.42万平方千米，林草植被覆盖率提高了40多个百分点。生态状况实现了由"整体恶化、局部好转"向"总体好转、局部良性循环"的历史性转变。

大河之治，终于河口。黄河入海口治理是黄河治理开发的重要组成部分。1855年，黄河在兰阳铜瓦厢决口改道形成下游现行河道。100多年来，万里黄河携带着大量泥沙奔流入海，造就了近代黄河三角洲。由于大量泥沙在河口淤积，这里的河道长期处于淤积、延伸、摆动的循环状态。"大孤岛，人烟少，年年洪水撵着跑，人过不停步，鸟来不搭巢"，便是昔日黄河三角洲的真实写照。

1988年，针对河口持续延伸、河槽淤积加重、泄流不畅的情况，黄河水利委员会、山东省东营市、胜利油田联合开展了历时5年的河口疏浚治理，尾闾河道众流归一，防洪形势明显好转。

1992年国家批准《黄河入海流路规划报告》，提出稳定清水沟流路措施，启动了黄河入海流路治理工程。历经10年建设，初步建成了河口防洪工程体系，改善了河口淤积摆动的不利形态，入海流路变得更加通畅。黄河三角洲经济社会发展日新月异，正在笃定前行。

新中国成立后，为保持黄河入海流路相对稳定，先后对河口进行了三次人工改道。随着胜利油田开发和东营这座年轻城市的诞生，如何让黄河口水畅其流，保证这一地区防洪安全，成为黄河治理的一个重要课题。

中国最年轻的土地——黄河三角洲

"黄河之水天上来，奔流到海不复回。"千百年来，唐代诗人李白《将进酒》中的诗句脍炙人口。黄河入海口位于山东省东营市，地处渤海与莱州湾的交汇处，黄河的流淌与沉淀，在它的入海口成就了中国最广阔、最年轻的湿地生态系统——黄河三角洲。

黄河三角洲是由黄河填海造陆形成的。黄河穿越黄土高原，携带大量泥沙一路跋涉，最终在山东东营汇入渤海，造就了这片我国暖温带保存最完整、最广阔和最年轻的湿地生态系统。

每年春秋候鸟迁徙的季节，数百万鸟类在这里捕食、栖息、越冬、繁殖，这里成为东北亚内陆和环西太平洋鸟类迁徙中的重要驿站。深秋时节，一簇簇深红色的翅碱蓬植物在秋风中摇曳，被称为"红地毯"。它可以将盐碱土壤中的盐分吸收到体内，并将盐分积累到叶、茎和根部，从而使枝叶形成深红的颜色。

黄河三角洲还是我国重要的油田开发区、制盐基地和海水养殖区。滨海湿地广阔，资源丰富，生态功能十分重要。这里也是一座浩渺的天然蓄水库，对于调节地表径流、控制河流污染、维系生物多样性和净化区域环境等方面，有着不可替代的作用。

维持黄河三角洲自然保护区生态系统良性运行，保护好暖温带这块不断增长的年轻河口湿地，是我们责无旁贷的重要使命。

（右页）黄河三角洲 黄河水利委员会供图

幸福黄河新时代

> 让黄河成为造福人民的幸福河。
>
> ——习近平

1. 黄河保护治理跨入新时代

党的十八大以来，习近平总书记深刻洞察我国国情水情，从实现中华民族永续发展的战略高度，就保障国家的安全作出一系列重要指示，提出了"节水优先、空间均衡、系统治理、两手发力"的治水思路，为新时代治水提供了思想武器和科学行动指南。

2019年9月18日，习近平总书记在郑州主持召开黄河流域生态保护和高质量发展座谈会并发表重要讲话。强调要把黄河流域生态保护和高质量发展作为事关中华民族伟大复兴的千秋大计，坚持生态优先、绿色发展，以水而定、量水而行，因地制宜、分类施策，上下游、干支流、左右岸统筹谋划，共同抓好大保护，协同推进大治理，着力加强生态保护治理、保障黄河长治久安、促进全流域高质量发展、改善人民群众生活、保护传承弘扬黄河文化，让黄河成为造福人民的幸福河。

黄河流域生态保护和高质量发展被确立为重大国家战略。让黄河成为造福人民的幸福河的伟大号召，推动黄河流域和全社会的积极行动。

作为黄河之源的青海省，提出当好"中华水塔"守护人，建设三江源、祁连山等国家公园集群，加速实施水土保持工程，构建循环农牧业发展模式，筑牢黄河源区生态安全屏障等措施。

四川省全面推行冰川、冻土、森林、河流、湖泊、湿地休养生息制度，严格保护黄河上游自然风貌和生物物种持续，加快建立完善自然保护地体系。

甘肃省扛起筑牢国家西部生态安全屏障的重大使命，启动实施黄河湿地保护修复、退化草原治理改良、陇中陇东黄土高原区水土流失治理等一批重大带动性项目。

素有"塞上江南"之称的宁夏回族自治区，是沿黄唯一全境属于黄河流域的省区。按照国务院批复的《支持宁夏建设黄河流域生态保护和高质量发展先行区实施方案》，努力建设黄河流域生态保护和高质量发展先行区、祖国西北重要的生态安全屏障、内陆开放型经济试验区。

内蒙古自治区进一步优化现代能源结构，推动风电、光伏等绿色能源发展，加快建设黄河"几"字弯国家公园和黄河文化遗产廊道，巩固祖国北疆安全屏障，进一步建设国家重要能源和战略资源基地、农畜产品生产基地。

黄河中游的陕西省，作为入黄泥沙主要来源区，提出加快水土保持建设，全力实施渭河、延河、北洛河、无定河等重点支流污染防治工程，建立高效输水、排水和节水工程体系，加强延安等革命旧址和石峁古城、汉长安城、统万城等遗址保护等。

"表里河山"的山西省，提出一体化推进治山、治水、治气、治城，加快坡耕地综合整治、水源涵养和矿山生态修复，弘扬游牧文化、农耕文化、走西口文化传统，构建黄土高原生态综合治理示范区。

位于黄河中下游之交的河南省提出，加快构建

坚持生态优先、绿色发展。坚持量水而行、节水优先。坚持因地制宜、分类施策。坚持统筹谋划、协同推进。将黄河流域打造成为大江大河治理的重要标杆，国家生态安全的重要屏障，高质量发展的重要实验区，中华文化保护传承弘扬的重要承载区。

——《黄河流域生态保护和高质量发展规划纲要》

河南三门峡黄河湿地，每年南迁的成批大天鹅在这里栖息越冬，翩翩起舞，构成了一幅人与自然和谐相处的美丽画卷

水资源高效利用、水生态系统修复、水环境综合治理、水灾害科学防治体系。实施沿黄生态廊道示范建设，构建黄河历史文化主地标体系，形成历史文化展示带、生态环境涵养带、旅游观光休憩带。

黄河流经的最后一个省份——山东省提出，管好黄河"水袋子"，构筑黄河安澜的稳固防线，实施黄河三角洲生态调水补水工程，进一步加强河口生态治理修复，保护湿地生物多样性，推动引黄灌区提档升级。

黄河水利委员会作为流域管理机构，提出坚持全流域整体谋划，推进流域生态保护治理，实施流域统一规划、统一水资源调度管理，加快推动国家战略的落实，全面提升流域水安全保障能力。

共同抓好大保护，协同推进大治理。大河上下，同向发力，同频共振，正在奏响新时代的《黄河大合唱》。

2. 抓住黄河水沙调控"牛鼻子"

长期研究与实践表明，黄河复杂难治的根本症结在于水少沙多和水沙关系不

位于甘肃省永靖县境内的刘家峡水利枢纽，是黄河干流控制性骨干工程，水库总库容 57 亿立方米，电站总装机容量 122.5 万千瓦　《世纪黄河》　黄河水利出版社　2001 年版

协调。实现黄河长治久安，必须构建以干流骨干工程为主体的水沙调控体系。这个体系由龙羊峡、刘家峡、黑山峡、碛口、古贤、三门峡、小浪底七大控制性骨干工程以及支流水库共同构成。它们位居黄河关键部位，涉及治理根本，被形象比喻为黄河治理和生态保护全局中的"牛鼻子"。

　　位于晋陕峡谷的古贤水利枢纽，在黄河水沙调控体系中居于核心地位，控制着65%的黄河流域面积、80%的黄河水量和60%的黄河泥沙。水库总库容129.42亿立方米，与小浪底水库联合调度，可在60年内使下游河道减少泥沙淤积95亿吨，也就是说，相当于下游河道35年内不再淤积抬高。拦沙后期，仍可利用数十亿立方米长期有效调水调沙库容，作为水库群联合调度主力，每年可减少下游河道泥沙淤积约1亿吨，为有效处理黄河泥沙、遏制河床淤积抬高发挥长效之功。

　　古贤水利枢纽工程是一座扶持革命老区绿色发展的生态富民工程。水库建成后，黄河水资源调控能力增强，将使河口及中下游地区生态系统得以持续改善，为黄河供水安全、生态安全提供有力保障；能解决700多万人口、1047万亩耕地的农业灌溉用水，库区周边54万人口将摆脱严重缺水之困。库区水位的抬升，使得用水条件根本改善，可极大改善山西吕梁山、陕北沿黄地区等革命老区生态环境和农民生产生活状况。

生态效益方面，古贤水库的兴建将形成230平方千米的宏阔水面，生态辐射面广达10000平方千米。通过山水林田湖草沙系统治理，可极大提升当地的生态环境质量。古贤水利枢纽总装机210万千瓦，年均发电量54.42亿千瓦时，可替代231万千瓦火电装机，并带动风力发电、光伏发电等绿色能源发展。

目前，古贤水利枢纽被列入国家重点推进的重大水利项目。可以预见，不久的将来，一座"牛鼻子"大型水利水电工程将矗立在黄河水沙调控主战场，高坝巍峨，峡谷平湖，为黄河流域生态保护和高质量发展建功立业。

3. 借来江水济黄河

1952年10月，毛泽东主席视察黄河期间，在听取从长江调水入黄河设想的汇报后，高兴地说，南方水多，北方水少，如有可能，借点水来也是可以的。由此，拉开了南水北调工程的序幕。

70余年来，国家对南水北调工程开展了大量勘测规划研究设计工作。仅西线工程，就先后组织开展500多批次调水勘查，包括长江上游的通天河、金沙江、雅砻江、大渡河等河流，研究范围涉及国土面积115万平方千米，形成200多个调水方案。

2002年，国务院批复南水北调工程总体规划。根据规划，南水北调东、中、西三条调水线路总调水规模448亿立方米，供水面积145万平方千米，受益人口4.38亿。它们与长江、黄河、淮河、海河四条自然河流交融贯通，将形成"四横三纵，南北调配，东西互济"的中国水资源总体格局。

2012年、2013年南水北调东线、中线工程先后建成通水，10年来，累计调水400多亿立方米，北方严重缺水的局面得以缓解，华北地下水位明显回升，产生了巨大的经济和生态效益。

此时，面对黄河水资源日益尖锐的供需矛盾，人们把急切期盼的目光投向南

位于河南省郑州市荥阳的南水北调中线工程穿黄工程渠首航拍图

水北调西线工程。

　　目前，黄河流域水资源的开发利用率已经达到70%以上，西北、华北地区水资源严重不足和各方用水剧增的矛盾非常突出。在实施最严格的水资源管理、节水优先、实行"四定"的前提下，开工建设西线南水北调工程，已经显得十分迫切。根据规划，南水北调西线工程，是在长江上游金沙江、雅砻江与大渡河修坝建库，开凿长江与黄河分水岭巴颜喀拉山的输水隧洞，调长江水进入黄河上游。其供水目标是，主要解决青海、甘肃、宁夏、内蒙古、陕西、山西黄河上中游地区严重缺水问题，同时为黄河补水，彻底解决下游断流危机。

　　2021年5月，习近平总书记在河南省考察调研南水北调工程时强调指出，南水

北调工程事关战略全局、事关长远发展、事关人民福祉，是跨流域、跨区域配置水资源的骨干工程。要审时度势、科学布局，准确把握东线、中线、西线三条线路的各自特点，加强顶层设计，优化战略安排，统筹指导和推进后续工程建设。

2021年7月，全国政协人口资源环境委员会"南水北调西线工程生态环境保护问题"专题调研组深入四川、青海、甘肃三省进行实地调研后认为，南水北调西线工程对生态环境的影响总体可控，面临的困难有条件解决。

当前，黄河流域生态保护和高质量发展重大国家战略正在深入推进，作为实现中国水资源空间均衡的重要措施，南水北调西线工程事关国家全局，战略意义重大。江河携手，造福人民，振兴中华，人们正在为之不懈奋斗！

在激流中前进 杜键 1993 年 中国美术馆藏

第七章　民族基因

彩绘驯马陶俑 唐 洛阳市博物馆藏

　　"黄河之水天上来，奔流到海不复回。"千万年来，黄河赋予中华儿女自强不息、一往无前、开拓进取的民族底色。在母亲河哺育下，中华民族不断获得生存智慧，汲取创造灵感，陶冶精神品格，熔铸民族灵魂。黄河文化博大精深，内涵丰厚，为一元多样、多样一体中华文化谱系的形成，发挥了中流砥柱作用。在中国特色社会主义新时代，黄河的开放性、兼容性特征，充分符合我国倡导"一带一路"，以合作共赢为基本精神，推动构建人类命运共同体的理念。在以习近平同志为核心的党中央坚强领导下，中国人民在实现中华民族伟大复兴之路上，正如气势澎湃的黄河一样，万壑归流，奔腾向前！

自强不息的奋斗精神

> 天行健，君子以自强不息。地势坤，君子以厚德载物。
>
> ——《周易》

1. 不屈不挠，勇往直前

千万年来，不畏艰难险阻，一路奔腾向前的黄河，与源远流长、一脉相承的黄河文化，给予了中华民族丰富的滋养，孕育了中华民族自强不息、不屈不挠、勇往直前的奋斗精神，积淀着中华民族深沉的精神追求。

从上古神话时代开始，面对黄河大洪水等重大自然灾难，中华先祖没有选择逃避，而是采取"治"的积极进取态度，在与洪水搏斗中，造就了坚强不屈的品性和顽强的生命力，凝成了不惧艰险、敢于斗争、坚韧刚强的民族精神。大禹"身执耒臿，以为民先"，三过家门而不入的奉献精神，为执掌政权者树立了道德标杆，也把忧患意识根植于心灵深处，警醒和激励中华民族不屈不挠，自强不息，奋发图强。

3000多年前，商朝汤之盘铭"苟日新，日日新，又日新"，高度体现了自新自强、成长壮大的进取态度。《易经》所载"天行健，君子以自强不息"的奋发有为思想，孟子"天将降大任于是人也，必先苦其心志，劳其筋骨，饿其体肤，空乏其身，行拂乱其所为"的精辟论述，无不激励着人们面对磨难和挫折，迎难而上，坚韧不拔，为争取最后的胜利而斗争。

黄河是中华民族的母亲河，又是一条忧患之河。黄河九曲十八弯、奔腾不息的自然形态，塑造和熔铸了中华儿女百折不挠、一往无前的民族灵性。几千年洪水忧患，磨砺锻造了中华民族的坚强意志与抗争精神，激励着人们无论环境多么险恶，处境多么复杂，条件多么艰苦，都要敢于战胜一切困难，勇往直前。这成为中华民族攻坚克难的精神力量。

周朝《礼记》记载的"大道之行也，天下为公"，用上古圣贤立身行道，为先民谋幸福的无私作为，教化人们为社会共同利益而行事。

黄河文化培育了中华民族天下为公的浓郁家国情怀，凝聚了中华民族强烈的爱国主义精神。古往今来，无数仁人志士在国家危难的严重关头，挺身而出，以身许国，前赴后继，凝成了以社稷黎民利益为重的国家大局观与社会责任感。

霍去病"匈奴未灭，何以家为"，诸葛亮"鞠躬尽瘁，死而后已"，岳飞"还我河山"，陆游"位卑未敢忘忧国"，文天祥"人生自古谁无死，留取丹心照汗青"，以及历代名贤"先天下之忧而忧，后天下之乐而乐""生平未报国，留作忠魂补""封侯非我意，但愿海波平""天下兴亡，匹夫有责""苟利国家生死以，岂因祸福避趋之""我以我血荐轩辕"等彪炳青史的名言，对中华民族爱国主义价值观的形成产生了重大影响，成为中华民族优秀传统文化的重要组成部分。

正如抗日战争时期《义勇军进行曲》所唱："把我们的血肉，筑成我们新的长城，中华民族到了最危险的时候，每个人被迫着发出最后的吼声。起来！起来！起来！我们万众一心，冒着敌人的炮火前进！"亦如《黄河大合唱》的铿锵之音："风在吼，马在叫，黄河在咆哮。""保卫家乡，保卫黄河，保卫华北，保卫全中国！"这种伟大的民族抗争精神、深沉的爱国主义精神，惊天地，泣鬼

黄河大合唱——流亡·奋起·抗争 詹建俊、叶南 2009 年 中国美术馆藏

神，令人热血沸腾，在紧要关头唤起全体中华儿女同仇敌忾，不屈不挠，为中华民族独立而战，为人民解放而战的精神，树立起打倒一切敌人而决不屈服的必胜信念。

2. 熔铸共同价值观

在漫漫历史长河中，黄河文化熔铸了社会共同价值观，形成了共同遵守的道德准则，成为维系中华文脉、凝聚社会力量、实现稳定发展的重要基石。

儒家提出的"仁义礼智信"，就是古代中国形成的一种共同价值观。

仁是儒家思想的核心，"己所不欲，勿施于人"，"己欲立而立人，己欲达而达人"。仁推崇光明磊落、正直忠勇，摒弃巧言令色，反对阴谋诡计。

义，其含义是公平、正义。"义然后取，人不厌其取"，"不义而富且贵，

孟子

梁惠王

孟子見梁惠王、王曰叟不遠千里而來亦將有以利吾國乎、孟子對曰王何必曰利亦有仁義而巳矣王曰何以利吾國大夫曰何以利吾家士庶人曰何以利吾身上下交征利而國危矣萬乘之國弒其君者必千乘之家千乘之國弒其君者必百乘之家萬取千焉千取百焉不爲不

于我如浮云"。义以仁为遵循标准，合乎仁则为义，否则就是不义。

礼，是人们在社会活动中必须遵循的道德秩序与规则。儒家认为，礼有着"经国家，定社稷，序民人，利后嗣"的重要作用，既是立国的根本，也是个人安身立命之本。正所谓"克己复礼，天下归仁"。只要人人遵礼，国家便可长治久安；反之，违背礼治，便会出现悖逆行为，"礼不行则上下昏"，国家难以治理。

智，是聪明智慧，明辨是非。儒家将智、仁、勇并称为人生"三达德"，即"智者不惑，仁者不忧，勇者不惧"。智是个人认识自我、认识他人、认识世界的基础。

信，是诚实讲信用，"言必信，行必果"，"民无信不立"，要求人们言而有信，敬事而信，将诚信当作为人处世的基本原则。

"仁义礼智信"是古代中国社会形成的价值观，虽然是为维护封建社会统治秩序服务，但由此发展演变而来的仁者爱人、执政为民，公平正义、遵纪守法，职业道德、文明礼仪，明辨是非、追求真理，责任担当、诚实守信等，已经成为中华优秀传统文化的重要组成部分。

人民至上、以民为本的观念是中国古代倡导的执政价值观。夏启废禅让建立家天下，但夏启的儿子太康没有德行，沉迷游乐，导致失国被逐。太康的五个弟弟和母亲被赶到洛河岸边，追述大禹的告诫而作《五子之歌》曰"皇祖有训，民可近，不可下，民惟邦本，本固邦宁"，可谓民本思想的第一次呐喊。

西周汲取夏商衰亡教训，提出"敬德保民""以德配天"。其中"德"包括敬天、敬宗、保民，尤其要"怀保小民"。春秋战国的社会动荡，彰显了民心向背的力量。老子认为"贵以贱为本，高以下为基"。孔子提出了富民、教民的仁政思想。孟子继而提出"民为贵，社稷次之，君为轻"的政治秩序理论，要求统治者"忧民之忧""与民同乐"，要有解民于"倒悬"的政治作为，建立"恒产"制度保障民生。荀子进一步提出"天之生民，非为君也，天之立君，以为民也"。这些民本思想学说，对后世有作为的国家执政者产生了重要影响。

（左页）《三经评注》之《孟子》　北宋　苏洵评点
明万历四十五年（1617年）吴兴闵齐伋刻朱墨套印本
日本内阁文库藏

一元多样，多样一体

中华文明因"一元"宇宙观而本质上趋向于"一体""一统"，因"多支""多样"而又包含多种发展变化的可能性，既长期延续主流传统又开放包容，铸就了中华文明源远流长、博大精深。

1. 一元主导，多样并存

在中国百万年的人类史、一万年的文化史、5000多年的文明史中，黄河文化长期居于中华文明体系的引领核心地位。

从中华文明发展基本格局的历史脉络来看，中华文明始于"一元多样"，归于"多样一体"。中华文明探源工程成果表明，中华文明的起源迹象出现在黄河、长江中下游以及西辽河等区域，其后中原地区形成了更为成熟的文明形态，在"群星闪耀"的盛况中居于核心，辐射四方。

从100多万年前的旧石器时代开始，黄河流域就已经有人类居住。进入新石器时代，集中在黄河流域的众多史前文化共

客使图（局部） 唐 陕西历史博物馆藏

同反映出沿黄地区农耕文明的发达，原始农业的稳固发展奠定了夏、商、周最早
进入文明社会的重要基础。

　　公元前21世纪，夏王朝建立在黄河下游今豫西嵩山地区，以炎黄二帝为代表
的华夏族群与周边民族杂居融合，突破了原始社会氏族部落的血缘关系，发展出
古代民族的雏形。同时，王权政治的出现推动了社会各方面的进步，黄河流域开
始成为中国古代先进生产力的代表和社会文明化进程的核心区域。

　　从黄河的变迁史来看，南至淮河，北到海河，这片区域都曾属于黄河流域。从流域的顺延性上看，黄河文化包括由多民族交融催生的河湟文化，重礼法的关中文化，外儒墨、内道法的河洛文化以及崇尚"王道仁政"的齐鲁文化。

　　唐朝后期，长江文明逐渐崛起，面对长江流域经济优势，黄河文化持续对江淮流域进行文化输出，扩大其文化影响力。南亚的佛教文化经"丝绸之路"对两汉以来的黄河文化产生了深刻影响，后被黄河文化底蕴吸纳消化，在魏晋隋唐日渐中国化。中国佛教宗派与儒学、易学、子思学派、孟子学派交融互摄。随后在两宋时期出现了新儒学宋明理学。与不同地区文化的交融，必然使黄河文化成为内容丰富、同中有异的文化系统。

三彩胡人牵骆驼陶俑　唐
成都博物馆藏

神骏图卷 唐 （传）韩幹 辽宁省博物馆藏

　　秦汉至宋代，以黄河流域为核心地区建立起中央集权的统一王朝，出现了诸如文景之治、贞观之治、开元盛世等盛况，推行了均田制、租庸调制、三省六部制、科举制等制度创新，封建国家的治理能力不断推向新的高度。在此期间，科学技术水平长期位居世界前列，极大地推动了中华文明发展的进程。黄河文化形态多姿多彩，文化内容丰富厚重，数量浩瀚众多，成为中华文化体系中的瑰丽宝藏。

　　黄河文化之所以具有强大的生命力、感召力、辐射力，在于其极强的包容性和融合力。历史上，在奔腾浩荡的统一大潮中，也出现过多次南北对峙、诸侯割据、民族间征伐杀戮，黄河流域经历了一次次乱局的洗礼。但不管朝代如何更替，政治如何变革，局势如何动荡，黄河文化作为中华文明的重要组成部分，作为中华民族的根与魂，始终一脉相承，而且总是在一次次大碰撞、大融合中不断兼收并蓄，升华再造，向更高层次发展。

2. 黄河文化的"和"与"同"

中华民族所生存的地域，幅员辽阔，环境多样，各个地区拥有不同的地区经济特征，各个部分互相补充、互相依存，这种各个地区在经济文化上相辅相成为主的趋向，使中国各民族之间产生了一种强烈的凝聚力和向心力。一方面，黄河流域发达的经济、文化向周边地区扩散辐射，带动平衡发展。另一方面，其他区域的独特经济、文化优势，又反哺黄河流域与黄河文化。这种有机互动，推动了中华民族共同体和中华文化体系的形成。从文化特质来看，黄河文化是以"和"为核心、"同"为精髓的思想体系。

春秋战国时期，黄河流域以黄河文化为内核，北方的游牧文化，南方的吴越文化、荆楚文化融汇其中。秦汉"大一统"王朝时代，黄河流域经历了秦文化、

黄河文化的包容性表现在多个方面。思想方面，表现为对诸家学说的兼收并蓄。中国古代思想家虽各有所尊，但又提倡"万物并育而不相害，道并行而不相悖"。春秋战国是中国农耕经济的重要转型时期，也是中国思想文化界诸子竞秀、百家争鸣的兴盛时期，儒家仁义醇厚，道家清静超逸，墨家谨严兼爱，法家因势严峻，尽管各家主张不一，但是在社会变革的洗礼中，诸子百家在争鸣中取长补短，共同发展。到了秦汉时期，儒道融合，综汇百家，中国文化得到新的发展。"天下同归而殊途，一致而百虑"，正反映了先秦百家学说之精华相互包容荟萃的历史事实。

文化艺术方面，黄河文化长期吸取周边少数民族的优秀文化。汉代北方民族的器用杂物、乐器歌舞，"京都贵戚皆竞为之"。魏晋南北朝是中华各民族大融合时期，充满生机的北方民族文化为中原农耕文化注入了新鲜血液。盛唐是中国历史上极为开放的时代，中国文化的包容性发挥得尤为淋漓尽致。"胡音胡骑与胡妆，五十年来竞纷泊"，都城长安更是"胡化极盛一时"，胡汉文化相互融合，使得中国文化更加丰富多彩，生机勃勃。

历史上，黄河文化就像一座大熔炉，在与其他地区文化的碰撞中始终保持着包容开放、兼容并包的精神，与各种文化在交流和互动中不断丰富和发展自己。

"地势坤，君子以厚德载物"，可谓对黄河文明海纳百川、包容万物的胸怀气度的最好诠释。一个文明体能不能通过不断吸纳异质文明的新鲜血液来滋养自我，决定了这个文明体是不是能够不断壮大，行之久远。历史证明，黄河文明历经各种挫折

黄河文明进入兴盛时期，不仅达到中国历史时期的顶峰，在世界范围内也居于领先地位。春秋战国时期，诸侯争霸，政治变革，百家争鸣，思想荟萃，堪称中华文明群星闪耀的时代。

和磨难，但文明不堕、其命维新，它具有的开放性和包容性，是一个很重要的原因。在求同存异中实现"和而不同"，在不同文明的相互碰撞交流中实现自我成长，推陈出新。"以我为主，兼容并包，和而不同，推陈出新"的成长模式，造就了黄河文化的辉煌灿烂，成为中华民族生生不息、永续发展的根和魂。

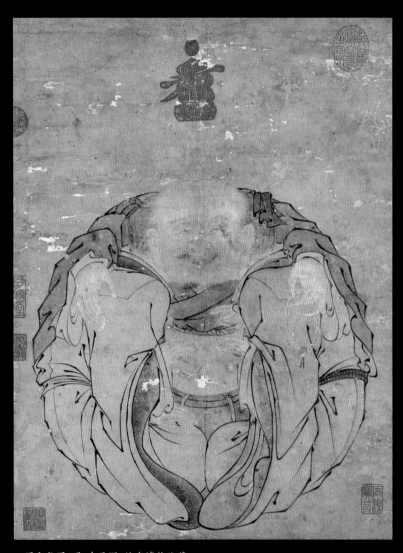

一团和气图　明　朱见深　故宫博物院藏

画幅借用东晋儒生陶渊明、和尚慧远、道士陆修静"虎溪三笑"的典故，展现儒、释、道三教合一的理想。画中的人物远看是一个笑容和蔼的人，好似一个大圆球，细看则是三人相视而笑

格伯簋铭文拓片 西周 故宫博物院藏

博大精深的内涵特征

天下之水，莫大于海，万川归之。

——《庄子·秋水》

1. 辉煌繁盛的农耕文明

农耕文明是黄河文明的主要特征之一。中华民族在黄河流域这块丰美的土地上，用辛勤的劳作不断改善生存环境，改良生产工具，培育了丰富多样的农作物，总结出了完整的农业生产经验和理论，创造了辉煌的农耕文明。

黄河农耕文明是一个带有自然特色、科技特色与人文特色的农耕文明，对中国历史与文化产生了至关重要的作用与影响。历史上，黄河流域始终处于联结南北、沟通东西的中心地位。夏、商、西周三代以黄河流域中下游为依托，形成了最早的国家形态，确立了中华民族的基本特质，建立了完善的礼乐制度，促进了中原农耕区的深度开发。春秋至秦汉则为黄河流域农耕的成熟期。这一时期，黄河流域的农业水平大大提高，农业技术取得了突破性进展。战国时期黄河中下游各诸侯国地狭人众，农业向"治田勤谨""务尽地力"的精细方向发展，奠定了中国传统农业科技的基础。

秦汉王朝致力于关中京畿农耕区的开发与改良，农田水利建设与铁犁牛耕推广的规模与效益明显超过周边地区。稷，也就是小米，汉代之前一直在人们的日常饮食中占主导地位，麦和大豆在黄河流域也被广泛种植。

隋唐盛世，中原地区经过长期民族融合，胡汉界限渐趋消弭，农牧结构渐趋合理，生产关系得到调整，社会经济发展焕发生机。中华文明第一次真正奠基于发展水平相当的北方畜牧业、中原旱作农业、江南稻作农业三大农业类型之上。民族融合、南北统一所产生的政治、经济、文化合力，铸就了充满生机与活力、自信与开放的隋唐文化，黄河农耕文明发展到了巅峰时期。

宋代开垦荒地，修筑陂塘，兴修堤堰，引水灌溉，种植水稻，获得丰收。元明清时期，黄河流域的农耕水平整体进入平稳期。元代王祯的《农书》记载的农具达100多种，适应多种农田和作物的农具均已配套定型。明清时期，精耕细作的技术得到了高度普及和快速发展。

农耕文明集儒家文化及各类宗教文化于一体，形成了独特的文化特征，包括国家管理理念、人际交往理念，以及语言、艺术、风俗和祭祀活动等。黄河流域农耕文明形塑了汉族文化的特质，聚族而居、精耕细作，孕育了自给自足的生活方式及相应的文化传统、农政思想、乡村管理制度等。而农耕文明的地域多样性、历史传承性和乡土民间性，不仅赋予中华文化重要特征，也是中华文化绵延不断、长盛不衰的重要原因。

古人的歌诀吟咏着历史悠久的农耕文明。早在先秦时期民间流传的《击壤歌》唱道："日出而作，日入而息，凿井而饮，耕田而食。"描述了乡村农夫击打土壤，歌颂太平盛世的情景。唐代诗人李绅所作"锄禾日当午，汗滴禾下土。谁知盘中餐，粒粒皆辛苦"，反映了广大农民辛勤劳作的不易。中国古代以"社"为土神，以"稷"为谷神，产生了农神崇拜，"江山社稷"又演绎为国家的代称。丰富厚重的农耕文化成为黄河文化的一支主流，灿烂辉煌的黄河文化又极大丰富了农耕文明的内涵。

《帝王道统万年图册》之伏羲 明 仇英 台北"故宫博物院"藏

2. 文化精髓的集成圣地

在中华民族漫长发展史上，世世代代中华儿女在认知黄河、治理黄河、开发利用黄河的实践中，不断获得生存智慧，汲取创造灵感，从而产生了深远丰厚的黄河文化。它体现在中国社会发展和人民生活的各个领域，构成了一座座文化艺术宝库，也是凝结思想精髓的集成之地。

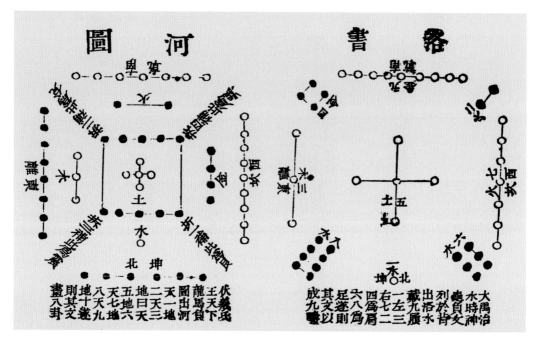

《三才一贯图》之河图洛书 清 吕抚 美国国会图书馆藏

《三才一贯图》绘于清康熙六十一年（1722年），内容可分为"天""地""人"三部分，展现了时人的天文、地理、儒学、历史、神话认知

　　上古传说中，人文初祖伏羲在黄河中游"画八卦"，"河出图，洛出书"，成为中华思想文化之根源。"河图洛书"包含的五行思想和阴阳学说，反映了朴素的唯物辩证法思想，深刻影响了中国古代认识世界的思想和方法，对古代天文学、气象学、化学、算学、音乐和传统医学的发展，给予了深刻启示。

　　夏商周直至秦汉，黄河流域的先哲在国家建设、礼乐制度、思想文化等方面展现了丰富的创造力。儒家思想创始人孔子，从周游列国开始直至形成完整的思想体系，其踪迹主要活跃于黄河中下游地区。道家思想创始人老子，在函谷关完成充满辩证法思想的哲学宝典《道德经》，至今仍然是中华传统文化中的宝贵财富。法家商鞅、韩非子、李斯等人的主张对后世观念与制度影响深远。墨家、杂家、名家等流派创始人或集大成者，主要活动区域也大多在黄河中下游地区。

秦汉及其后，黄河流域思想火化绵延不绝，秦汉黄老思想、魏晋玄学、隋唐的道统思想、北宋的新儒学出现并传播于黄河流域。其中，既有严谨朴实、情礼交融的日常理念，也有意境高远的文艺作品；既有究天人之际、通古今之变的历史巨著，精义入神的哲学理论，也有存在于佛道、中医之中的科技文化体系。这些文化资源，不仅是中国思想与文学的重要源头，更广泛影响了政治生活、民族性格、文明教化等方面，其中蕴含的核心思想理念、传统美德、人文精神等文化基因，成为中华优秀传统文化的重要组成部分。

伯牙鼓琴图 元 王振鹏 故宫博物院藏

　　黄河中下游地区是古代科学技术、政治制度、文学艺术发展最早最成熟的区域，曾长期领先于世界文化发展水平，产生的文化经典，灿若星河。《易经》《老子》《庄子》《论语》《孟子》《韩非子》《孙子兵法》《黄帝内经》等传世经典，影响深远。《诗经》、先秦散文、汉赋、唐诗、宋词，与《竹书纪年》《史记》《资治通鉴》等，汇集了黄河历史文化之大成；贾谊、司马迁、班固、

左思、李白、杜甫、白居易、柳宗元、欧阳修、司马光、苏轼等星光熠熠的哲学家、思想家、文学家，亦是江山代有才人出。

大河艺术浩如烟海。《熹平石经》《高山流水》《女史箴图》《步辇图》《清明上河图》等名作流传千古。敦煌、麦积山、云冈、龙门等石窟石刻，组成一座座艺术宝库。黄河流域也涌现了一代代丹青大师、书法大家和能工巧匠。

这些文史典章、艺术精品，具有显著的黄河根源性和原创性特点，深刻影响着中国的政治、经济、社会和文化，塑造了中华民族鲜明的集体人格。

黄河流域的神话传说、民间歌谣、民间戏曲等文学艺术，婚丧嫁娶、岁时节日等重要的民俗活动，这些丰富多彩的传统文化，强化了各民族对于中华文化的认同感与中华文化自身的凝聚力，充分体现了中华民族深刻的情感和记忆。

3. 道法自然的生态思想

黄河流域四季分明的气候特征与生存环境，培育了中华先民朴素的生态意识。在黄河流域长期的生产生活过程中，中华先民通过对"春种、夏长、秋收、冬藏"周期性变化的观察，总结出农耕社会特有的生态规律。在这一体系中，天序四时，地生万物，人治诸业，天人合一，强调秩序、平衡与和谐，衍生了朴素的生态保护意识。

"天人合一"观念，是我国古代生态思想的核心，老子"人法地，地法天，天法道，道法自然"的观念，《易传》"昔者圣人之作《易》也，将以顺性命之理。是以立天之道，曰阴与阳；立地之道，曰柔与刚；立人之道，曰仁与义"，及荀子"天有其时，地有其财，人有其治，夫是之谓能参"等主张，皆强调天人合一、顺应自然、尊重自然，倡导遵循宇宙自然的运行规律。"天不变其常，地不易其则，春秋冬夏不更其节，古今一也"，管子主张顺应自然、天人合一的生态观，强调人与自然和谐相处，既注重对资源的开发和利用，也强调保护自然资源的重要性。

儒家提出了"仁民爱物"的生态主张，在利用、改造自然万物的过程中，追求人与自然的共存与发展。"仁者以天地万物为一体"，在儒家看来，人类应担负起对于自然界中的其他事物和成员

"道法自然"语出老子《道德经》第二十五章："人法地，地法天，天法道，道法自然。"意思是人遵循地的规律性，地效法于天，天以道作为运行的依据，而道自然而然。"道法自然"主张人与自然是统一的整体，个人作为自然有机体与他物处于平等的地位。

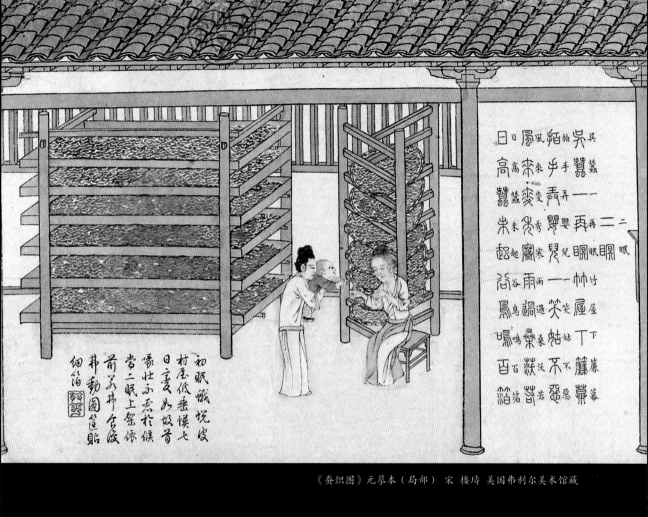

《蚕织图》元摹本（局部） 宋 楼璹 美国弗利尔美术馆藏

的责任，包括救助、保护动物植物，对弱者抱有恻隐之心，最终实现"万物并育而不相害，道并行而不相悖"的理想。

在漫长的历史发展中，黄河逐步成为中华民族的象征与旗帜，黄河、黄土、黄帝，把中华民族自然和谐地融合在了一起。黄河文化通过各种方式融合于中华民族的心理结构之中，塑造了中华民族的民族精神、民族性格以及民族思维方式，熔铸了中华文明的基本内核。

奔流入海的开放胸怀

> 泰山不让土壤，故能成其大；河海不择细流，故能就其深。
>
> ——（秦）李斯《谏逐客书》

1. 世界文化视野下的黄河文化

奔腾入海，黄蓝相拥，是黄河自然形态的一个鲜明特征，也给予了中华民族握手世界、开放交融的不尽启示。

中华文明与古巴比伦文明、古埃及文明和古印度文明并称世界四大古文明，其共同特点是都产生于大河流域。底格里斯河、幼发拉底河两河流域孕育了古巴比伦文明，尼罗河孕育了古埃及文明，恒河孕育了古印度文明，黄河孕育了中华文明。其他三大古文明，有的消失，有的中断，只有中华文明绵延持续五千多年，一脉相承。

究其原因，除了自然环境条件，黄河文化始终以开放的胸怀、包容的气质，注重吸收外来文化精华，在交流与互动中不断丰富自我、升华自我。这是黄河文化一个很重要的特质。

（左页）黄河入海口之黄蓝交汇　董保华摄

　　在对待外域文化上，中华文化敞开博大的胸怀，扬弃吸收。佛教自汉代传入中国内地，至魏晋南北朝隋唐时期形成高潮。中国的儒、道、玄等文化，通过与佛教文化的交融，获得新的营养而走上了更高的层次。唐朝，南亚的佛学、历法、医学，中亚的音乐、舞蹈，袄教、景教、伊斯兰教，医术及马球运动等，如同"八面来风"，从大唐开启的国门一拥而入，使得都城长安成为当时中外文化汇聚的中心。

　　历史上，丝绸之路是一条商业、文化、外交之路，穿越了黄河流域的重要地区。黄河流域是当时的经济贸易中心，也是文化交流与传播的中心。沿线城市因丝绸之路贯通，实现商业兴盛、技术革新、文化繁荣。商务往来与文化交流过程中，一种包容、开放、和平、互助的文化氛围逐渐形成。

研究认为，中华文化之所以绵延不绝，世代传承，很重要的一点，就是中华民族高度重视历史著作的撰写与史学的经世致用功能。两河流域与古埃及人民发明了文字，编纂了法典。古希腊虽然有史学，但主要涉及战争史。而在古代中国，史学乃国之要事，史家辈出，典籍浩瀚。从《竹书纪年》《史记》到《资治通鉴》等，汇集了中华文史之大成，集中展现了中华各民族共同的历史记忆。

黄河文化的世代赓续，还在于强大的文化输出性与辐射力。长期以来，在东亚形成了一个以中国为中心的汉字文化圈，它包括东亚大陆及朝鲜半岛、日本列岛、越南等地区。构成这个历史性文化圈的要素，有汉字、儒学、律令制度等中国传统文化的结晶。以汉字为例，它波及东亚其他民族和国家，被借用或改造成"汉字型文字"，如朝鲜的"谚文"、日本的"假名"、越南的"字喃"，在字形和组字原则上都表现出与汉字的渊源关系。又如，儒家思想中的仁学观念、忠孝情感、和合意识、礼法规范、官吏制度等，也都深刻影响了东亚人的价值观念与行为方式。

透雕双马咬斗青铜方形饰牌 战国 甘肃省博物馆藏 甘肃省定西市出土

翼兽形提梁盉 西周
甘肃省博物馆藏
器腹两侧各雕一飞龙，龙体遍饰鳞纹。龙作回首状，并各有五条扬起的羽翼，两条飞龙恰构成兽的双翼。东方传说中的龙与西方神话里的神兽格里芬的交融，反映在了这只小小的青铜酒器上

    正是这种多元文化的交流互动，你中有我，我中有你，交融汇流，使不同文化重组融合，突破各自局限，不断刷新人类文明的高度。

2. 开放交融，文明互鉴

    "黄河落天走东海，万里写入胸怀间。"正如黄河奔涌向大海一般，黄河文化以其开阔的胸襟和恢宏的气度，从其他地区优秀文化中汲取营养，不断地把黄河文化推向世界，促进了世界文化的融合和人类文明程度的共同提高。

    早在丝绸之路开通之前，一条古老的玉石之路就已在亚欧大陆上繁盛多

年。这条路线承载着上古先民对玉石的崇拜之情，也勾勒出早期中华民族的迁徙路线。在漫漫长河中，它逐渐与丝绸之路叠合，沿途哺育了一系列古代东方文化硕果。

公元前一万年前后，黄河上游就有了东西交流。黄牛、绵羊和山羊，以及大麦、小麦，包括青铜和铁冶炼技术，基本是通过黄河上游从地中海、中亚地区传到中国西部，再从西部的黄河上游传入内地。公元前30世纪晚期，由黄牛、绵羊和山羊引发的牧业革命，是中国早期国家诞生的催化剂。因为黄牛、绵羊和山羊不仅能提供肉、皮和骨等初级产品，也能提供奶、毛、畜力等次级产品，在衣食住行中发挥着重要作用。如在建筑业、运输业、采矿业和工业方面，黄牛的负重或拉车功能，可以提高食品、陶器、食盐等轻工业产品，工业原料和矿石的运输效率。黄牛、绵羊和山羊成为第一产业的主力，为第二产业和第三产业提供原料和动力，是青铜时代城市化和复杂社会兴起的经济基础。

黄河推动着世界文明的交流互鉴。据基因考古学研究，世界上所有的粟和黍都起源于中国北方的黄河流域，大约一万年前黄河流域先民开始栽培粟、黍，距今8000年前在北方广泛种植，并开始向外传播农作技术，到3500年前向西传播到东欧地区，向南传播到东南亚地区。这表明从史前时期开始，黄河流域就已经有与其他地区交流的踪迹。

鸳鸯莲瓣纹金碗　唐　陕西历史博物馆藏
金碗共有两只，被誉为"大唐第一金碗"，
其流畅的莲瓣、稳重的双重结构和华丽的
纹饰，体现了典型的唐代艺术风格，而对
西方金银器造型的借鉴和改造也体现了唐
代中西文化的交流融合

大秦景教流行中国碑拓片　唐
西安碑林博物馆藏
碑文记载，唐贞观九年（公元635年），景教主教阿罗本历经跋涉到达长安，拜谒唐太宗后要求在中国传播景教，此后景教在中国传播开来。该碑为研究唐代中外交流史、世界宗教史、古代欧亚文化交流史提供了重要的实证资料

公元前6世纪中叶，波斯崛起，成为横跨亚欧非的庞大帝国，为三大洲道路连接提供了条件。公元前4世纪，随着亚历山大东征，贯穿东西的交通线也畅通起来。公元前138年，汉武帝派遣张骞出使西域，贯穿了中原至西域的通道。73年，班超前往西域，之后甘英奉命出使大秦，由西域至条支和安息并抵达波斯湾沿岸的道路由此打通了。通过丝绸之路，中国的丝绸、茶叶、瓷器、漆器等商品源源不断输出到沿线国家；来自中亚、西亚以及欧洲的汗血马与珠宝、药材、香料以及葡萄、苜蓿、胡麻、胡桃、胡萝卜、胡瓜等各类农作物络绎不绝地进入中国，丰富了汉地人民的经济文化生活。此外，中国的冶铁术、凿井术、丝绸制作、漆器制造等技术也由丝绸之路传播至各国。

5世纪前后，中国的茶叶通过陆上和海上丝绸之路陆续传入南亚、中亚、西亚。茶叶改变了中世纪欧洲人的生活方式，茶叶贸易影响了中世纪欧洲的资本和经济体系。随着中国瓷器的大量输入，欧洲传统的生活方式随之发生重大变革。

黄河文化与域外文明的交流以"丝绸之路"为标志，至今对世界发展产生着重要影响。唐朝通过设置安西四镇，疆域边界一度到达中亚腹地，为丝绸之路贸易往来提供了稳定的社会秩序和重要的安全保障，都城长安和东都洛阳成为当时全球范围内最发达的国际性大都市，其形成的城市文明也通过丝绸之路对世界文明产生深远影响。

隋唐时期，对外文化交往进入繁荣鼎盛时期。日本、新罗、天竺等国家派遣使节、留学生等来华进行文化政治的学习与交流。宋朝时，中国的对外往来达到巅峰状态，朝廷高度重视对外贸易，广州、泉州、扬州、明州等地成为与阿拉伯国家进行贸易的重要港口，"海上丝绸之路"在此时形成。元朝幅员辽阔，影响力横跨亚欧大陆，对外交流的海路和陆路十分通畅，并设立市舶司，管理对外贸易。明代郑和下西洋，足迹近至东南亚、南亚，远至阿拉伯半岛和非洲东部，与36个国家建立了外交和贸易往来，中国成为当时的海上贸易强国。

古代中国造纸术通过巴格达等地区传播到西方世界。这不仅促进阿拉伯帝国造纸业的发展，对伊斯兰文化产生至关重要的推动作用，也为后来欧洲的文艺复兴发挥了重要作用。中世纪的欧洲，崇尚以羊皮作为信息的物质载体，一本羊皮纸的《圣经》至少需要300多只羊，书籍的昂贵可想而知。造纸术的西传，使信

红衣西域僧图（局部）元 赵孟頫 辽宁省博物馆藏

息载体的价格大为降低，在一定程度上推动了西方文明的发展进程。

在古代丝绸之路上，宗教信仰的传播交流也很广泛深入，沿途留下了各种不同文化兴盛衰落的遗迹。现在的敦煌莫高窟中，依然能够看见诸多佛像的面庞和身形呈现出中亚人和南亚人的特征。

印度的佛教传入中国，经过与中国文化的交流与发展产生了中国化佛教，儒释道合流，对中国影响巨大。鉴真东渡，历经五次失败，第六次到达日本，不仅是旅行的传奇，也是宗教信仰和文化传播的传奇。1200多年前，基督教的一支——景教传入中国，同时犹太教和基督教的其他流派分支也随着丝绸之路进入中原腹地，开封犹太人社区和西安碑林的《大秦景教流行中国碑》就是例证。它们也是我们今天构建人类命运共同体、实现民心相通理想的古老体现。

在生活层面，对外交流的内容丰富多彩。今天我们熟知的许多农作物品种都是由丝绸之路进入中国，像带有"胡""西""番"这些字的作物往往如此。著名的"元青花"钴料来源于波斯的喀山夸穆萨所产的"苏麻离青"。中华民族乐器与西域和地中海等地区渊源更深，唢呐原产地是遥远的伊朗高原，琵琶是由地中海文化区域的里拉、小竖琴演变而来，二胡则产于蒙古高原。这些音乐器材经过漫长的嬗变衍化，融入中国传统文化，成为民族溯源和文化求索的物证。

世界文明之间是一个文化兼容、物质互补、共生共荣的历史关系。在频繁的文化交流中，大量的外域文化因素进入黄河流域，为黄河文化发展提供了养料，如物质方面的毛皮、马匹、瓜果、香料、银器，文化方面的音乐、舞蹈、杂技、绘画、宗教等。越南李朝的兵法"安南行军法"、朝鲜半岛的高丽纸等先后传入，融入黄河文化之中。黄河文化的文学、绘画、医药、建筑、天文等，也不断传至国外。

古代丝绸之路书写了道路相通、贸易流通、文化互通的辉煌篇章。

历史经验表明，黄河文化必须与不同国家、不同民族、不同文化加强交流互鉴，才能激发活力，展现魅力，不断与时俱进。当前，"一带一路"倡议作为世界文明交流的桥梁，得到越来越多的国家和地区的积极响应，彰显出显著效应。500多所孔子学院、千余座孔子课堂遍布135个国家，丝绸之路影视桥、丝路书香工程等多种文化形式与文化品牌活动，沿着"一带一路"延展开来。在对外开放交流中，传播中国声音，讲述新时代中国故事，凝聚中华五千年文明史的黄河文化，正以新的姿态出现在世界文化生态圈，引吭高歌。

在开启中国式现代化新征程与打造高水平对外开放新格局中，中国奉行与世界各国相互学习、借鉴、交融和理解，走推动构建人类命运共同体之路。黄河文化将以博大精深、内涵丰富、源远流长、一脉相承、革故鼎新、行稳致远、兼容并包、交融汇流的鲜明特质，筑牢民族底色，汇入世界发展潮流，为实现中华民族伟大复兴发挥新的重大作用。

三彩骑卧陶俑　唐　中国国家博物馆藏

古往今来黄河桥

黄河上有文字记载最早的简支木梁桥，为商代在黄河支流漳水修建的钜桥。公元前1046年周武王伐纣王，攻克商陪都朝歌，曾散发这里的积粟赈济贫民。

秦昭襄王在秦晋之间的蒲津渡修建"河桥"，自此，以天堑通途之利，东征攻魏、伐韩、取赵，连获大捷。之后，唐太宗李世民挥师龙门，横跨蒲津大桥，驰骋河东，奠定了大唐基业。

"迎亲于渭，造舟为梁"，记录了一段动人的故事。周文王娶商朝姑娘为妻时，并舟为桥，在渭水上用船只构筑浮桥。浮桥连接着两岸，也把关中文化与河洛文化融合在了一起。

始建于战国时期的咸阳古渡渭桥，经汉代重修扩建，史称"渭水三桥"。张骞两次出使西域由此通过，渭桥成为古丝绸之路的发端。唐代使臣从这里出使吐蕃，达成长庆和盟，促进了唐蕃修好。

北宋张择端笔下《清明上河图》中的汴京木拱桥，结构精巧，以其叠梁架构，形如飞虹，故称"虹桥"，展现了很高的技术水平和艺术价值。明朝初年修建的兰州镇远浮桥，在扼守要津、巩固边陲之同时，带动了河西走廊的发展，加快了民族大融合步伐。

清朝末年，随着西方铁路建设技术引入中国，现代桥梁开始在黄河登场。1905年竣工的京汉铁路郑州黄河大桥，全长3015米，102孔，成为当时中国最长的钢桥。1908年建成的兰州黄河铁桥，1928年为纪念孙中山先生的革命活动，改名为"中山桥"。1909年开工建设的津浦铁路济南黄河铁路大桥，悬臂梁跨度164米，为当时中国跨度最大的悬臂式结构桥，2018年入选第一批中国工业遗产保护名录。

兰州中山桥 《哈里森·福尔曼的中国摄影集》（*Harrison Forman Collection-China.* by Harrison Forman）第一辑 1932—1944年 美国威斯康星大学密尔沃基图书馆藏

金城攬勝圖（局部）清 甘肅省博物館藏
此圖描繪清代同治末年光緒初期蘭州形勝。因其地為漢魏
以降的金城縣地，故名

黄河国家文化公园

> 　　黄河文化是中华文明的重要组成部分，是中华民族的根和魂。
> 　　——习近平在黄河流域生态保护和高质量发展座谈会上的讲话

　　中华民族的母亲河——黄河的未来向何处去？她将以怎样的姿态呈现在人们面前，培育和彰显中华民族的根和魂？当你凝望奔流东去的滔滔河水，聆听新时代黄河大合唱的铿锵乐章时，便有了明确的答案。

　　对于未来的黄河，新时代的中国领导人为黄河流域生态保护和高质量发展擘画了宏伟蓝图。

　　2019年9月18日，习近平总书记在黄河流域生态保护和高质量发展座谈会上的重要讲话，从中华民族伟大复兴和永续发展的战略高度出发，深刻阐述了黄河文化在中华文明体系和中华民族发展中的重要地位，明确指出：黄河是中华民族的根和魂，要推进黄河文化遗产的系统保护，深入挖掘黄河文化蕴含的时代价值，讲好"黄河故事"，延续历史文脉，坚定文化自

（左页）夕阳辉映下的青藏高原黄河第一湾

香炉晚照

香炉寺位于陕西省佳县香炉峰顶，东临黄河，三面绝空，地势险峻，
置身其上，俯瞰黄河激流而下，汹涌澎湃，如凌绝空际

信，为实现中华民族伟大复兴的中国梦凝聚精神力量。

中共中央十九届五中全会提出建设长城、大运河、长征、黄河等国家文化公园，将建设国家文化公园作为新时代国家深入推进的重大文化工程。党和国家的重大决策部署，为保护传承弘扬黄河文化指明了前进方向，提供了根本遵循。

生生不息的黄河是中华之母亲，民族之摇篮。千万年来，黄水奔流，万里狂澜，五千年文明在这里发源，无数英雄成长在大河两岸。人民荡涤内患，驱逐强盗，经历苦难辉煌，血泪春秋，实现了统一进取，奔涌向前。九曲黄河以百折不挠的磅礴气势塑造了中华民族自强不息的英雄气概和坚韧品格，孕育了博大精深、内涵丰厚的黄河文化，培植了中华民族坚定文化自信的重要根基。

作为国家文化公园的黄河，将以怎样的面貌和特质呈现在人们面前？现在就让我们循着这条万里长河，开启一次观礼和神游吧！

根据 2011 年第三次全国文物普查，黄河流域 9 个省区共有不可移动文物 30 余万处，占全国的 39.73%。其中古遗址 9.8 万余处，古建筑 8.5 万余处，古墓葬 7.1 万余处，近现代重要史迹及代表性建筑 4.7 万余处，石窟寺及石刻近万处。黄河干支流所流经的 69 个市（州）有全国重点文物保护单位 1451 处，省级文物保护单位 4221 处，市县级文物保护单位 26476 处，登记博物馆 1325 处，世界文化遗产 11 处，世界文化和自然双重遗产 1 处，世界灌溉工程遗产 3 处，全球重要农业文化遗产 3 处，中国重要农业文化遗产 19 处，国家历史文化名城 16 处，中国历史文化名镇 29 处，中国历史文化名村 91 处，中国传统村落 678 处。

1. 展示中华文化的国家地标

黄河国家文化公园，是彰显中华文明、体现全民认同、具有特定内涵主题的国家地标，承载着培育文化之根、熔铸民族之魂的重要功能。

黄河国家文化公园的建设范围，涉及黄河沿线的青海、四川、甘肃、宁夏、内蒙古、陕西、山西、河南、山东 9 个省区。分布于黄河两岸的文化遗址源远流长，数量众多，规模宏大，异彩纷呈。

这些珍贵的文化遗产，是黄河文化的集中体现和宝贵资源。黄河国家文化公园建设，将依据沿线各地文物和文化资源布局、禀赋差异，及周边人居环境、自然条件、配套设施等情况，结合国土空间规划，重点建设四类主体功能区。

第一类是管控保护区，由文物保护单位保护范围、世界文化遗产区及新发现发掘文物遗存临时保

黄河在咆哮 杨力舟、王迎春 1980 年 中国美术馆藏

护区组成，对文物本体及环境实施严格保护和管控，对濒危文物实施封闭管理，建设保护第一、传承优先的样板区。

　　第二类是主题展示区，包括核心展示园、集中展示带、特色展示点3种形态。核心展示园由开放参观游览、地理位置和交通条件相对便利的国家级文物和文化资源及周边区域组成，是参观游览和文化体验的主体区；集中展示带以核心展示园为基点，以相应的省、市、县级文物资源为分支，汇集形成文化载体密集地带，进行整体保护利用和系统开发提升；特色展示点布局分散，具有区域性文化意义和体验价值，可满足民众参观游览需要。

黄河清

一九六〇年九月

世日牧三门峡玉
則前音黄河之
水清夾清明澄澈
一千以镜数千年
未有之奇觀也
水閉工程尚未全
国而恒兆人民将
永蒙福祁豈可畏
因頌立十一月八日寫
於重庆大二月廿三日
南京記傅抱石

俯瞰黄河三门峡

第三类是文旅融合区，由主题展示区及周边可观览的历史文化、自然生态、现代文化旅游优质资源所组成。重点利用文物和文化资源辐射效应，建设文化旅游深度融合发展示范区。

第四类是传统利用区，主要包括城乡居民和企事业单位、社团组织的传统生活生产区域。按照建设规划要求，合理保存传统文化生态，适度发展文化旅游、特色生态产业项目等。

万里黄河曲折跌宕，一泻千里。从巍峨的青藏高原河源区，到苍茫雄浑的黄土高原，从河套地区与晋陕峡谷的"几"字形大臂弯，到黄河填海造陆塑造的华北大平原，直至黄蓝相拥的黄河入海口，一条泱泱大河，成为雄伟壮观的独特国家标识。在漫长的历史演进中，黄河文化成为凝聚民族情感的重要纽带，蕴含着中华民族生生不息的民族基因和精神密码。

历史的沉淀使黄河文化逐渐融入中华民族的血液，内化为中华民族优秀的文化基因，塑造了中华民族基本的性格特质。黄河两岸灿若星辰的文化遗址见证了中华民族历史进程的重要节点，承载了中国古代文明的记忆与成就。通过黄河国家文化公园文化价值体系构建，建设好利用好黄河国家文化公园，更加清晰地描绘中华文明起源发展的脉络图谱，延续历史文脉，坚定文化自信，是黄河国家文化公园建设的重要任务之一。

黄河国家文化公园一方面投射出中华文化源远流长的融合演变脉络，成为中华文明数千年发展延续不断的历史见证，坚定中华民族的文化自信；另一方面针对古代先民遗留下来的多重文化遗产，即物质层面的古代遗物、遗址和遗迹与非物质层面的思想传统、风俗习惯进行展示和传承，充分体现古代先民无与伦比的创造性、与自然和谐相处的生态观，以及社会治理的先进思想。在经历了岁月洗礼后，黄河文化凝结出许多代表中华文明的文化遗产，它们既体现了中华文明在历史文化、科学技术、艺术成就等方面取得的伟大成就，也是中华文明起源发展过程中不断融合、碰撞、裂变的关键历史节点的重要见证。

黄河国家文化公园的功能定位和鲜明特质，将沿河各地的山水名胜和文物古迹串联成紧密的有机体，鲜明呈现国家标识形象，深入挖掘黄河文化的丰富内涵与时代价值，充分体现中华民族的伟大创造精神、伟大奋斗精神、伟大梦想精神。

2. 传承中华文明的历史讲堂

中华文明是世界上最古老且赓续至今的文明，历经数千年的发展演变，蕴含丰富灿烂的文化元素。在中华文明漫长的发展过程中，黄河文明始终是其源流，长期位居中心。从远古时期的部落联盟和邦国，到中国第一个复合制王朝国家，从中国"大一统"传统政治思想在黄河流域发端，到3000多年历史时期

宁夏平原黄河两岸，平畴沃野，稻田金黄

内黄河流域一直位居中国政治经济文化核心地带，黄河文化彰显出强大的向心力和凝聚力，成为中华民族的根和魂。

黄河国家文化公园建设，将着力展示黄河文化纵贯古今的延续性，博大精深的广泛性，多民族交融汇流、一体多样的兼容性和凝聚力。

在黄河上游的河湟藏羌文化区，可以切身体验特色鲜明的游牧民族文明，遥想农耕文明与游牧文明在碰撞中交汇相融的历史情景。

在四川黄河文化区，通过联结黄河文化、长江文化的纽带和藏羌彝民族走廊，可以感受长征精神、江河文明对话、河曲马黄河草原文化等特色文化。

在甘肃黄河文化区，沿着农耕文明与游牧文明的南北交汇线和东西方交流的古老丝绸之路，在道教圣地崆峒山、天水麦积山石窟，可以领略民族融合、多元共存的文化品格。

在宁蒙河套灌溉区，遥望巍峨壮丽的贺兰山脉，俯瞰舒缓平静的黄河，回首"天下黄河富河套"的悠久历史，品味"风吹草低见牛羊"的草原风光，可以感受到古老黄河灌区的厚重文化，领略"塞上江南"的地域特色。

在历史遗产富集的黄河中游关中文化区，漫步半坡遗址，可以考察6000年前灿烂的原始文化，重温女娲补天、炎黄结盟、夸父逐日、禹凿龙门、仓颉造字等古代神话故事；在咸阳、西安古都，体察秦汉王朝的雄风，如同在"自从盘古开天地，三皇五帝到如今"的时空中穿越，生发出"汉唐雄风今犹在"的豪迈情怀。

在表里河山的三晋文化区，从史前文化遗存到尧舜遗迹，从春秋图霸到三家分晋，从关帝文化到民俗风情，可以探寻中国原始文化的发展脉络，感受晋文化的独特魅力。

在黄河中下游之交的河洛文化区，沿着绵延的黄河文化长廊，一路向东考察隋唐洛阳城、偃师二里头遗址、巩义宋陵、双槐树河洛古国遗址、郑州商城、郑韩故城、郑州大河村遗址、北宋东京城等重点文物遗迹，眼前将浮现出一幕幕雄壮史剧和一个个英雄形象。

在黄河下游山东，龙山文化、大汶口文化、东夷文化、儒家文化、泰山文化等文化精华，将在保护基础上再现。仁义文化、礼仪文化、兵家文化、法家文化、墨家文化等，将以新的形象展示发扬光大。

大河上下，流域各地，各有千秋，异彩纷呈，令人充满文化自信，从中深受教益。

3. 阐释古老哲学的思想高地

黄河流域历代圣贤的哲学思想、道德修养、深邃智慧及其浩若烟海的典籍，是中华文化的思想宝典和不朽丰碑。早在炎黄时期，黄河流域的先民就萌发了和合思想，希望人与自然和谐，部落族人和善相处。

春秋战国时期的诸子百家进一步丰富发展了中国的哲学思想，提倡文化思想求同存异、和而不同。在人与自然方面，老子"人法地，地法天，天法道，道法自然"的哲学学说，生动地反映了早期生态文明思想。黄河文化中的太极学说，阐明宇宙从无极而太极，以至万物化生过程的宇宙观哲学理论。儒家提出的"民为贵，社稷次之，君为轻"的民本思想，可谓中华文明"以民为本"治国理念的源头。古代哲学家荀子提出的"不登高山，不知天之高也；不临深溪，不知地之厚也"，与后来产生的唯物主义认识论高度契合。

在很长的历史时期，黄河流域是中国农耕文化最发达的地区，数千年的农耕文化，养成了安土重迁、敬天法祖、家国同构的思想意识和行为范式，形成了儒道互补的中华文脉，生成了崇仁爱、重民本、守诚信、讲辩证、尚和合、求大同等核心思想理念，涵养了自强不息、敬业乐群、扶危济困、见义勇为、孝老爱幼等中华传统美德，滋养了独特丰富的中华人文精神，磨砺了中华民族自强不息、坚韧不拔、吃苦耐劳的性格，从而形成了灿烂辉煌、气势磅礴的黄河文化。

黄河国家文化公园，将成为向世界展示中华哲学体系与深邃内涵的思想园地。沿线瞻仰陕西省黄陵县黄帝陵、河南省郑州市炎黄二帝巨幅塑像、山东省曲阜"三孔"古建筑群等，拜谒中华圣贤，感

自强不息，厚德载物，上善若水，道法自然，天人合一，和而不同，是黄河流域古老哲学的重要思想内涵，体现了中华文明的深邃境界，是中华文明为世界文明和人类命运共同体作出的重要贡献。

四川省若尔盖的黄河九曲胜境

受古代圣贤的思想内涵，发掘他们的人生智慧，培植当代中国人的价值观念和文化灵魂，为昂扬行进在新时代中国特色社会主义道路上，焕发中华优秀传统文化能量。

4. 弘扬中华治水的教育平台

在五千年中华文明史上，为了治理黄河水患，历代先贤和劳动人民进行了长期探索和艰苦实践。

　　从传说中大禹治水"疏川导滞"，到春秋时期的"毋曲堤"盟约；从秦始皇"决通川防，夷去险阻"，汉武帝率众瓠子堵口，到西汉贾让的"治河三策"，东汉王景治河安流八百年；从北宋朝堂治黄方略论战，到元代贾鲁治理河患；从明代潘季驯实施"束水攻沙"方略，到清代治河保漕的重大决策；从现代西方治水技术传入中国，直至中华人民共和国成立后，先后实施"蓄水拦沙""上拦下排，两岸分滞""调水调沙"等一系列治河方略，取得黄河岁岁安澜的巨大历史性成就。一部治理黄河的历史，在某种程度上承载着一部中国历代治国史，书写了一部中华民族奋斗史。

黄河国家文化公园，将围绕古今黄河治理方略与治河科技发展，在龙羊峡、刘家峡、盐锅峡、三盛公、三门峡、小浪底、花园口、兰考东坝头、济南泺口等地，重点打造具有标志性的治河文化片区。宣传中国共产党领导人民治理黄河事业的巨大成就，普及治理黄河科学技术，增强生态保护和防洪意识，弘扬中华治水精神，焕发人们建设造福人民的幸福河的高涨热情。

5. 促进文旅融合的示范基地

黄河流域文化时空跨度大，沿线各省区不同时期、不同形态的文化遗产，数量众多，叠加交错，且经济发展水平不一。因此，黄河国家文化公园建设，必须强化国家层面的引领作用，突出顶层设计，统一文化主题、统一管理体系、统一建设标准、统一建设标识，提升对沿线黄河文化资源的统筹整合能力。同时，根据属地管理、分级管理、分类管理、行业管理的特点，充分调动地方积极性，鼓励和支持沿河地区发挥自身经济条件和文化资源优势，突出地方文化特色。

在建设内容上，黄河国家文化公园将根据国家规划，以文明历程、生产生活、水利遗产、水运交通、文化艺术、民族融合、人文景观、革命文化等主题，新建和改建一批黄河文化展馆，如黄河古渡博物馆、黄河堤防博物馆、黄河桥梁博物馆、黄河故道展示区、黄河科技文化馆、黄河水电站博物馆等，运用现代信息技术手段，增强创新性活化利用能力，集黄河优秀传统文化、革命文化、社会主义先进文化于一体，形成分合有序、异彩纷呈的黄河国家文化公园体系。

在公共属性上，黄河国家文化公园突出文化公益性，结合打造居民绿色生态休憩空间，丰富受众对黄河文化的深度体验，将可利用的文化遗产转化为优质文化旅游资源，形成具有特定开放空间的公共文化载体。黄河

开成石经拓片中的《论语》句段 唐 日本京都大学人文科学研究所藏
唐初诏命经学大师贾公彦、孔颖达订正经籍。至文宗太和年间，在郑覃、唐玄度的建议下，依汉代旧例镌石于太学，计有《周易》等12种经书。碑石现藏西安碑林博物馆

諸異人之乎矢□之為知之　問孝子曰□其　之乎矢□之為知之　日不患人之不　有子曰信近於　者能有養何以別乎　能有養至於犬馬皆　能有養何以別乎　子夏問孝子曰色難有事弟

父在觀其　日不患人之不　憂子游問孝子曰今之　孝者是謂能養至於犬馬皆　子服其勞有酒食先生饌　餘則寡悔言寡尤多見闕殆

三年無改　知人也　有子曰禮之用和為　子曰為政以德譬如北辰　夏問孝子曰色難有事弟　祿在其中矣何

孝矣有子　為政第二何晏集解　居其所而眾星共之子曰　子曰多聞闕疑慎

貴先王之　子曰為政以德譬如北辰　詩三百一言以蔽之曰思　回言終日不違如愚退而

由之有所　居其所而眾星共之子曰　無邪子曰道之以政齊之　錯諸枉則民服

不以禮節　詩三百一言以蔽之曰思　曾是以為孝乎子曰吾與　本直則民服

有子曰信　無邪子曰道之以政齊之　回言終日不違如愚退而　錯諸枉則民

社於章　於斯也吾未嘗不得見也　不以其道得之不處也貧　子曰君子之

氏或曰松　從者見之出曰二三子何　與賤是人之所惡也不以　曰君子懷刑小人

然則管仲　患於喪乎天下之無道也　其道得之不去也君子去　日放於利而行多

樹塞門管　久矣天將以夫子為木鐸　仁惡乎成名君子無終食　子懷刑小人

里仁第四　子謂韶盡美矣又盡善也　之間違仁造次必於是顛　於是顛

何晏集解　謂武盡美矣未盡善也子　沛必於是子曰我未見好　能以禮讓為國

君為兩君　仁者能臨眾　仁者惡不仁者好仁者無　能以禮讓為國

子曰管氏　有能一日用其力於仁矣　禮讓為國

焉得知子　我未見力不足者蓋有之　禮讓為國如禮

日樂其可　乎我未之見也曾子曰吾　已矣子曰士

躬衣亦有禮　以約失之者鮮矣子曰　子曰參乎吾道一以

仁者能好人能惡人子　君子欲訥於言而敏於行

日苟志於仁矣無惡也子　曾子曰夫子之道忠恕而

唯仁者能好人能惡人子　日何謂也曾子

知仁矣子曰朝聞道夕死可　已矣子曰君

可矣子曰士志於道而恥　已矣子曰

之過也各於其黨觀過斯

日富與貴是人之所欲也

惡衣惡食者未足與議也

幾諫見志不從

其而內自省也不賢思齊

賢思齊

惡衣惡食者未足與議也

历代治水活动与中华民族的生存和发展有着密切关系，为中华文化的发展提供了源泉，成为中华文明的重要组成部分，具有重要的文化意义和价值。

文化遗产遗址多、时间跨度大、区域分布广、所属地域不同，情况错综复杂。在黄河国家文化公园建设过程中，必须妥善处理保护传统与合理利用之间的关系。在保护文化资源和生态环境的前提下，合理开发利用，实现保护传承、公共服务、旅游观光、休闲娱乐、科学研究等多项功能的深度融合，以高标准满足人民群众不断增长的文化需求。

看到这里，你的心情一定会为黄河国家文化公园的未来而激荡着，你感情的潮水一定会为丰富厚重的黄河文化魅力而奔涌着。

的确，当你风尘仆仆奔赴青藏高原，饱览草甸似锦、流水潺潺的黄河源头风光；当你沿着当年秦皇汉武开疆扩土、实现河山一统的威武路线，感受着奔腾浩荡的国家统一大潮；当你置身曲折迂回的黄河险峻峡谷，领略农耕文明与游牧文明、渔猎文明历经大碰撞、大交流，最终交融在以黄河文明为核心的中华文明体系；当你途经广袤无垠的黄土高原，看到雄浑苍莽的黄土地添上绿色新妆，展现出绿色的希望，当你驻足西安、洛阳、郑州、开封等黄河古都，穿越千年风云，沉浸在商周辉煌、汉唐雄风的历史咏叹；当你来到三门峡水库、小浪底水库，深为撼人心魄的调水调沙时空交响而惊呼；当你放眼华北平原千里长河，一览大河安澜平畴沃野的丰收景象；当你来到万顷芦苇、千里红毯的黄河三角洲，目睹河口生态复苏的盎然春色，极目黄蓝交汇的浩瀚气势时，你对色彩斑斓、各具特色的黄河国家文化公园，对博大精深、源远流长的黄河文化，一定充满了不尽的赞叹、由衷的景仰和无比的自豪。

诚然，面对绵延万里的黄河国家文化公园，人们很难一次纵览全貌。不过，我们可以在各种主题的黄河文化博物馆，通过参观陈列展览、观看视频影像，如身临其境，感受黄河自然之壮美、黄河文化之深邃、黄河精神之坚韧。

在黄河国家文化公园建设的推动下，不久还有更多诸如《黄河画传》等阐释黄河文化、反映黄河国家文化公园的图书问世，它们通过一系列重大历史事件和鲜活生动的故事，讲述千万年来黄河与中华民族、黄河与中国人民休戚与共的壮阔历程。你可以通过这些讲述，走进中华民族母亲河历史深处，感悟黄河文化的丰厚内涵和时代价值，思考治河与治国密切交织等重大命题。你还可以足不出户，通过网站、微信等互联网媒体传播技术，网聊黄河文化，倾情畅叙中华民族的家国情怀和新时代价值观念。

黄河国家文化公园建设，将充分利用高等院校、研究机构、学术社团等研究资源，设立黄河文化重大研究课题，结合黄河文化、黄河精神、黄河生态、水利工程、文物考古、文献古籍等交叉学科研究，梳理黄河文化发展脉络，挖掘沿黄河各地的区域特色文化，构建黄河文化思想体系、学术体系，致力于推出一批重大研究成果。还将通过设立传统纪念日、举办专家讲座、创办主题文艺演出、走进中小学校等形式，保护传承弘扬黄河文化，使之如携川纳流、奔流不息的黄河，辐射八方，赓续绵延。

党的二十大报告提出，加大文物和文化遗产保护力度，加强城乡建设中历史文化保护传承，建好用好国家文化公园。黄河国家文化公园是一个集国家与民族、历史与现实、文化与旅游、生活与休闲、知识与情感、自然与人文于一体的公共空间。它将着眼全球范围，立足中国高度，突出黄河特色，统筹实施一批重要标志性黄河文化工程。把黄河奔腾流淌所滋养的黄河文化，自强不息、统一进取、兼收并蓄、和谐共生、天下为公、人民至上、革故鼎新、开放交融等博大精深的社会哲理与智慧灵光，传播给每个中国人，使之成为中华民族培根铸魂的永恒教本。

当我们沉浸在大河上下壮美旖旎的风光，感受着五千年中华文明的浸润陶冶，一种新时代激流勇进的壮志豪情奔涌而生，这是中华民族何等坚定自信的文化情怀！

黄河国家文化公园的有关部署

2020年10月，党的十九届五中全会制定了"十四五"规划和2035远景目标纲要，其中提出建设黄河国家文化公园。

2020年12月，国家发展和改革委员会组织召开黄河国家文化公园建设启动会。

2021年3月，国家发展和改革委员会组织召开黄河国家文化公园建设保护规划编制启动会。

2023年2月，黄河国家文化公园形象标志亮相。

黄河壶口瀑布 董保华摄

后 记

为配合国家文化公园建设，全国政协文化文史和学习委员会主持编写了国家文化公园画传系列。其中，《黄河画传》由黄河水利委员会黄河水利科学研究院承编。黄河是中华民族的母亲河，黄河文化是中华民族的根和魂。作为从事黄河治理开发与保护的工作者，有幸为中华民族母亲河作传，我们备感光荣，更感到责任重大。

本画传编撰过程中，得到各有关方面的大力帮助。编委会领导同志全过程予以指导，全国政协文史委多次召开会议，部署推进编纂进程。有关专家提出了许多富有价值的修改意见。水利部黄河水利委员会、黄河实验室从组织编写专班，到黄河水文化研究立项，全力支持画传编写。全体编写人员面对时间紧、任务重的复杂形势，以高度的责任感和紧迫感广泛查阅资料，悉心研究黄河文化的内涵特征和时代价值，收集书画和摄影作品，夜以继日，勤奋笔耕，付出了大量心血。编委会办公室做了大量协调保障工作，有的同志还承担了相关编写任务。本书的文物图片和美术、摄影作品征集，得到中国国家博物馆、故宫博物院、中国美术馆、中国国家画院、中国国家图书馆、中国人民革命军事博物馆、中国第一历史档案馆、中国第二历史档案馆、中国社会科学院考古研究所、黄河博物馆、黄河档案馆、河南博物院、甘肃省博物馆、陕西历史博物馆、西安碑林博物馆、山东博物馆、辽宁省博物馆、郑州市文物考古研究院等单位的鼎力支持，得到了诸多作品作者及其家属的热切帮助，也得到了视觉中国、站酷海洛等网站的资源分享。在此，我们一并深表谢忱。个别美术和摄影作品因故未能联系上作者，有关事项请相关权利人与江苏人民出版社联系（电话：025-83658051）。

由于时间有限，书中难免存在不足之处，恳请读者指正，以便今后补正完善。

《黄河画传》编写组